明宋濂等撰

元史

第十二册

卷一四八至卷一六一（傳）

中華書局

元史卷一百四十八

列傳第三十五

董俊 子文蔚 文用 〔文忠〕 文直 〔文忠〕〔一〕

董俊字用章，眞定藁城人。少力田，長涉書史，善騎射。金貞祐間，邊事方急，藁城令立的募兵，射上中者拔爲將。衆莫能弓，獨俊一發破的，遂將所募兵迎敵。歲乙亥，國王木華黎帥兵南下，俊遂降。

己卯，以勞擢知中山府事，佩金虎符。金將武僊據眞定，定武諸城皆應僊。俊率衆夜入眞定，逐僊走之，定武諸城復去僊來附。庚辰春，金大發兵益僊，治中李全叛中山應之。俊軍時屯曲陽，僊銳氣來戰，敗之黃山下，僊脫走。獻捷于木華黎，由是僊以窮降。木華黎承制授俊龍虎衞上將軍、行元帥府事，駐藁城。俊嘗謁木華黎曰：「武僊黠不可測，終不爲我用，請備之。」木華黎然其言，承制授左副元帥。陞藁城縣爲永安州，號其衆爲匡國軍，事一委俊。(己)〔乙〕酉，〔三〕僊果殺都元帥史天倪，據眞定以叛，旁郡縣皆爲僊守。俊提孤軍居反側間，戰士不滿千人，拒守永安。僊攻之期年，無所利，乃縱兵蹂禾稼，俊呼語之曰：「汝欲得民，而奪之食，無道賊不爲也。」僊慚而去，俊出兵掩擊之，僊敗走。久之，俊復夜入眞定，僊走死，〔三〕乃納史天倪弟天澤爲帥。

壬辰，會諸軍圍汴。明年，金主棄汴奔歸德，追圍之；金兵夜出，薄諸軍於水，俊力戰死焉，時年四十有八。

俊早喪父，事母以孝聞。歲時廟祭，非疾病，跪拜必盡禮；子雖孩乳，亦使之序拜，曰：「祀，以孝先也，禮宜如是。」待族親故人，皆有恩意；里夫家僮，亦接之有道。克汴時，以侍其軸爲賢，延歸敎諸子。嘗曰：「射，百日事耳；詩、書，非積學不通。」屢誡諸子曰：「吾一農夫耳，遭天下多故，徒以忠義事人，僅立門戶。深願汝曹力田讀書，勿求非望，爲吾累也。」

俊忠實自許，不爲夷險少移，臨陣，勇氣懾衆，立矢石間，怡然若無事，雖中傷亦不爲動。每慕馬援爲人，曰：「馬革裹屍，援固可壯。」故戰必持矛先士卒，或諫止之，俊曰：「我人臣也，敵在前，不死，乃趨安脫危乎！」先是，戊子歲，朝於行在，諸將獻戶口，各增數要利，吏請如衆，俊曰：「民實少而欺以數多，他日上需求無應，必重斂以承命，是我獨利，而民日困也。」行元帥府時，狂男子三百餘人期日作亂，事覺，戮其渠魁，餘並釋之。深、冀間妖人惑衆，圖爲不軌，連逮者數萬人，有司議當族，俊力請主者，但誅首惡。永安節度使劉成叛降武僊於威州，俊下令曰：「逆者一人，餘能去逆，卽忠義士，與其家財，仍奏官之。」衆果去成降。沃州民寨天臺爲盜，旣破降之，他將利其子女，欲掠之，俊曰：「城降而俘其家，仁者不爲也。」衆義不取。南征時，人多歸俊願爲奴者，旣全其家，歸悉縱爲民。鄰境人有被掠賣者，亦與直贖還之。其天性之美類如此。

俊器度弘遠，善戰而不妄殺，故人樂爲之用。大小百戰，無不克捷。爲政寬明，見人善治田廬，必召與歡語，有惰者，則怒罰之，故其部完實，民惟恐其去也。贈翊運效節功臣、太傅、開府儀同三司、上柱國，封壽國公，謚忠烈。加贈推忠翊運效節功臣、太傅、開府儀同三司、上柱國，改封趙國公。子文炳、文蔚、文用、文直、文忠，文炳自有傳。

文蔚字彥華，俊之次子也。重厚寡言，不事嬉戲，立志勤苦，讀書忘倦。及長，善騎射，膂力絕人。事母至孝，接人謙恭，凡所與交，貴賤長幼，待之無異；至於一揖，必正容端體，俛首幾至于地，徐徐起拱，人所難能。兄文炳爲藁城令，厲精於政，家務悉委之，凡供給祭祀賓客之事，無不盡心。

辛丑，起民兵南征，文炳命文蔚率十有七人，私整鞍馬衣甲，自爲一隊，與衆軍渡淮。

甲寅，世祖收大理，還駐六盤山。文炳以文蔚孝謹公勤，可委以事，解所佩金符以讓，帝嘉賞之，授藁城等處行軍千戶。南鎭鄧州，與荆、襄接境，沿邊城壁未築。是年冬十一月，修光化；乙卯，立毗陽；丙辰，築棗陽。文蔚悉總之，治板幹，具畚鍤，儲餱糧，運木石，程其工力，時其饑飽，藥其疾病，見執役者，常以善言撫之，弗事威猛。衆咸感曰：「他將領役，鞭箠怒辱，不恤困苦。今董侯慈惠若此，我曹安忍負之。」各盡力成之。

丁巳，攻襄，樊城南據漢江，北阻湖水，卒不得渡。文蔚夜領兵士，於湖水狹隘之處，伐木拔根，立於水，實以薪草爲橋梁，頃之卽成，至曉，師悉渡，圍已合，城中大驚異之。文蔚復統拔都軍以當前行，奪其外城，論功居最。己未，憲宗伐宋，入川蜀，文蔚奉詔，將鄧之選兵西上，由褒斜歷劍閣，而劍、閬諸州，平地不能守，置州事於山。師行大獲、雲頂、長寧、苦竹諸寨，長驅而前，至釣魚山，崖壁巉峭，惟一徑可登，恃險阻未卽降。帝命攻之，文蔚以次往攻，迺激厲將士，挾雲梯，冒飛石，履崎嶇以登，直抵其寨苦戰，頃之，兵士被傷，迺還。帝親見之，加以賞賚。

中統二年，世祖置武衞軍，文蔚以鄧兵入爲千戶。帝北狩，留屯上都。三年，李璮反，據濟南，文蔚以麾下軍圍其南面，春秋力戰，城破璮誅，奏功還。至元五年七月十七日，以疾卒于上都之炭山。弟文忠，時爲樞密僉院，乞護喪南還，帝甚憫之。泰定中，贈明威將軍、僉右衞使司事、上騎都尉、隴西郡伯。

文用字彥材，〔四〕俊之第三子也。生十歲，父死，長兄文炳敎諸弟有法。文用學問早成，弱冠試詞賦中選。時以眞定藁城奉莊聖太后湯沐，庚戌，太后命擇邑中子弟來上，文用始從文炳謁太后于和林城。世祖在潛藩，命文用主文書，講說帳中，常見許重。

癸丑，世祖受命憲宗自河西征雲南大理。文用與弟文忠從軍，督糧械，贊軍務。丁巳，世祖令授皇子經，是爲北平王、雲南王也。又命召遺老竇默、姚樞、李俊民、李冶、魏璠於四方。己未，伐宋，文用發沿邊蒙古、漢人諸軍，理軍需。將攻鄂州，宋賈似道、呂文德將兵來拒，水陸軍容甚盛。九月，世祖臨江閱戰，文炳求先進戰，文用與文忠固請偕行，世祖親料甲冑，擇大艦授之，大破宋師。

世祖卽位，建元中統。文用持詔宣諭邊郡，且擇諸軍充侍衞，七月還朝。中書左丞張文謙宣撫大名等路，奏文用爲左右司郞中。二年八月，以兵部郞中參議都元帥府事。三年，李璮叛據濟南，從元帥闊闊帶統兵誅之，山東平。阿朮奉詔伐宋，召文用爲其屬，文用辭曰：「新制，諸侯總兵者，其子弟勿復任兵事。今吾兄文炳，以經略使總重兵鎭山東，我不當行。」阿朮曰：「潛邸舊臣，不得引此爲說。」文用謝病不行。

至元改元，召爲西夏中興等路行省郎中。中興自渾都海之亂，民間相恐動，竄匿山谷。文用至，鎭之以靜，乃爲書置通衢諭之，民乃安。始開唐來、漢延、秦家等渠，墾中興、西涼、甘、肅、瓜、沙等州之土爲水田若干，於是民之歸者戶四五萬，悉授田種，頒農具；更造舟置黃河中，受諸部落及潰叛之來降者。

時諸王只必鐵木兒鎭西方，其下縱橫，需索無算，省臣不能支，文用坐幕府，輒面折以法。其徒積忿，譖文用於王，王怒，召文用，使左右雜問之，意叵測。文用曰：「我天子命吏，非汝等所當問，請得與天子所遣爲王傅者辨之。」王卽遣其傅訊文用。其傅中朝舊臣，不肯順王意。文用謂之曰：「我漢人，生死不足計。所恨者，仁慈寬厚如王，以重戚鎭遠方，而其下毒虐百姓，凌暴官府，傷王威名，於事體不便。」因歷指其不法者數十事，其傅驚起，去白王，王卽召文用謝之曰：「非郎中，我殆不知。郎中持此心事朝廷，宜勿怠。」自是譖不行而省府事頗立。二年，入奏經略事宜還，以上旨行之，中興遂定。

八年，立司農司，授山東東西道巡行勸農使。山東自更叛亂，野多曠土，文用巡行勸勵，無間幽僻。入登州境，見其墾闢有方，以郡守移剌某爲能，作詩表異之。於是列郡咸勸，地利畢興，五年之間，政績爲天下勸農使之最。十二年，丞相安童奏文用爲工部侍郎，代紇石里。紇石里，阿合馬私人也。其徒旣讒間安童罷相，卽使鷹監奏曰：「自紇石里去，工部侍郎不給鷹食，鷹且瘦死。」帝怒，促召治之，因急捕文用入見，帝望見曰：「董文用乃爲爾治鷹食者耶！」置不問，別令取給有司。

十三年，出文用爲衞輝路總管，佩金虎符。郡當衝要，民爲兵者十之九，餘皆單弱貧病，不堪力役。會初得江南，圖籍、金玉、財帛之運，日夜不絕于道，警衞輸輓，日役數千夫。文用憂之曰：「吾民弊矣，而又重妨耕作，殆不可。」乃從轉運主者言：「州縣吏卒，足以備用，不必重煩吾民也。」主者曰：「汝言誠然，萬一有不虞，則罪將誰歸！」文用卽手書具官姓名保任之。民得以時耕，而運事亦不廢。諸郡運江淮粟于京師，衞當運十五萬石，文用曰：「民籍可役者無幾，且江淮風水，舟不能以時至，而先爲期會，是未運而民已困矣。」乃集旁郡通議，立驛置法，民力以舒。

十四年，詣汴漕司言事。適漕司議通沁水北東合流御河以便漕者，文用曰：「衞爲郡，地最下，大雨時行，沁水輒溢出百十里間，雨更甚，水不得達于河，卽浸淫及衞，今又引之使來，豈惟無衞，將無大名、長蘆矣。」會朝廷遣使相地形，上言：「衞州城中浮屠最高者，纔與沁水平，勢不可開也。」事遂寢。

十六年，受代歸田里，茅茨數椽，僅避風雨，讀書賦詩，怡然燕居。裕宗在東宮，數爲臺臣言：「董文用勳舊忠良，何以不見用！」十八年，臺臣奏起文用爲山北遼東道提刑按察使，不赴。

十九年，朝廷選用舊臣，召文用爲兵部尚書。自是朝廷有大議，未嘗不與聞。二十年，江淮省臣有欲專肆而忌廉察官，建議行臺隸行省，狀上，集朝臣議之。文用議曰：「不可。御史臺，譬之臥虎，雖未噬人，人猶畏其爲虎也。今虛名僅存，紀綱猶不振，一旦摧抑之，則風采薾然，無可復望者矣。昔阿合馬用事時，商賈賤役，皆行賄入官，及事敗，欲盡去其人，廷議以爲不可，使阿合馬售私恩，而朝廷驟斂怨也。乃使按察司劾去其不可者，然後吏有所憚，民有所赴訴。則是按察司者，國家當飭勵之，不可摧抑也。」悉從文用議。

轉禮部尚書，遷翰林、集賢二院學士，知祕書監。時中書右丞盧世榮，以貨利得幸權要爲貴官，陰結貪刻之黨，以錙銖掊克爲功，乃建議曰：「我立法治財，視常歲當倍增，而民不擾也。」詔下會議，人無敢言者。文用陽問曰：「此錢取於右丞之家耶？將取之於民耶？取於右丞之家，則不敢知；若取諸民，則有說矣。牧羊者，歲嘗兩剪其毛，今牧人日剪其毛而獻之，則主者固悅其得毛之多矣，然而羊無以避寒熱，卽死且盡，毛又可得哉！民財亦有限，取之以時，猶懼其傷殘也。今盡刻剝無遺，猶有百姓乎！」世榮不能對。丞相安童謂坐中曰：「董尚書眞不虛食俸祿者。」議者出，皆謝文用曰：「君以一言，折聚斂之臣，而厚邦本，眞仁人之言哉。」世榮竟以是得罪。

二十二年，拜江淮行中書省參知政事，文用力辭。帝曰：「卿家世非他人比。朕所以任卿者，不在錢穀細務也，卿當察其大者，事有不便，但言之。」文用遂行。行省長官者，素貴多傲，同列莫敢仰視，跪起稟白，如小吏事上官。文用至，則坐堂上，侃侃與論是非可否，無所遷就，雖數忤之，不顧也。有以帝命建佛塔於宋故宮者，有司奉行甚急，天大雨雪，入山伐木，死者數百人，猶欲併建大寺。文用謂其人曰：「非時役民，民不堪矣，少徐之如何？」長官者曰：「參政奈何格上命耶？」文用曰：「非敢格上命，今日之困民力而失民心者，豈上意耶！」其人意沮，遂稍寬其期。二十三年，朝廷將用兵海東，徵斂益急，有司大爲奸利。文用請入奏事，大略言：「疲國家可寶之民力，取僻陋無用之小邦。」列其條目甚悉。言上，事遂罷。

二十五年，拜御史中丞。文用曰：「中丞不當理細務，吾當先擧賢才。」乃擧胡祗遹、王惲、雷膺、荆幼紀、許楫、孔從道十餘人爲按察使，徐琰、魏初爲行臺中丞，當時以爲極選。方是時，桑哥當國，恩寵方盛，自近戚貴人見之，皆屛息遜避，無敢誰何。文用以舊臣任中丞，獨不附之。桑哥令人風文用頌己功於帝前，文用不答。桑哥又自謂文用曰：「百司皆具食於丞相府矣。」文用又不答。會朔方軍興，糧糗粗備，而誅求愈急，文用謂桑哥曰：「民急矣。外難未解而內伐其根本，丞相宜思之。」於是遠邇盜賊蜂起，文用持外郡所上盜賊之目，謂桑哥曰：「百姓豈不欲生養安樂哉！急法暴斂使至此爾。御史臺所以救政事之不及，丞相當助之，不當抑之也。御史臺不得行，則民無所赴愬；民無所赴愬，而政日亂，將不止於臺事之不行也。」忤其意益深，乃摭拾臺事百端，文用日與辨論，不爲屈。於是具奏桑哥姦狀，詔報文用，語密而外人不知也。桑哥日誣譖文用于帝曰：「在朝惟董文用戇傲不聽令，沮撓尚書省，請痛治其罪。」帝曰：「彼御史之職也，何罪之有！且董文用端謹，朕所素知，汝善視之。」遷大司農。時欲奪民田爲屯田，文用固執不可。遷爲翰林學士承旨。

二十七年，隆福太后在東宮，以文用舊臣，欲使文用授皇孫經，具奏上，以帝命命之。文用每講說經旨，必附以朝廷故事，丁嚀譬喩，反復開悟，皇孫亦特加敬禮。

三十一年，帝命文用以其諸子入見，文用曰：「臣蒙國厚恩，死無以報，臣之子，何能爲！」命至再三，終不以見。是歲，世祖崩，成宗將卽位上都，太后命文用從行。旣卽位，巡狩三不剌之地，文用曰：「先帝新棄天下，陛下巡狩，不以時還，無以慰安元元，宜趣還京師。且臣聞人君猶北辰然，居其所而衆星拱之，不在勤遠略也。」帝悟，卽日可其奏。是行也，帝每召入帳中，問先朝故事，文用亦盛言先帝虛心納賢、開國經世之務，談說或至夜半。

文用自先帝時，每侍燕，與蒙古大臣同列，裕宗嘗就榻上賜酒，使毋下拜跪飲，皆異數也。帝在東宮時，正旦受賀，於衆中見文用，召使前曰：「吾向見至尊，甚稱汝賢。」輒親取酒飲之。至是，眷賚益厚。是年，詔修先帝實錄，陞資德大夫、〔五〕知制誥兼修國史。文用於祖宗世系功德、近戚將相家世勳績，皆記憶貫穿，史館有所考究質問，文用應之無遺失。大德元年，上章請老，賜中統鈔萬貫以歸，官一子，鄉郡侍養。六月戊寅，以疾卒，年七十有四。子八人：士貞，士亨，士楷，士英，士昌，士恒，士廉，士方。贈銀青（光）〔榮〕祿大夫、少保、（壽）〔趙〕國公，〔六〕謚忠穆。

文直字彥正，俊之第四子也。剛毅莊栗，簡言笑，通經史法律。爲藁城長官，佩金符。初，兄文炳及季弟文忠，去事世祖，次文用亦在朝，俱有仰於家，而食者餘百口，文直勤儉，始終不替。內則養生送死之合禮，外則中表賓問之中度，奉上接下，一敬一愛，藹乎其睦也。性好施而甚仁，里閈或貧不自立，每陰濟其急，不使之知恩所從來。微至僮病，必手予粥藥。或止之，曰：「不忍以其賤違吾愛心。」及棄官，浮沉里社，任眞適意，親賓過從，尊酒相勞。家門日以烜赫，己獨恬然，不見諸辭色。以病卒，年五十有二。

文忠字彥誠，俊第八子也。歲壬子，入侍世祖潛邸。王鶚嘗言詩，因問文忠能之乎，文忠曰：「吾少讀書，惟知入則孝於親，出則忠於君而已。詩非所學也。」癸丑，從征南詔。已未，伐宋，與兄文炳、文用敗宋兵於陽羅堡，得蒙衝百艘，進圍鄂。

世祖卽位，置符寶局，以文忠爲郞，授奉訓大夫，居益近密，嘗呼董八而不名。文忠不爲容悅，隨事獻納，中禁事祕，外多不聞。至元二年，安童以右丞相入領中書，建陳十事，言忤旨，文忠曰：「丞相素有賢名，今秉政之始，人方傾聽，所請不得，後何以爲。」遂從旁代對，懇悃詳切，如身條是疏者，始得允可。

八年，侍講學士徒單公履欲奏行貢舉，知帝於釋氏重敎而輕禪，乃言儒亦有之，科舉類敎，道學類禪。帝怒，召姚樞、許衡與宰臣廷辨。文忠自外入，帝曰：「汝日誦四書，亦道學者。」文忠對曰：「陛下每言：士不治經講孔孟之道而爲詩賦，何關修身，何益治國！由是海內之士，稍知從事實學。臣今所誦，皆孔孟之言，焉知所謂道學！而俗儒守亡國餘習，欲行其說，故以是上惑聖聽，恐非陛下敎人修身治國之意也。」事遂止。

十一年，伐宋，民困供饋，文忠奏免常歲橫征，從之。帝嘗見宋降將，從容問宋所以亡者，皆曰：「賈似道當國，薄武人而重文儒，將士怨之，莫有鬬志。故大軍既至，爭解甲歸命也。」帝問文忠：「此言何如？」文忠因詰之曰：「似道薄汝矣，而君則貴汝以官，富汝以祿，未嘗薄汝也。今有怨於相，而移於君，不肯一戰，坐視國亡，如臣節何！然則似道薄汝者，豈非預知汝曹不足恃乎！」帝深善之。有旨徙大都獵戶於鄢中，文忠奏止之。又請罷官鬻田器之稅，聽民自爲。

時多盜，詔犯者皆殺無赦。在處繫囚滿獄。文忠言：「殺人取貨，與竊一錢者均死，慘黷莫甚，恐乖陛下好生之德。」敕革之。或告漢人毆傷國人，及太府監屬盧甲盜剪官布。帝怒，命殺以懲衆。文忠言：「今刑曹於囚罪當死者，已有服辭，猶必詳讞，是豈可因人一言，遽加之重典！宜付有司閲實，以俟後命。」乃遣文忠及近臣突滿分覈之，皆得其誣狀，遂詔原之。帝因責侍臣曰：「方朕怒時，卿曹皆不敢言。非董文忠開悟朕心，則殺二無辜之人，必取議中外矣。」因賜文忠金尊，曰：「用旌卿直。」裕宗亦語宮臣曰：「方天威之震，董文忠從容諫正，實人臣難能者。」太府監屬奉物詣文忠泣謝曰：「鄙人賴公復生。」文忠曰：「吾素非知子，所以相救於危急者，蓋爲國平刑，豈望子見報哉！」却其物不受。

自安童北伐，阿合馬獨當國柄，大立親黨，懼廉希憲復入爲相，害其私計，奏希憲以右丞行省江陵。文忠言：「希憲，國家名臣。今宰相虛位，不可使久居外，以孤人望，宜早召還。」從之。十六年十月，奏曰：「陛下始以燕王爲中書令、樞密使，纔一至中書。自册爲太子，累使明習軍國之事，然十有餘年，終守謙退，不肯視事者，非不奉明詔也，蓋朝廷處之未盡其道爾。夫事已奏決，而始啓太子，是使臣子而可否君父之命，故惟有唯默避遜而已。以臣所知，不若令有司先啓而後聞，其有未安者，則以詔敕斷之，庶幾理順而分不踰，太子必不敢辭其責矣。」帝卽日召大臣，面諭其意，使行之。復語太子曰：「董八，崇立國本者，其勿忘之。」

禮部尚書謝昌元請立門下省，封駁制敕，以絕中書風曉近習奏請之弊。帝銳意欲行之，詔廷臣雜議；且怒翰林學士承旨王磐曰：「如是有益之事，汝不入告，而使南方後至之臣言之，汝用學問何爲！必今日開是省。」三日，廷臣奏以文忠爲侍中，及其屬數十人。近臣乘便言曰：「陛下將別置省，此實其時。然得人則可以寬聖心，新民聽；今聞盜詐之臣與居其間，不可。」其言多指文忠。文忠忿辨曰：「上每稱臣不盜不詐，今汝顧臣而言，意實在臣。其顯言臣盜詐何事！」帝令言者出，文忠猶訴不止，且攻其害國之姦。帝曰：「朕自知之，彼不言汝也。」其人忌文忠，欲中害之，然以文忠淸愼無過，乃奉鈔萬緡爲壽，求交驩，文忠却之。文炳爲中書左丞卒，太傅伯顏乃表文忠可相，帝使繼其官，文忠辭曰：「臣兄有平定南方之勞，可居是位。臣嘗給事居中，所宣何力，敢冒居重職乎！」

十八年，陞典瑞局爲監，郎爲卿，仍以文忠爲之。授正議大夫，俄授資德大夫、僉書樞密院事，卿如故。車駕行幸，詔文忠毋扈從，留居大都，凡宮苑、城門、直舍、徼道、環衞、營屯、禁兵、太府、少府、軍器、尙乘諸監，皆領焉。兵馬司舊隸中書，併付文忠。時權臣累請奪還中書，不報。是冬十月二十有五日，雞鳴，將入朝，忽病仆，帝遣中使持藥投救不及，遂卒，甚悼惜之，賻錢數十萬。後制贈光祿大夫、司徒，封壽國公，謚忠貞。

嚴實 子忠濟 忠（範）〔嗣〕〔七〕

嚴實字武叔，泰安長清人。略知書，志氣豪放，不治生產，喜交結施與，落魄里社間。屢以事繫獄，俠少輩爲出死力，乃得脫去。

癸酉秋，太祖率兵自紫荆口入，分略山東、河北、河東而歸。金東平行臺調民爲兵，以實爲衆所服，命爲百戶。甲戌春，泰安張汝楫據靈巖，遣別將攻長清，實破走之。以功授長清尉。戊寅，權長清令。宋取益都，乘勝而西，行臺檄實備芻糧爲守禦計。實出督租，比還，而長清破，俄以兵復之。有譖于行臺者，謂實與宋有謀，行臺以兵圍之，實挈家避青崖。宋因以實爲濟南治中，分兵四出，所至無不下，於是太行之東，皆受實節制。

庚辰三月，金河南軍攻彰德，守將單仲力不支，數求救。實請於主將張林，林逗遛不行，實獨以兵赴之，比至，而仲被擒。實知宋不足恃。七月，謁太師木華黎於軍門，挈所部彰德、大名、磁、洺、恩、博、滑、濬等州戶三十萬來歸，木華黎承制拜實金紫光祿大夫、行尚書省事。進攻曹、濮、單三州，皆下之。偏將李信，留鎮青崖，嘗有罪，懼誅，乘實之出，殺其家屬，降于宋。辛巳，實以兵復青崖，擒信誅之。進攻東平，金守將和立剛棄城遁，實入居之。

壬午，宋將彭義斌率師取京東州縣，實將晁海以青崖降，盡掠實家，義斌軍西下，郡縣多歸之。乙酉四月，遂圍東平。實潛約大將孛里海合兵攻之，兵久不(出)〔至〕，〔八〕城中食且盡，乃與義斌連和。義斌亦欲藉實取河朔，而後圖之，請以兄事實。時麾下衆尚數千，義斌聽其自領，而青崖所掠者則留不遣。七月，義斌下眞定，道西山，與孛里海等軍相望，分實以帳下兵，陽助而陰伺之。實知勢迫，急赴孛里海軍與之合，遂與義斌戰，宋兵潰，擒義斌。不旬月，京東州縣復爲實有。是冬，木華黎之弟帶孫取彰德；明年，取濮、東平；又明年，木華黎之子孛魯取益都：實皆有功焉。

庚寅四月，朝太宗于牛心之幄殿，帝賜之坐，宴享終日，賜以虎符。數顧實謂侍臣曰：「嚴實，眞福人也。」甲午，朝于和林，授東平路行軍萬戶，偏裨賜金符者八人。先是，實之所統，凡五十餘城，至是，惟德、兗、濟、單隸東平。丁酉九月，詔實毋事征伐。

初，彰德既下，又破水柵，帶孫怒其反覆，驅老幼數萬欲屠之。實曰：「此國家舊民，吾兵力不能及，爲所脅從，果何罪耶！」帶孫從之。繼破濮州，復欲屠之。實言：「百姓未嘗敵我，豈可與執兵刃者同戮，不若留之，以供芻秣。」濮人免者又數萬。其後於曹、楚丘、定陶、上黨皆然。時兵由武關出襄、鄧，實在徐、邳間，以爲河南破，屠戮必多，乃載金繒往贖之，且約束諸將，毋敢妄有殺掠。靈壁一縣，當誅者五萬人，實悉救之。會大饑，民北徙者多餓死。又法，藏匿逃者，保社皆坐。逃亡無所託，殭尸蔽野，實命作糜粥，盛置道傍，全活者衆。實部曲有逃歸益都者數十人，益都破，皆獲之，以爲必殺，實置不問。王義深者，義斌之別將，聞義斌敗，將奔河南，實族屬在東平者，皆爲所害。河南破，實獲義深妻子，厚周卹之，送還鄉里，終不以舊怨爲嫌。其寬厚長者類若此。

庚子卒，年五十九。遠近悲悼，野哭巷祭，旬月不已。中統二年，追封實爲魯國公，謚武惠。子忠貞，金紫光祿大夫；忠濟，忠嗣，忠範，忠傑，忠裕，忠祐。

忠濟，一名忠翰，字紫芝，實之第二子也。儀觀雄偉，善騎射。辛丑，從其父入見太宗，〔九〕命佩虎符，襲東平路行軍萬戶、管民長官，開府布政，一法其父。養老尊賢，治爲諸道第一。領兵略地淮、漢，偏裨部曲，戮力用命。定宗、憲宗卽位之始，皆加褒寵。

忠濟初統千戶十有七，乙卯，朝命括新軍山東，益兵二萬有奇。忠濟弟忠嗣、忠範爲萬戶，以次諸弟暨勳將之子爲千戶，城戍宿州、蘄縣，而忠濟皆統之。己未，世祖南伐，詔率師由間道會鄂。親率勇士，梯衝登城。師還，忠濟選勇敢二千，別命千戶將之，甲仗精銳，所向無前。大臣有言其威權太盛者。中統二年，召還京師，命忠範代之。

忠濟治東平日，借貸於人，代部民納逋賦，歲久愈多。及謝事，債家執文劵來徵。帝聞之，悉命發內藏代償。東平廟學故隘陋，改卜高爽地于城東，教養諸生，後多顯者。幕僚如宋子貞、劉肅、李昶、徐世隆，俱爲名臣。至元二十三年，特授資德大夫、中書左丞、行江浙省事，以老辭。二十九年，賜鈔萬五千緡、宅一區，召其子瑜入侍。三十年，卒。

忠濟統理方郡凡十一年，爵人命官，生殺予奪，皆自己出。及謝去大權，貴而能貧，安于義命，世以是多之。後謚莊孝。

忠嗣，實之第三子也。少從張澄、商挺、李楨學，略知經史大義。辛亥，其兄忠濟授以東平人匠總管，遙領單州防禦使事。乙卯，充東平路管軍萬戶。丁巳，從忠濟略地揚州，取邵伯埭，首立戰功。己未南征，從忠濟渡淮，分兵出（桂）〔挂〕車嶺，〔一〇〕與宋兵相拒三晝夜，殺獲甚衆，始達蘄州。及渡江抵鄂，分部攻城九十餘日，戰甚力。師還，授金虎符。中統三年，李璮叛，宋兵攻蘄（州）〔縣〕，〔一一〕勢張甚，徐州總管李杲哥降于宋，齊魯山寨爲宋兵所據。忠嗣從大帥按脫救蘄縣，復徐州，執李杲哥殺之。攻鄒之嶧山、滕之牙山，多所殺獲。按脫論功以聞，賜銀二百兩、幣五十端。四年，朝廷懲靑齊之亂，居大藩者，子弟不得親政，於是罷官家居。至元十年，卒。

校勘記

〔一〕（文忠）文直〔文忠〕　道光本與本書原目錄及本卷傳文次序合，從改正。

〔二〕（己）〔乙〕酉　道光本與本書卷一太祖紀二十年乙酉歲二月條、卷一四七史天倪傳合，從改。

〔三〕僊走死　蒙史云：「舊傳云仙走死，殊誤。按金史武仙傳，仙以天興三年金亡後五月始走死澤州。」疑此處「死」字衍。

〔四〕文用字彥材　常山貞石志卷二一閻復董文用神道碑、吳文正集卷三四董文用墓表「彥材」均作「彥才」，疑作「才」是。

〔五〕陞資德大夫　按學古錄卷二〇董文用行狀、吳文正集卷三四董文用墓表，詔修實錄時，陞資善大夫，其加資德大夫則在大德元年上章請老時。疑此處「資德」爲「資善」之誤。

〔六〕贈銀青（光）〔榮〕祿大夫少保（壽）〔趙〕國公　沈濤常山貞石志董文用神道碑跋云：「碑題贈銀青榮祿大夫。考元制，文散官第三十八階爲金紫光祿大夫，第三十七階爲銀青榮祿大夫，並正一品，無銀青光祿之階，則本傳誤也。」從改。又按追封壽國公者爲董文忠，非文用，「壽」誤，今據常山貞石志卷二一董文用神道碑、吳文正集卷三四董文用墓表改。

〔七〕忠（範）〔嗣〕　據本書原目錄及本卷傳文改。

〔八〕兵久不（出）〔至〕　據遺山集卷二六嚴實神道碑改。新編已校。

〔九〕辛丑從其父入見太宗　按嚴忠濟父嚴實死于庚子，不得于翌年辛丑入朝，此處史文有誤。

〔一〇〕（桂）〔挂〕車嶺　按元豐九域志、讀史方輿紀要、嘉慶一統志等書皆云淮西桐城有挂車嶺。挂車之名，早見于三國志卷五六朱桓傳。「桂」誤，今改。蒙史已校。

〔一一〕宋兵攻蘄（州）〔縣〕　蒙史云：「蘄縣時屬宿州，非蘄春所倚之蘄州也。舊傳誤作蘄州。」按下文即有「救蘄縣」，「州」誤，今改。

元史卷一百四十九

列傳第三十六

耶律留哥

耶律留哥，契丹人，仕金爲北邊千戶。太祖起兵朔方，金人疑遼遺民有他志，下令遼民一戶，以二女眞戶夾居防之。留哥不自安。歲壬申，遁至隆安、韓州，糾壯士剽掠其地。州發卒追捕，留哥皆擊走之。因與耶的合勢募兵，數月衆至十餘萬，推留哥爲都元帥，耶的副之，營帳百里，威震遼東。

太祖命按陳那衍、渾都古行軍至遼，遇之，問所從來，留哥對曰：「我契丹軍也，往附大國，道阻馬疲，故逗遛於此。」按陳曰：「我奉旨討女眞，適與爾會，庸非天乎！然爾欲效順，何以爲信？」留哥乃率所部會按陳于金山，刑白馬、白牛，登高北望，折矢以盟。按陳曰：「吾還奏，當以征遼之責屬爾。」

金人遣胡沙帥軍六十萬，號百萬，來攻留哥，聲言有得留哥骨一兩者，賞金一兩，肉一兩者，賞銀亦如之，仍世襲千戶。留哥度不能敵，亟馳表聞。帝命按陳、孛都歡、阿魯都罕引千騎會留哥，與金兵對陣于迪吉腦兒。留哥以姪安奴爲先鋒，橫衝胡沙軍，大敗之，以所俘輜重獻。帝召按陳還，而以可特哥副留哥屯其地。

衆以遼東未定，癸酉三月，推留哥爲王，立妻姚里氏爲妃，以其屬耶廝不爲郡王，坡沙、僧家奴、耶的、李家奴等爲丞相、元帥、尙書，統古與、著撥行元帥府事，國號遼。甲戌，金遣使青狗誘以重祿使降，不從。青狗度其勢不可，反臣之。金主怒，復遣宣撫萬奴領軍四十餘萬攻之。留哥逆戰于歸仁縣北河上，金兵大潰，萬奴收散卒奔東京。安東同知阿憐懼，遣使求附。於是盡有遼東州郡，遂都咸平，號爲中京。金左副元帥移剌都，以兵十萬攻留哥，拒戰，敗之。

乙亥，留哥破東京，可特哥娶萬奴之妻李僊娥，留哥不直之，有隙。旣而耶廝不等勸留哥稱帝，留哥曰：「向者吾與按陳那衍盟，願附大蒙古國，削平疆宇。倘食其言而自爲東帝，是逆天也，逆天者必有大咎。」衆請愈力，不獲已，稱疾不出。潛與其子薛闍奉金幣九十車、金銀牌五百，至按坦孛都罕入覲。

帝曰：「漢人先納款者，先引見。」太傅阿海奏曰：「劉伯林納款最先。」帝曰：「伯林雖先，然迫於重圍而來，未若留哥仗義效順也，其先留哥。」既見，帝大悅，謂左右曰：「凡留哥所獻，白之於天，乃可受。」遂以白氈陳於前，七日而後納諸庫。因問舊何官，對曰：「遼王。」帝命賜金虎符，仍遼王。又問戶籍幾何，對曰：「六十餘萬。」帝曰：「可發三千人爲質，朕遣蒙古三百人往取之，汝亦遣人偕往。」留哥遣大夫乞奴、安撫禿哥與俱。且命詰可特哥曰：「爾妻萬奴之妻，悖法尤甚。」其拘縶以來。可特哥懼，與耶廝不等紿其衆曰：「留哥已死。」遂以其衆叛，殺所遣三百人，惟三人逃歸。事聞，帝諭留哥曰：「爾毋以失衆爲憂，朕倍此數封汝無吝也。草青馬肥，資爾甲兵，往取家孥。」

丙子，乞奴、金山、青狗、統古與等推耶廝不僭帝號於澄州，國號遼，改元天威，以留哥兄獨剌爲平章，置百官。方閱月，其元帥青狗叛歸于金，耶廝不爲其下所殺，推其丞相乞奴監國，與其行元帥鴉兒，分兵民爲左右翼，屯開、保州關。金蓋州守將衆家奴引兵攻敗之。留哥引蒙古軍數千適至，得兄獨剌并妻姚里氏，戶二千。鴉兒引敗軍東走，留哥追擊之，還度遼河，招撫懿州、廣寧，徙居臨潢府。乞奴走高麗，爲金山所殺，金山又自稱國王，改元天德。統古與復殺金山而自立，喊舍又殺之，亦自立。

戊寅，留哥引蒙古、契丹軍及東夏國元帥胡土兵十萬，圍喊舍。高麗助兵四十萬，克之，喊舍自經死。徙其民於西樓。自乙亥歲留哥北覲，遼東反覆，耶廝不僭號七十餘日，金山二年，統古與、喊舍亦近二年，至己卯春，留哥復定之。

庚辰，留哥卒，年五十六。妻姚里氏入奏，會帝征西域，皇太弟承制以姚里氏佩虎符，權領其衆者七年。丙戌，帝還，姚里氏攜次子善哥、鐵哥、永安及從子塔塔兒，孫收國奴，見帝于河西阿里湫城。帝曰：「健鷹飛不到之地，爾婦人乃能來耶！」賜之酒，慰勞甚至。姚里氏奏曰：「留哥既沒，官民乏主，其長子薛闍扈從有年，願以次子善哥代之，使歸襲爵。」帝曰：「薛闍(舍)〔今〕爲蒙古人矣，〔一〕其從朕之征西域也，回回圍太子於合迷城，薛闍引千軍救出之，身中槊；又於蒲華、尋思干城與回回格戰，傷於流矢。以是積功爲拔都魯，不可遣，當令善哥襲其父爵。」姚里氏拜且泣曰：「薛闍者，留哥前妻所出，嫡子也，宜立。善哥者，婢子所出，若立之，是私己而蔑天倫，婢子竊以爲不可。」帝嘆其賢，給驛騎四十，從征河西，賜河西俘人九口、馬九匹、白金九錠，幣器皆以九計，許以薛闍襲爵，而留善哥、塔塔兒、收國奴於朝，惟遣其季子(示)〔永〕安從姚里氏東歸。〔二〕

丁亥，帝召薛闍謂曰：「昔女眞猖獗，爾父起兵，自遼東會朕師，又能割愛，以爾事朕，其情貞慤可尚。繼而奸人耶厮不等叛，人民離散。欲食爾父子之肉者，今豈無人乎！朕以兄弟視爾父，則爾猶吾子，爾父亡矣，爾其與吾弟孛魯古台並轄軍馬，爲第三千戶。」薛闍受命。己丑，從太宗南征，有功，賜馬四百、牛六百、羊二百。庚寅，帝命與撒兒台東征，收其父遺民，移鎭廣寧府，行廣寧路都元帥府事。自庚寅至丁酉，連征高麗、東夏萬奴國，復戶六千有奇。戊戌，薛闍卒，年四十六。

子收國奴襲爵，行廣寧府路總管軍民萬戶府事，易名石剌，征高麗，有功。辛亥，睿宗以石剌爲國宣力者三代，〔三〕命益金更造所佩虎符賜之，佐諸王也苦及扎剌台控制高麗。己未卒，年四十五。

長子古乃嗣。中統元年，征河西；三年，征李璮，破嶧山；以功皆受賞。至元六年，朝廷併廣寧于東京，去職，是歲卒，年三十六。子忒哥。

薛闍弟善哥，賜名蒙古歹，命從親王口溫不花。己丑，從攻破天城堡、鳳翔府，以功襲充拔都魯。壬辰，引兵三千渡河，會大軍平金。後伐宋，拔光州、棗陽，由千戶遷廣寧尹。至元元年卒，年五十二。子天祐，襲廣寧千戶，改廣寧縣尹。

劉伯林〔黑馬　元振　元禮〕〔四〕

劉伯林，濟南人。好任俠，善騎射，金末爲威寧防城千戶。壬申歲，太祖圍威寧，伯林知不能敵，乃縋城詣軍門請降。太祖許之，遣禿魯花等與偕入城，遂以城降。帝問伯林，在金國爲何官，對曰：「都提控。」卽以元職授之，命選士卒爲一軍，與太傅耶律禿懷同征討，招降山後諸州。

太祖北還，留伯林屯天成，遏金兵，前後數十戰。進攻西京，錄功，賜金虎符，以本職充西京留守，兼兵馬副元帥。癸酉，從征山東，攻梁門、遂城，下之。乙亥，同國王木華黎攻破燕京。丁丑，復從大軍攻下山東諸州。木華黎上其功，賜名馬二十四、錦衣一襲。戊寅，同攻下太原、平陽。己卯，破潞、絳及火山、聞喜諸州縣。時論欲徙聞喜民實天成，伯林以北地喪亂，人艱於食，力爭而止之。部曲所獲俘虜萬計，悉縱之。

在威寧十餘年，務農積穀，與民休息，鄰境凋瘵，而威寧獨爲樂土。嘗曰：「吾聞活千人者後必封，吾之所活，何啻萬餘人，子孫必有興者乎！」辛巳，以疾卒，年七十二。累贈太師，封秦國公，謚忠順。子黑馬。

黑馬名嶷，字孟方，始生時，家有白馬產黑駒，故以爲小字，後遂以小字行。驍勇有志略，年幾弱冠，隨父征伐，大小數百戰，出入行陣，略無懼色。嘗獨行，遇金兵圍本部十三人，卽奮劍入圍，手殺金兵數人，十三人皆得脫。歲壬午，襲父職，爲萬戶，佩虎符，兼都元帥。

癸未，從國王木華黎攻鳳翔，不克，回屯絳州。又從孛羅攻西夏唐兀。甲申，從按眞那延攻破東平、大名。乙酉，金降將武僊據眞定以叛，從孛羅討之，破眞定，武僊遁去。金將忽察虎以兵四十萬復取山後諸州，黑馬逆戰隘胡嶺，大破之，斬忽察虎。

歲己丑，太宗卽位，始立三萬戶，以黑馬爲首，重喜、史天澤次之，授金虎符，充管把平陽、宣德等路管軍萬戶，仍僉太傅府事，總管漢軍。從征回回、河西諸國，及破鳳翔、西(河)〔和〕、沔州諸城堡。〔五〕庚寅，睿宗入自大散關，假道於宋以伐金，命黑馬先由興元、金、房東下。至三峯山，遇金大將合達，與戰，大破之，虜合達，斬首數萬級，乘勝攻破香山寨及鈞州，賜西錦、良馬、貂鼠衣，以旌其功。會增立七萬戶，仍以黑馬爲首，重喜、史天澤、嚴實等次之。

癸巳，從破南京，賜綉衣、玉帶。甲午，從破蔡州，滅金。乙未，同都元帥答海紺卜征西川。辛丑，改授都總管萬戶，統西京、河東、陝西諸軍萬戶，夾谷忙古歹、田雄等並聽節制。入覲，帝慰勞之，賜銀鼠皮三百爲直孫衣。尋命巡撫天下，察民利病。應州郭志全反，脅從詿誤者五百餘人，有司議盡戮之，黑馬止誅其爲首者數人，餘悉從輕典。

癸丑，從憲宗至六盤山。商州與宋接境，數爲所侵，命黑馬守之，宋人斂兵不敢犯。丁巳，入覲，請立成都以圖全蜀，帝從之。成都旣立，就命管領新舊軍民小大諸務，賜號也可禿立。

中統元年，廉希憲、商挺宣撫川、陝，時密力火者握重兵，居成都，希憲與挺慮其爲變，以黑馬有膽智，使乘驛矯詔竟誅之。其子訴于朝，世祖諭之曰：「茲朕命也，其勿復言。」三年，命兼成都路軍民經略使。瀘州被圍，黑馬已屬疾，猶親督轉輸不輟，左右諫其少休，黑馬曰：「國事方急，以此死，無憾。」遂卒，年六十三。累贈太傅，封秦國公，謚忠惠。子十二人，元振、元禮顯。

元振字仲舉，黑馬長子也。隨父入蜀，立成都。會商、鄧間有警，命黑馬往鎮商、鄧，以元振攝萬戶，時年方二十。〔六〕既莅事，號令嚴明，賞罰不妄，麾下宿將皆敬服之。憲宗伐宋，駐驛釣魚山，以元振與紐鄰爲先鋒。

中統元年，世祖卽位，廉希憲、商挺奏以爲成都經略使總管萬戶。宋瀘州守將劉整密送款求降，黑馬遣元振往受之。諸將皆曰：「劉整無故而降，不可信也。」元振曰：「宋權臣當國，賞罰無章，有功者往往以計除之，是以將士離心；且整本非南人，而居瀘南重地，事勢與李全何異，整此舉無可疑者。」遂行。黑馬戒之曰：「劉整，宋之名將，瀘乃蜀之衝要，今整遽以瀘降，情僞不可知，汝無爲一身慮，事成則爲國家之利，不成則當效死，乃其分也。」元振至瀘，整開門出迎，元振棄衆而先下馬，與整相見，示以不疑。明日，請入城，元振釋戎服，從數騎，與整聯轡而入，飲燕至醉，整心服焉。獻金六千兩、男女五百人，元振以金分賜將士，而歸還其男女。

宋瀘州主帥俞興，率兵圍瀘州，晝夜急攻，自正月至五月，城幾陷，左右勸元振曰：「事勢如此，宜思變通，整本非吾人，與俱死，無益也。」元振曰：「人以誠歸我，既受其降，豈可以急而（乘）〔棄〕之。〔七〕且瀘之得失，關國家利害，吾有死而已。」食將盡，殺所乘馬犒將士，募善游者齎蠟書至成都求援，又權造金銀牌，分賞有功。未幾，援兵至，元振與整出城合擊興兵，大敗之，斬其都統一人，興退走。捷聞，且自陳擅造金銀牌罪，帝嘉其通於權變，賜錦衣一襲、白金五百兩。入朝，又賜黃金五十兩、弓矢、鞍轡。

黑馬卒，元振居喪，起授成都軍民經略使。至元七年，時議以勳舊之家事權太重，宜稍裁抑，遂降爲成都副萬戶。十一年，命兼潼川路副招討使。十二年卒，年五十一。

子緯，數從父行軍。元振卒，緯襲職，佩虎符，爲萬戶。守潼川，創立遂寧諸處山寨。從圍釣魚山，數戰有功。攻合州，授潼川路副招討，遷副都元帥，復授管軍萬戶，遷同知四川西道宣慰司事。入朝，進四川西道宣慰使，拜陝西行省參知政事，卒。

元禮，黑馬第五子也。性沉厚有謀，常從父在軍中。歲甲寅，授金符，爲京兆路奧魯萬戶。中統四年，遷興元、成都等路兵馬左副元帥。至元元年，遷潼川路漢軍都元帥。二年九月，宋制置夏貴率軍五萬犯潼川，元禮所領纔數千，衆寡不敵，諸將登城望貴軍，有懼色。元禮曰：「料敵制勝，在智不在力。」乃出戰，屢破之，復大戰蓬溪，自寅至未，勝負不決，激厲將士曰：「此去城百里，爲敵所乘，則城不可得入，潼川非國家有矣。丈夫當以死戰取功名，時不可失也。」卽持長刀，大呼突入陣，所向披靡，將士咸奮，無一不當百，大敗貴兵，斬首萬餘級，生擒千餘人。捷奏，賜錦衣二襲、白金三錠、名馬一匹、金鞍轡、弓矢，召入朝，命復還潼川，立蓬溪寨。元禮又奏：「嘉定去成都三百六十里，其間舊有眉州城，可修復之，屯兵以扼嘉定往來之路。」世祖從之。四年，命平章趙寶臣往視可否，或以爲眉州荒廢已久，立之無關利害，徒費財力，元禮力爭之，寶臣是其言，遂興役，七日而畢，宋人駭其速。元禮鎭守眉州五年，召入朝，乞解官養母，從之。九年，起授懷遠大將軍、延安路總管，卒。

郭寶玉〔德海　侃〕〔八〕

郭寶玉字玉臣，華州鄭縣人，唐中書令子儀之裔也。通天文、兵法，善騎射。金末，封汾陽郡公，兼猛安，引軍屯定州。歲庚午，童謠曰：「搖搖罟罟，至河南，拜闕氏。」既而太白經天，寶玉嘆曰：「北軍南，汴梁卽降，天改姓矣。」金人以獨吉思忠、僕散揆行中書省，領兵築烏沙堡，會太師木華黎軍忽至，敗其兵三十餘萬，思忠等走，寶玉舉軍降。

木華黎引見太祖，問取中原之策，寶玉對曰：「中原勢大，不可忽也。西南諸蕃勇悍可用，宜先取之，藉以圖金，必得志焉。」又言：「建國之初，宜頒新令。」帝從之。於是頒條畫五章，如出軍不得妄殺；刑獄惟重罪處死，其餘雜犯量情笞決；軍戶，蒙古、色目人每丁起一軍，漢人有田四頃、人三丁者簽一軍；年十五以上成丁，六十破老，站戶與軍戶同；民匠限地一頃；僧道無益於國、有損於民者悉行禁止之類：皆寶玉所陳也。

帝將伐西蕃，患其城多依山險，問寶玉攻取之策，對曰：「使其城在天上，則不可取，如不在天上，至則取矣。」帝壯之，授抄馬都鎭撫。癸酉，從木華黎取永淸，破高州，降北京、龍山，復帥抄馬從錦州出燕南，破太原、平陽諸州縣。

甲戌，從帝討契丹遺族，歷古徐鬼國訛夷朶等城，破其兵三十餘萬。寶玉胸中流矢，帝命剖牛腹置其中，少頃，乃蘇。尋復戰，收別失八里、別失蘭等城。次忽章河，西人列兩陣迎拒，戰方酣，寶玉望其衆，疾呼曰：「西陣走矣！」其兵果走，追殺幾盡。進兵下撏思干城。次暗木河，敵築十餘壘，陳船河中，俄風濤暴起，寶玉令發火箭射其船，一時延燒，乘勝直前，破護岸兵五萬，斬大將佐里，遂屠諸壘，收馬里四城。

辛巳，可弗叉國唯算端罕破乃滿國，引兵據撏思干，聞帝將至，棄城南走，入鐵門，屯大雪山，寶玉追之，遂奔印度。帝駐大雪山前，時谷中雪深二丈，寶玉請封山川神。壬午三月，封崑崙山爲玄極王，大鹽池爲惠濟王。從柘柏、速不台二先鋒收契丹、渤海等諸國，〔九〕有功，累遷斷事官，卒于賀蘭山。子德海，德山。德山以萬戶破陝州，攻潼關，卒。

德海字大洋，資貌奇偉，亦通天文、兵法。金末，爲謀克，擊宋將彭義斌於山東，敗之。知父寶玉北降，遁入太行山，大軍至，乃出降，爲抄馬彈壓。

從先鋒柘柏西征，渡乞則里八海，〔一〇〕攻鐵山，衣幟與敵軍不相辨，乃焚蒿爲號，煙焰漫野，敵軍動，乘之，斬首三萬級。踰雪嶺西北萬里，進軍次答里國，悉平之。乙酉，還至崢山，吐蕃帥尼倫、回紇帥阿必丁反，復破斬之。

戊子春，從元帥闊闊出游騎入關中，金人閉關拒守，德海引驍騎五百，斬關入，殺守者三百人，直擣(淩風)〔風陵〕渡寨，〔一一〕後兵不至，引還。己丑秋，破南山八十三寨，陝西平。德海導大將魁欲那拔都，假道漢中，歷荆、襄而東，與金將武僊軍十萬遇於白河，德海提孤軍轉戰，僊敗走，斬首二萬餘級，復破金移剌粘哥軍于鄧。冬十一月，至鈞州。辛卯春正月，睿宗軍由洛陽來會于三峯山，金人溝地立軍圍之。睿宗令軍中祈雪，又燒羊胛骨，卜得吉兆，夜大雪，深三尺，溝中軍僵立，刀槊凍不能舉。我軍衝圍而出，金人死者三十餘萬，其帥完顔哈達、移剌蒲兀走匿浮圖上，德海命掘浮圖基，出其柱而焚之，完顔斜烈單騎遁還洛陽。又破金將合喜兵於中牟，完顔斜烈復帥軍十萬來拒，戰于鄭，先登破之，殺其都尉左崇。以功遷右監軍。壬辰正月，破金師於黃龍岡。癸巳，取申、唐二州。甲午，河南復叛，德海往討之，砲傷其足，以疾歸，卒。

先是，太宗詔大臣忽都虎等試天下僧尼道士，選精通經文者千人，有能工藝者，則命小通事合住等領之，餘皆爲民。又詔天下置學廩，育人材，立科目，選之入仕，皆從德海之請也。子侃。

侃字仲和，幼爲丞相史天澤所器重，留于家而教養之。弱冠爲百戶，鷙勇有謀略。壬辰，金將伯撒復取衞州，侃拒之，破其兵四萬於新衞州。遂渡河，襲金主，至歸德，敗其兵於閼伯臺，卽從速不台攻汴西門，金元帥崔立降。以功授總把。從天澤屯太康，復以下德安功爲千戶。

壬子，送兵仗至和林，改抄馬那顔。從宗王旭烈兀西征。癸丑，至木乃兮。其國塹道，置毒水中，侃破其兵五萬，下一百二十八城，斬其將忽都答而兀朱算灘。算灘，華言王也。

丙辰，至乞都卜。其城在(檐)〔擔〕寒山上，〔一二〕懸梯上下，守以精兵悍卒，乃築夾城圍之，莫能克。侃架砲攻之，守將(卜)〔火〕者納失兒開門降。〔一三〕旭烈兀遣侃往說兀魯兀乃算灘來降。其父阿力據西城，侃攻破之，走據東城，復攻破殺之。丁巳正月，至兀里兒城，伏兵，下令聞鉦聲則起。敵兵果來，伏發，盡殺之，海牙算灘降。又西至阿剌汀，破其游兵三萬，禡拶答而算灘降。至乞石迷部，忽里算灘降。西戎大國也，〔一四〕地方八千里，父子相傳四十二世，勝兵數(千)〔十〕萬。〔一五〕侃兵至，破其兵七萬，屠西城。又破其東城，東城殿宇，皆搆以沉檀木，舉火焚之，香聞百里，得七十二弦琵琶、五尺珊瑚燈檠。兩城間有大河，侃預造浮梁以防其遁。城破，合里法算灘登舟，覩河有浮梁扼之，乃自縛詣軍門降。其將紂答兒遁去，侃追之，至暮，諸軍欲頓舍，侃不聽，又行十餘里，乃止。夜暴雨，先所欲舍處水深數尺。明日，獲紂答兒，斬之，拔三百餘城。

又西行三千里，至(大)〔天〕房，〔一六〕其將住石致書請降，左右以住石之請爲信然，易之不爲備，侃曰：「欺敵者亡，軍機多詐，若中彼計，恥莫大焉。」乃嚴備以待。住石果來邀我師，侃與戰，大敗之，巴兒算灘降，下其城一百八十五。又西行四十里，至密昔兒。〔一七〕會日暮，已休，復驅兵起，留數病卒，西行十餘里頓軍，下令軍中，銜枚轉箭。敵不知也，潛兵夜來襲，殺病卒，可乃算灘大驚曰：「東天將軍，神人也。」遂降。

戊午，旭烈兀命侃西渡海，收富浪。侃喻以禍福，兀都算灘曰：「吾昨所夢神人，乃將軍也。」卽來降。師還，西南至石羅子，敵人來拒，侃直出掠陣，一鼓敗之，換斯干阿答畢算灘降。至賓鐵，侃以奇兵奄擊，大敗之，加葉算灘降。己未，破兀林游兵四萬，阿必丁算灘大懼，來降，得城一百二十。西南至乞里彎，忽都馬丁算灘來降。西域平。侃以捷告至釣魚山，會憲宗崩，乃還鄧，開屯田，立保障。

世祖卽位，侃上疏陳建國號、築都城、立省臺、興學校等二十五事，及平宋之策，其略曰：「宋據東南，以吳越爲家，其要地，則荆襄而已。今日之計，當先取襄陽，旣克襄陽，彼揚、廬諸城，彈丸地耳，置之勿顧，而直趨臨安，疾雷不及掩耳，江淮、巴蜀不攻自平。」後皆如其策。

中統二年，擢江漢大都督府理問官。〔二〕〔三〕年二月，〔一八〕益都李壇及徐州總管李杲哥俱反，宋夏貴復來犯邊。史天澤薦侃，召入見，世祖問計所出，曰：「羣盜竊發，猶柙中虎。內無資糧，外無救援，築城環之，坐待其困，計日可擒也。」帝然之，賜尙衣弓矢。馳至徐，斬杲哥。夏貴焚廬舍，徙軍民南去，侃追貴，過宿遷縣，奪軍民萬餘人而還。賜金符，爲徐、邳二州總管。杲哥之弟驢馬，復與夏貴以兵三萬來擾邊境，侃出戰，斬首千餘級，奪戰艦二百。

至元二年，有言當解史天澤兵權者，天澤遂遷他官，侃亦調同知滕州。三年，侃上言：

「宋人覊留我使，宜興師問罪。淮北可立屯田三百六十所，每屯置牛三百六十具，計一屯所出，足供軍旅一日之需。」四年，徙高唐令，兼治夏津、武城等五縣。五年，邑人吳乞兒、濟南道士胡王反，討平之。七年，改白馬令，僧臧羅漢與彰德趙當驢反，又平之。帝以侃習於軍務，擢爲萬戶，從軍下襄陽，由陽羅上流渡江。江南平，遷知寧海州，居一年，卒。

侃行軍有紀律，野爨露宿，雖風雨不入民舍，所至興學課農，吏民畏服。子秉仁、秉義。

石天應

石天應字瑞之，興中永德人。善騎射，豪爽不覊，頗知讀書，鄉里人多歸之。太祖時，太師、國王木華黎南下，天應率衆迎謁軍門。木華黎卽承制授興中府尹、兵馬都提控，俾從南征。天應造戰攻之具，臨機應變，捷出如神，以功拜龍虎衞上將軍、元帥右監軍，戍燕。天應旗色用黑，人目之曰黑軍。屢從木華黎，大小二百餘戰，常以身先士卒，累功遷右副元帥。

辛巳秋八月，從木華黎征陝右，假道西夏，自東勝濟河，南攻葭州拔之。天應因說太師曰：「西戎雖降，實未可信。此州當金、夏之衝，居人健勇，倉庫豐實，加以長河爲限，脫爲敵軍所梗，緩急非便，宜命將守之，多造舟楫，以備不虞，此萬世計也。」木華黎然之，表授金紫光祿大夫、陜西河東路行臺兵馬都元帥，以勁兵五千，留守葭蘆。遂造舟楫，建浮橋，諸將多言水漲波惡，恐勞費無功，天應下令曰：「有沮吾事者，斷其舌！」橋成，諸將悅服。先時，葭守王公佐收合餘燼，攻函谷關，將圖復故地，及見橋成，遂潰去。於是分兵四出，悉定葭、綏之地。

一日，謁木華黎於汾水東，木華黎諭以進取之策。天應還鎮，召將佐謂曰：「吾果卿等留屯於此，今聞河〔中〕東西皆平川廣野，〔一九〕可以駐軍，規取關陜，諸君以爲如何？」或諫曰：「河中雖用武之地，南有潼關，西有京兆，皆金軍所屯；且民新附，其心未一，守之恐貽噬臍之悔。」天應曰：「葭州正通鄜、延，今鄜已平，延不孤立，若發國書，令夏人取之，猶掌中物耳。且國家之急，本在河南，此州路險地僻，轉餉甚難，河中雖迫於二鎮，實用武立功之地，北接汾、晉，西連同、華，地五千餘里，戶數十萬，若起漕運以通餽餉，則關內可刻期而定，關內既定，長河以南，在吾目中矣。吾年垂六十，老耄將至，一旦臥病牀第，聞後生輩立功名，死不瞑目矣。男兒要當死戰陣以報國，是吾志也！」

秋九月，遂移軍河中。既而金軍果潛入中條，襲河中。天應知之，先遣驍將吳澤伏兵要路。澤勇而嗜酒，是夕，方醉臥林中，金兵由間道已直抵城下。時兵燼後，守具未完，新附者爭縋而去，敵乘隙入。天應見火舉，知敵已入，奮身角戰，左右從者四十餘騎，皆曰：

「吳澤誤我。」或勸西渡河，天應曰：「（先）先時人諫我南遷，〔三〇〕吾違衆而來此，事急棄去，是不武也。縱太師不罪我，何面目以見同列乎！今日惟死而已，汝等勉之。」少頃，敵兵四合，天應飲血力戰，至日午，死之。木華黎聞而痛惜焉。

子煥中，知興中府事；執中，行軍千戶；受中，興中府相副官。初，天應死事時，弟天禹子佐中在軍中。伺敵少懈，倒抽其斧，反斫之，突城而出，趨木華黎行營，求得蒙古軍數千，回與敵戰，敗之。木華黎嘉其勇，奏授金符，行元帥；尋詔將官各就本城，授興中府千戶。

子安琬，襲職，佩金符，從征大理，討李璮，皆有功。十三年，隆興之分寧叛，〔三一〕行省檄安琬討之。賊背山而陣，安琬引兵出陣後，賊驚潰，退而距守。安琬揮兵直抵壘門，賊揚言曰：「願少容行伍而戰，死且不憾。」安琬從之，賊果出陣，安琬突陣而入，大呼曰：「吾止誅賊首，庸卒非我敵也。」手刃中賊背，生擒之。累功至右衞親軍副都指揮使，進階懷遠大將軍，賜金虎符，後授大同等處萬戶，領江左新附卒萬人，屯田紅城。

大德三年，李萬戶當戍和寧，親老且病，安琬請代其行，及還，以病卒。子居謙襲職，後改忠翊侍衞親軍都指揮使。

移剌捏兒〔買奴　元臣〕〔二〕

移剌捏兒，契丹人也。幼有大志，膂力過人，沉毅多謀略。遼亡，金以爲參議、留守等官，皆辭不受。聞太祖舉兵，私語所親曰：「爲國復讎，此其時也。」率其黨百餘人詣軍門獻十策。帝召見，與語奇之，賜名賽因必闍赤。又問：「爾生何地？」對曰：「霸州。」因號爲霸州元帥。

乙亥，拜兵馬都元帥，佐太師木華黎取北京，下高、利、興、松、義、錦等二十六城，破五十四寨，平利州賊劉四祿。及錦州賊張致兵勢方熾，且盜名號，木華黎命捏兒與大將烏也兒、稠斡兒合兵討之。致拒戰，捏兒出奇兵掩擊，斬致。木華黎第功以聞，遷龍虎衞上將軍、兵馬都提控元帥。繼取遼東西廣寧、金、復、海、蓋等十五城。興州監州重兒反，復與烏也兒討平之。帝遣使者詔之曰：「自汝效順，戰功日多，今錫汝金虎符，居則理民，有事則將，其勿替朕意。」

戊寅，從攻東平。辛巳，從攻延安。壬午，從圍鳳翔，先登，手殺數十人，左臂中流矢，創甚，裹創進攻丹、延。木華黎止之，對曰：「創未至死，敢自愛耶！」木華黎壯之，與所乘白馬。明日，介其馬，飾以朱纓，簡驍衞七百人，與金兵戰。木華黎乘高，見其馳突萬衆中，曰：「此霸州元帥也。」諸軍繼進，金兵敗走，丹、延十餘城皆降，遷軍民都達魯花赤、都提控元帥，兼興勝府尹。

癸未，從帝征河西，取甘、合、辛、蛇等州。師還，復從木華黎攻益都，下萊、膠、淄等三十二城。戊子，得疾歸高州，卒。贈推忠宣力保德功臣、太尉、開府儀同三司、上柱國，追封興國公，諡武毅。子買奴。

買奴，蚤從父習戰陣，初入見，太祖問曰：「汝年小，能襲父爵乎？」對曰：「臣年雖小，國法不小。」帝異其對，顧左右曰：「此兒甚肖乃父。」以爲高州等處達魯花赤，兼征行萬戶。庚寅，命攻高麗花涼城，監軍張翼、劉霸都殞於敵，買奴怒曰：「兩將陷賊，義不獨生！」趨出戰，破之，誅首將，撫安其民。進攻開州，州將金沙密逆戰，擒之，城中人出童男女及金玉器以獻，卻不受。遂下龍、宣、雲、泰等十四城。癸巳，從諸王按赤台征女直萬奴部，有功。未幾召還。興州趙祚反，土豪楊買驢等附之。帝命從親王察合台帥師討之，斬賊將董鑾等，圍買驢於險樹寨，三月不能下。買奴令健卒劉五兒，卽寨北小徑上大樹，以繩潛引百人登寨，直前劫之，買驢投崖死，餘黨悉平。太宗卽位，錄功，賜金鞍良馬。

乙未，從征高麗，入王京，取其西京而還，賜金鎖甲，加鎭國上將軍、征東大元帥，佩金符。復命出師高麗，將行，以疾卒，年四十。贈推誠效義功臣、榮祿大夫、平章政事，追封興國公，謚顯懿。子元臣。

元臣，別名哈剌哈孫，年十六入宿衞，應對進止有度，世祖謂丞相和魯火孫曰：「此勳臣子，非凡器也。」以爲怯薛必闍赤，襲千戶，將其父軍。從伐宋，攻淮西，戍淸口，取瓜洲，下通、泰，累有功。

至元十二年，從丞相伯顏平宋，進階武義將軍、中衞親軍總管，佩金虎符。十四年，只兒瓦台叛，圍應昌府，時皇女魯國公主在圍中。元臣以所部軍馳擊，只兒瓦台敗走，追至魚兒濼，擒之，公主賜賚甚厚，奏請暫留元臣鎭應昌，以安反側。居一歲，召至京師，遷明威將軍、後衞親軍副都指揮使，還鎭應昌。又三歲，召還，加昭勇大將軍。十九年，帝以所籍入權臣家婦賜之，元臣辭曰：「臣家世淸素，不敢自污。」帝嘉嘆不已。

二十二年，進昭毅大將軍，同僉江淮行樞密院事；行院罷，歸高州。帝親征乃顏，元臣率家僮五十人見行在所，願效前驅。八年，移僉湖廣行樞密院，〔三〕時溪洞施、容等州蠻獠作亂，元臣親入其境，喩以禍福，賊首魯萬丑降。三十年，卒于官。贈安遠功臣、龍虎衞上將軍、同知樞密院事，追封興國公，謚忠靖。子迪，中奉大夫、湖廣宣慰使都元帥。

耶律禿花　禿滿答兒　忙古帶

耶律禿花，契丹人。世居桓州，太祖時，率衆來歸。大軍入金境，爲嚮導，獲所牧馬甚衆。後侍太祖，同飲班(木)〔朮〕河水。〔二四〕從伐金，大破忽察虎軍。又從木華黎收山東、河北，有功，拜太傅、總領也可那延，封濮國公，賜虎符、銀印，歲給錦幣三百六十匹。統萬戶扎剌兒、劉黑馬、史天澤伐金，卒于西河州。〔二五〕

子朱哥嗣，仍統劉黑馬等七萬戶，與都元帥塔海紺卜同征四川，卒于軍。子寶童嗣，以疾不任事。朱哥弟買住嗣，而以寶童充隨路新軍總管。買住言於憲宗曰：「今欲略定西川下流諸城，當先定成都，以爲根本，臣請往相其地。」帝從之，遂率諸軍往成都，攻嘉定，未下而卒。子忽林帶嗣，總諸軍，立成都府，卒于軍。以兄百家奴嗣。自朱哥至百家奴，並襲太傅、總領也可那延。

禿滿答兒者，百家奴之弟，忽林帶之兄也，常留中宿衞。後百家奴解兵柄爲他官，乃授成都管軍萬戶，代將其軍。

至元十一年，從忽敦攻嘉定，修平康寨以守之。十二年，從汪田哥攻九頂山，〔二六〕破之，殺都統一人，嘉定降。從忽敦徇下瀘、敘諸城，圍重慶，守合江口，又以舟師塞龍門濠，遏其援兵。十三年，瀘州叛，從汪田哥攻之。重慶遣兵援瀘，邀擊破之，獲七十人。瀘堅守不下，禿滿答兒夜率兵，攻奪水城以進，黎明，先登，入瀘城，克之，斬其將王世昌、李都統。復從不花圍重慶，守將張珏搏戰，敗之城下，重慶降。賜虎符，授夔路招討使，遷四川東道宣慰使，仍兼夔路招討，改同僉四川等處行樞密院事，遷四川等處行中書省左丞。尚書省立，改行尚書省左丞，進右丞，卒。

忙古帶，寶童之子也。世祖時，賜金符，襲父職，爲隨路新軍總管，統領山西兩路新軍。從行省也速帶兒征蜀及思、播、建都諸蠻夷，有功，陞萬戶。從攻羅必甸，至雲南，詔以其衆入緬，迎雲南王。金齒、白衣、答奔諸蠻，往往伏險要爲備，忙古帶奮擊破之，凡十餘戰，至緬境，開金齒道，奉王以還，遷副都元帥。從諸王阿台征交趾，至白鶴江，與交趾僞昭文王戰，奪其戰艦八十七艘。又從雲南王攻羅必甸，破之。二十九年，入覲。成宗卽位，授烏撒烏蒙等處宣慰使，兼管軍萬戶，遷大理金齒等處宣慰使都元帥。〔大德〕六年，烏撒、羅羅斯叛，〔二七〕雲南行省命率師討平之。事聞，賜鈔三千貫、銀五十兩、金鞍鑾及弓矢，以旌其功。九年，討普安羅雄州叛賊阿填，擒殺之。進驃騎衞上將軍，遙授雲南諸路行中書省左丞，行大理金齒等處宣慰使都元帥，卒于軍。至大四年，贈龍虎衞上將軍、平章政事，仍追封濮國公，謚威愍。子火你赤，襲萬戶。

王珣 子榮祖

王珣字君寶，本姓耶律氏，世爲遼大族。金正隆末，契丹窩斡叛，祖成，從母氏避難遼西，更姓王氏，遂爲義州開義人。父伯儉。伯父伯亨無子，以珣爲後。

珣武力絕人，善騎射，尤長於擊鞠。年三十餘，遇道士，謂珣曰：「君之相甚奇，它日因一青馬而貴。」珣未之信。居歲餘，有客以青馬來鬻，珣私喜曰：「道士之言或驗乎？」乃倍價買之，後乘以戰，其進退周旋，無不如意。又嘗行淩水濱，得一古刀，其背銘曰：「舉無不克，動必成功。」常佩之，每有警，必先鳴，故所向皆捷。

初，河朔兵動，豪強各擁衆據地，珣慨然曰：「世故如此，大丈夫當自振拔，否則爲人所制。」乃召諸鄉人，諭以保親族之計，衆從之，推珣爲長，旬月之間，招集遺民至十餘萬。歲乙亥，太師木華黎略地奚(雪)〔霫〕，〔二八〕珣率吏民出迎，承制以珣爲元帥，兼領義、川二州事。丙子春，張致僭號錦州，陰結開義楊伯傑等來掠義州，珣出戰，伯傑引去。會致兄子以千騎來衝，珣選十八騎突其前，復令左右掎角之，一卒以鎗刺珣，珣揮刀殺之，其衆潰走，獲其馬幾盡。時興中亦叛，木華黎圍之，召珣以全軍來會，致窺覘其虛，夜襲之，家人皆遇害。及興中平，珣無所歸，木華黎留之興中，遣其子榮祖馳奏其事，帝諭之曰：「汝父子宣力我家，不意爲張致所襲。歸語汝父，善撫其軍，自今以往，當忍耻蓄銳，俟逆黨平，彼之族屬、城邑、人民，一以付汝，吾不吝也。仍免徭賦五年，使汝父子世爲大官。」珣以木華黎兵復開義，擒伯傑等，殺之。進攻錦州，致部將高益，縛致妻子及其黨千餘人以獻，木華黎悉以付珣，珣但誅致家，其餘皆釋之，始還義州。

丁丑，入朝，帝嘉其功，賜金虎符，加金紫光祿大夫、兵馬都元帥，鎭遼東便宜行事，兼義、川等州節度使。珣貌黑，人呼爲哈剌元帥，哈剌，中國言黑也。從木華黎兵略山東，至滿城，令還鎭，戒之曰：「彼新附之民，恃山海之險，反覆不常，非盡坑之，終必爲變。」對曰：「國朝經略中夏，宜以恩信結人，若降者則殺，後寧復有至者乎！」遂還，以子榮祖代領其衆。甲申春正月卒，年四十八。

珣爲政簡易，賞罰明信，誅强撫弱，毫髮無徇。子四人，榮祖襲。

榮祖字敬先，珣長子也。性沉厚，語音如鐘，勇力絕人。珣初附於木華黎，以榮祖爲質，稍見任用。珣卒，襲榮祿大夫、崇義軍節度使、義州管內觀察使。從嗣國王孛魯入朝，帝聞其勇，選力士三人迭與之搏，皆應手而倒。欲留置宿衞，會金平章政事葛不哥行省於遼東，咸平路宣撫使蒲鮮萬奴僭號於開元，遂命榮祖還，副撒里台進討之。拔蓋州、宣城等十餘城，葛不哥走死。金帥郭琛、完顏曳魯馬、趙遵、李高奴等猶據石城，復攻拔之，曳魯馬戰死，遵與高奴出降。虜生口千餘，撒里台欲散於麾下，榮祖屢請，皆放爲民。方城未下時，榮祖遣部卒賈實穴其城，城崩被壓，衆謂已死，弗顧也。榮祖曰：「士忘身死國，安忍棄去。」發石取之，猶生，一軍感激，樂爲效死。有言義人懷反側者，撒里台將屠之，榮祖馳驛奏辨，事乃止。

己丑，授北京等路征行萬戶，換金虎符。伐高麗，圍其王京，高麗王力屈，遣其兄淮安公奉表納貢。進討萬奴，擒之。趙祁以興州叛，從諸王按只台平之。祁黨猶剽掠景、薊間，復從大將唐兀台討之，將行，榮祖曰：「承詔討逆人耳，豈可戮及無辜，宜惟抗我者誅。」大將然之，由是免死者衆。再從征高麗，破十餘城，高麗遣子綧入質。帝賜錦衣，旌其功。又從諸王也忽略地三韓，降天龍諸堡，皆禁暴掠，民悅服之。破五里山城，請於主將，全其民，遂下甕子城、竹林寨、苦苦數島。帝嘉其功，賜以金幣，官其子興千戶，仍賞其部曲。移鎭高麗平壤，帝遣使諭之曰：「彼小國負險自守，釜中之魚，非久自死，緩急可否，卿當熟思。」榮祖乃募民屯戍，闢地千里，盡得諸島嶼城壘，高麗遣其世子倎出降，遂以倎入朝。

中統元年夏，詔榮祖詣闕，帝撫慰之曰：「卿父子勤勞於國，誠節如一。」進沿邊招討使，兼北京等路征行萬戶，賜寶鞍、弓矢。還鎮，以病卒，年六十五。

子十三人，顯者(六)〔七〕人：〔二九〕通，興中府尹；泰，權知義、錦、川等州總管；興，征東千戶；遇，襄陽路管軍萬戶；達，東京五處征行萬戶；廷，鎮國上將軍、中衞親軍都指揮使；璲，江西湖東道提刑按察使。

校勘記

〔一〕薛闍(舍)〔今〕爲蒙古人矣　從北監本改。

〔二〕(示)〔永〕安　從北監本改。按前文作「永安」。

〔三〕辛亥睿宗以石剌爲國宣力者三代　據本書卷二太宗紀四年壬辰歲九月條及卷一一五睿宗傳，拖雷死於壬辰。又按本書卷三憲宗紀，辛亥爲憲宗卽位之年，上距睿宗死已十九年。「睿」當爲「憲」之誤。新編已校。

〔四〕〔黑馬元振元禮〕　道光本與本書原目錄合，從補。

〔五〕鳳翔西(河)〔和〕沔州　按西河爲汾州屬縣，列此地望不符。又按本書卷一二一按竺邇傳有「從圍鳳翔」，「分兵攻西和州」，「復由兩當縣出魚關，軍沔州」。此處「河」誤，今改。西和州，屬陝西鞏昌總帥府。新編已校。

〔六〕元振字仲舉至時年方二十　蒙史卷五一云：「按黑馬舊傳，奉命守商州，在憲宗三年癸丑，請立成都，在七年丁巳。而元振舊傳云云，事實先後倒誤。又元振卒於至元十二年（丁）〔乙〕亥，年五十一，上數丁巳年三十三，再上數（甲寅）〔癸丑〕，年已二十九。舊傳乃云『時年方二十』，則年齡亦誤也。」

〔七〕豈可以急而（乘）〔棄〕之　從殿本改。

〔八〕〔德海侃〕　據本書原目錄補。

〔九〕契丹渤海等諸國　此處「契丹」當指西遼。「渤海等諸國」，疑「渤」係「瀕」之訛。瀕海諸國當指寬定吉思海諸國。疑此處既誤「瀕」爲「渤」，乃又誤增「等」字。

〔一〇〕乞則里八海　「乞則里八」，劉郁西使記作「乞則里八寺」。此傳地名多本於西使記，當脫「寺」字。蒙史從祕史，改作「乞濕泐八失納兀兒」。

〔一一〕（淩風）〔風陵〕渡寨　據本書卷一九三忠義傳所見改正。

〔一二〕（檐）〔擔〕寒山　據劉郁西使記改。按世界征服者傳語音，作「檐」誤。

〔一三〕（卜）〔火〕者納失兒　據劉郁西使記改。按此人見于世界征服者傳。蒙史已校。

〔一四〕至乞石迷部忽里算灘降西戎大國也　按劉郁西使記，此傳下文皆指征伐報達事，「西戎大國」上當有脫文。新編改作「至北印度乞石彌部，忽里算端降。又西至報達國」。

〔一五〕勝兵數（千）〔十〕萬　據劉郁西使記改。新編已校。

〔一六〕（大）〔天〕房　劉郁西使記有「報達之西，馬行二十日，有天房」。據改。按天房卽穆斯林聖地麥加。

〔一七〕又西行四十里至密昔兒　按密昔兒係埃及自稱之名。由天房至密昔兒，其道里當以千里計。新編改「十」爲「千」，較當。

〔一八〕（二）〔三〕年二月　道光本與本書卷五世祖紀中統三年二月己丑、五月癸亥條及本書卷一四八嚴實傳附嚴忠嗣傳合，從改。

〔一九〕河〔中〕　下文有「或諫曰：『河中雖用武之地』」，據補。元書已校。

〔二〇〕（先）先時人諫我南遷　從北監本删。

〔二一〕十三年隆興之分寧叛　按本書卷一六八陳祐傳附陳天祥傳，事在至元十三年。「十三年」上當有「至元」二字。蒙史已校。

〔二二〕〔賈奴元臣〕　道光本與本書原目錄合，從補。

〔二三〕八年移僉湖廣行樞密院　「八年」上有脫文。按本書卷一六世祖紀至元二十八年二月乙酉、四月乙未條，是年立四行樞密院，湖廣其一。蒙史作「二十八年」，是。

〔二四〕後侍太祖同飲班（木）〔朮〕河水　本書卷一二八土土哈傳作「班朮河」，據改。

〔二五〕西河州　疑「河」爲「和」字之誤。參看本卷校勘記〔五〕。

〔二六〕汪田哥　按本書卷一五五汪世顯傳附汪良臣傳，攻九頂山者爲汪良臣，時汪田哥已死。「田哥」當作「良臣」。下同。

〔二七〕〔大德〕六年烏撒羅羅斯叛　據元文類卷四一經世大典序錄招捕補。蒙史已校。又按經世大典序錄招捕，烏撒、羅羅斯部起兵反元及其被鎮壓，均在大德五年。疑「六」爲「五」之訛。

〔二八〕木華黎略地奚（訔）〔霫〕　按奚霫之地即西喇木倫河流域，「訔」誤，今改。蒙史已校。

〔二九〕子十三人顯者（六）〔七〕人　下文已列舉七人名及其官職，據改。元書已校。

元史卷一百五十

列傳第三十七

石抹也先

石抹也先者，遼人也。其先，嘗從蕭后舉族入突厥，及后還而族留。至遼爲述律氏，號稱后族。遼亡，改述律氏爲石抹氏。其祖庫烈兒，誓不食金祿，率部落遠徙。年九十，夜得疾，命家人候日出則以報，及旦，沐浴拜日而卒。父脫羅(畢)〔華〕察兒，〔一〕亦不仕。有子五人，也先其仲子也。

年十歲，從其父問宗國之所以亡，卽大憤曰：「兒能復之。」及長，勇力過人，善騎射，多智略，豪服諸部。金人聞其名，徵爲奚部長，卽讓其兄贍德納曰：「兄姑受之，爲保宗族計。」遂深自藏匿，居北野山，射狐鼠而食。聞太祖起朔方，匹馬來歸。首言：「東京爲金開基之地，蕩其根本，中原可傳檄而定也。」太祖悅，命從太師、國王木華黎取東京。

師過臨潢，次高州，木華黎令也先率千騎爲先鋒，也先曰：「兵貴奇勝，何以多爲？」諜知金人新易東京留守將至，也先獨與數騎，邀而殺之，懷其所受誥命，至東京，謂守門者曰：「我新留守也。」入據府中，問吏列兵於城何謂，吏以邊備對，也先曰：「吾自朝廷來，中外晏然，奈何欲陳兵以動搖人心乎！」卽命撤守備，曰：「寇至在我，無勞爾輩。」是夜，下令易置其將佐部伍。三日，木華黎至，入東京，不費一矢，得地數千里，戶十萬八千、兵十萬、資糧器械山積，降守臣寅答虎等四十七人，定城邑三十二。金人喪其根本之地，始議遷河南。

歲乙亥，移師圍北京，城久不下，及城破，將屠之。也先曰：「王師拯人水火，彼旣降而復屠之，則未下者，人將死守，天下何時定乎！」因以上聞，赦之。授御史大夫，領北京達魯花赤。時石天應與豪酋數十據興中府，也先分兵降之，奏以爲興中尹。又命也先副脫忽闌闍里必，監張鯨等軍，征燕南未下州郡。至平州，鯨稱疾不進，也先執鯨送行在所，帝責之曰：「朕何負汝？」鯨對曰：「臣實病，非敢叛。」帝曰：「今呼汝弟致爲質，當活汝。」鯨諾而宵遁，也先追戮之，致已殺使者應其兄矣。致旣伏誅，也先籍其私養敢死之士萬二千人號黑軍者，上于朝。賜虎符，進上將軍，以御史大夫提控諸路元帥府事，舉遼水之西、灤水之東，悉以付之。

後從國王木華黎攻蠡州北城，先登，中石死，時年四十一。子四人：曰查剌，曰咸錫，曰博羅，曰侃。

查剌，亦善射，襲御史大夫，領黑軍。戊寅，從木華黎攻平陽、太原、隰、吉、岢嵐、關西諸郡，下之。遂攻益都，久不下，及降，衆欲屠其城，查剌曰：「殺降不祥，且得空城，將安用之。」由是遂免。己卯，詔以黑軍分屯真定、固安、太原、平陽、隰、吉、岢嵐諸郡。及南征，盡以黑軍爲前列，敗金將白撒、官奴于河。渡河再戰，盡殺之，長驅破汴京，入自仁和門，收圖籍而還。帝悉以諸軍俘獲賜黑軍。

癸巳，從國王塔思，征金帥宣撫萬奴於遼東之南京，先登，衆軍乘之而進，遂克之，王解錦衣以賜。辛丑，太宗嘉其功，授眞定、北京兩路達魯花赤。癸卯，卒于柳城，年四十四。子庫祿滿，襲職。中統三年，從征李壇，中流矢卒。子良輔，襲黑軍總管，至元十七年，以功累陞昭毅大將軍、沿海副都元帥。二十一年，改沿海上副萬戶。大德十一年，告老。子繼祖，襲萬戶。

咸錫之子度剌，攻樊城，戰死。

贍德納後亦棄金官來歸，爲別失八里達魯花赤，卒。其孫亦剌馬丹，仕至遼陽省左丞。亦剌馬丹子倉赤，爲湖廣行省平章政事。

何伯祥 子瑋

何伯祥，易州易縣人。幼從軍于金，從張柔來歸。太祖定河朔，惟保定王子昌、信安張進堅守不下。子昌，金驍將也，柔命伯祥取之。兵逼其城，子昌出走，追及之，伯祥執槍馳馬，子昌反射之，中手而貫槍，伯祥拔矢棄槍，策馬直前，徒手搏之，擒子昌。進聞之，亦遁去。伯祥遂攻西山諸寨，悉平之。後攻汴梁，拔洛陽，圍歸德，破蔡州，論功居多，授易州等處軍民總管。

丁酉，從主帥察罕伐宋，伯祥拔三十餘栅，獲戰艦千餘艘，又破芭蕉、望鄉、大洪、張家等寨，俘獲甚衆，器械山積。察罕以其功聞，賜錦衣、金甲。

壬子，諸軍入宋境，察罕自他道遽還，諸軍倉皇失措，伯祥曰：「此必爲敵所遏，不若出其不意，而遂深入其地，彼不我測，乃可出也。」遂率兵突戰，直抵司空寨，疏布營壘，陵高伐木，爲攻取勢。既夜，命爲五營，營火十炬，伏精鋭于營側險要之地，天將明，令士卒速行，而鳴鼓其後。宋兵果來追，伏發，驚駭潰去，追擊，大破之，轉戰百餘里，他軍不能歸者，皆賴以出。帝聞之，賜金二百兩。

世祖南伐，伯祥參預軍事，多所獻納，卒于軍。贈儀同三司、太保、上柱國，追封易國公，謚武昌。〔二〕子瑋。

瑋始襲父職，知易州。兄行軍千戶卒，瑋復襲之，鎮亳州。從圍襄樊，宋將夏貴率舟師來救，瑋時建營於城東北，當其衝。貴兵縱火焚北關，遂進逼瑋，萬戶脫因不花等呼瑋入城，瑋曰：「建功立業，此其時也，何避焉！」乃率其衆，誓以死戰，開營門，以身先之，貴敗走。至元十一年，丞相伯顔受命伐宋，辟瑋爲帳前都鎮撫。師次陽羅堡，夏貴率戰艦列江上下，瑋從元帥阿朮，率衆先渡，諸軍繼之，貴復敗走。宋丞相賈似道，率舟師拒于丁家洲，瑋將勇敢士出戰，奪舟千餘艘，似道遁去。授武德將軍、管軍總管，佩金虎符。宋既平，進懷遠大將軍、太平路軍民達魯花赤，俄陞昭勇大將軍、行戶部尚書、兩淮都轉運使。

至元十八年，擢參議中書省事。二十年，擢爲江浙按察使。〔三〕二十二年，改大名路總管。二十八年，遷湖南宣慰使。三十一年，拜中書參知政事，時宰執凡十一人，瑋曰：「古者一相，專任賢也，今宰執員多，政出多門，轉相疑忌，請損之。」不從，遂乞代。

大德四年，授侍御史，以母病辭。七年，授御史中丞，陳當世要務十條，成宗嘉納之。京師孔子廟成，瑋言：「唐、虞、三代，國都、閭巷莫不有學，今孔廟既成，宜建國學於其側。」從之。賽典赤、八都(高)〔馬辛〕等還自貶所，〔四〕復相位，瑋言：「姦黨不可復用，宜選正人以居廟堂。」帝深然之。監察御史郭章，劾郎中哈剌哈孫受贓，具服，而哈剌哈孫密結權要，以枉問誣章。瑋率臺臣入奏，辨論剴切，章遂得釋。

九年冬，將有事于南郊，議配享，瑋曰：「嚴父配天，萬世不易。」不果行。成宗崩，丞相阿忽台奉皇后旨，集廷臣議祔廟及攝政事，瑋難之，阿忽台變色曰：「中丞謂不可行，獨不畏死耶？」瑋從容曰：「死畏不義耳，苟死於義，夫復何畏！」衆皆危懼，未幾，以疾去位。

武宗卽位于上都，授太子副詹事，遣使促使就職，復遙授平章政事，商議中書省事。武宗至自上都，臨朝，問曰：「孰爲何中丞？」瑋出拜，帝曰：「朕知卿能以忠直爲國，朕有不逮，卿當勉輔。」

至大元年，遷太子詹事，兼衞率使。俄拜中書左丞，仍平章政事，商議中書省事。未幾，擢河南行省平章政事，佩金虎符，提調屯田事，帝召至榻前，面諭曰：「汴省事重，屯田久廢，卿當爲國竭力。」賜黑貂裘一、錦衣二襲。瑋至汴，建諸葛亮祠，立書院，以地三千畝贍之。三年，改河南行尙書省平章政事，卒。贈太傅、開府儀同三司、上柱國，追封梁國公，謚文正。

李守賢

李守賢字才叔，大寧義州人也。祖小字放軍，嘗從金將攻宋淮南，飛石傷髀，錄功，賞生口七十。主將分命將校殺所掠俘，苟有失亡者，罪死，放軍當殺五百人，皆縱之去。

金大安初，守賢曁兄庭植，弟守正、守忠，從兄伯通、伯溫，歸款於太師、國王木華黎，入朝太祖于行在所，卽命庭植爲龍虎衞上將軍、右副元帥、崇義軍節度使，守賢授錦州臨海軍節度觀察使，弟守忠爲都元帥，守河東。朝廷以全晉爲要害之地，人心危疑未定，非守賢鎭撫之不可，乃自錦州遷河東南路兵馬都總管。旣至，河東人皆曰：「吾等可恃以生矣。」

歲戊子，朝于和林，加金紫光祿大夫，知平陽府事，兼本路兵馬都總管。庚寅，太宗南伐，道平陽，見田野不治，以問守賢，對曰：「民貧窘，乏耕具致然。」詔給牛萬頭，仍徙關中生口墾地河東。辛卯，平陽當移粟萬石輸雲中，守賢奏以「百姓疲敝，不任輓載」，帝嘉納之。時河中未下，守賢建言，以爲將士逗留沮撓，多所傷溺，臣請自北面鑿城先登。如其言，城果下，遂搆浮橋。明年，蒲津南濟潼關。〔五〕二月，大破趙雄兵于芮城。

時方會師圍汴，留守賢屯嵩、汝。金兵十餘萬，保少室山太平寨，守賢以三千人介其中，度其帥完顏延壽無守禦之才，癸巳正月望夕，延壽擊毬爲嬉，守賢潛遣輕捷者數十人，緣崖蟻附以登，殺其守卒，遂大縱兵入，破之，下令禁無抄掠，悉收餘衆以歸。不兩旬，連天、交牙、蘭若、香爐諸寨，皆望風俱下，守賢未嘗妄殺一人。及攻河南，其渠魁强元帥者，以其衆出奔，守賢追及，降之。秦藍帥王祐，聚衆數萬，據虢之南山，守賢使人責祐，祐素憚守賢威略，卽以所部來附，關東、洛西遂定。甲午冬十月卒，年四十六。

子瑴嗣。歲丁酉，從太師塔海紺布征蜀漢，有功。明年，攻碉門。又明年，下萬州，會戰於瞿塘，獲戰艦千餘艘。辛丑，朝行在所，授河東道行軍萬戶，兼總管。己巳，進兵攻成都，由廣元出葭萌，度木瓜坡。蜀之餘孽團聚爲梗，聞瑴至，潛爲伏以待。瑴諜知之，令衆銜枚疾進，出其不意，賊兵敗走，長驅至成都，破之。壬子，襲嘉定。

戊午秋，憲宗南伐。己未，入梁州，〔六〕師次江上，造舟爲梁，以通援兵，且斷宋人往來之路。會江漲，梁中絕，宋將率舟師萬艘逆戰，瑴以一旅先犯之，諸軍繼進，遂破之。明日，帝召謂諸將曰：「汝輩平日自負驚勇，及臨敵，不能爲朕立尺寸功。獨李瑴身犯矢石，摧鋒陷陣，視敵篾如，言勇者，如瑴乃可耳。」賜白金二百五十兩。中統三年，改河東路總管，佩金虎符，移京兆路，加昭勇大將軍，未幾，轉洺磁路。至元七年正月卒，年四十九。子十一人。伯溫，見忠義傳。

耶律阿海

耶律阿海，遼之故族也。金桓州尹撒八兒之孫，尙書奏事官脫迭兒之子也。阿海天資雄毅，勇略過人，尤善騎射，通諸國語。金季，選使王可汗，見太祖姿貌異常，因進言：「金國不治戎備，俗日侈肆，亡可立待。」帝喜曰：「汝肯臣我，以何爲信？」阿海對曰：「願以子弟爲質。」明年，復出使，與弟秃花俱往，慰勞加厚，遂以秃花爲質，直宿衞。阿海得參預機謀，出入戰陣，常在左右。

歲壬戌，王可汗叛盟，謀襲太祖。太祖與宗親大臣同休戚者，飲辨屯河水爲盟，阿海兄弟皆預焉。旣敗王可汗，金人詰其使久不還，拘家屬于瀛。阿海殊不介意，攻戰愈厲，帝聞之，妻以貴臣之女，給戶，俾食其賦。癸亥冬，進攻西夏諸國，累有功。

丙寅，帝建龍旂，卽大位，敕左帥闍別略地漢南，〔七〕阿海爲先鋒。辛未，破烏沙堡，鏖戰宣平，大捷澮河，遂出居庸，耀兵燕北。癸酉，拔宣德、德興，乘勝次北口，闍別攻下紫荆關。阿海奏曰：「好生乃聖人之大德也。興創之始，願止殺掠，以應天心。」帝嘉納焉。遂分兵略燕南、山東諸郡，還駐燕之近郊。金主懼，請和，諭其使曰：「阿海妻子，何故拘繫弗遣？」卽送來歸。師還，出塞。

甲戌，金人走汴，阿海以功拜太師，行中書省事；封秃花爲太傅、濮國公，每宴享，必賜坐。命秃花從木華黎取中原。阿海從帝攻西域，俘其酋長只闌秃，下蒲華、尋斯干等城，留監尋斯干，專任撫綏之責。未幾，以疾薨于位，年七十三。至元十年，追封忠武公。

子三人：長忙古台，次綿思哥，次捏兒哥。忙古台在太祖時，爲御史大夫，佩虎符，監戰左副元帥官、金紫光祿大夫，管領契丹漢軍，守中都，招安水泊等處，卒，無子。捏兒哥在太祖時，佩虎符，爲右丞，行省遼東。萬奴叛，舉家遇害。綿思哥襲太師，監尋斯干城，久之，請還內郡，守中都路也可達魯花赤，佩虎符，卒。

子二人：買哥，通諸國語，太祖時爲奉御，賜只孫服，襲其父中都之職。時供億浩繁，屢貸于民，買哥悉以私帑償之，事聞，賜銀萬兩。戊午，從攻蜀，師次釣魚山，卒于軍。妻移剌氏，以哀毀卒，特贈貞靜。子七人：老哥，歷提刑按察使，入爲中書左丞。驢馬，備宿衞，爲必闍赤，仕至右衞親軍都指揮使。至元二十四年，世祖宴于柳林，命驢馬居其父位次，賜只孫服。二十五年，戍哈丹禿，有戰功，以老乞骸骨。子六人：〔八〕五臺奴，襲職；拔都兒，中書右丞；文謙，興國路總管；卜花，早卒；蒙古不花，荆湖北道宣慰使；虎都不花，一名文炳，湖州同知；萬奴，爲人匠副總管。

何實

何實字誠卿，其先北京人。曾祖摶霄，雄於貲，好施與，鄉里以善人稱。祖鼎敬。父道忠，仕金，爲北京留守。

實少孤，依叔父居，氣節不凡，家人常入臥內，見一青蛇蜿蜒衣被中，駭而視之，乃實也。及長，通諸國譯語，驍勇善騎射，倜儻不覊，遠近之民，慕其雄略，咸歸心焉。

歲乙亥，中原盜起。錦州張鯨，自立爲臨海郡王，遣使納款于太祖，尋以叛伏誅。鯨弟致，初以叛謀於實，實厲聲叱曰：「天之曆數在朔方，汝等恣爲不軌，徒自斃耳。」乃籍戶口一萬，募兵三千，丙子春，來歸。大將木華黎與論兵事，奇變百出，拊髀欣躍，大加稱賞，遂引見太祖，獻軍民之數。帝大悅，賜鞘劍一，命從木華黎選充前鋒。

時張致復據錦州，實與賊遇於神水縣，挺身陷陣，殊死戰，殺三百餘人，獲戰馬兵械甚衆，木華黎奏賜鞍馬弓矢以勵之。以功，爲帳前軍馬都彈壓。詔封木華黎太師、國王，東下齊數郡。使實帥師四千，取燕南、齊西之地，首擊邢州，徇趙郡，取魏鄴，下博關，襲曹、濮、恩、德、泰安、濟寧，勢如破竹。薄濰州，與木華黎會。遷兵馬都鎭撫，從取大同、雁門、石、隰等州，悉平之。引兵掠太原、平陽、河中、京兆諸城，所向款附。木華黎錄其功，表實爲元帥左監軍。

癸未，木華黎卒，子孛魯嗣。武仙復叛，據邢。實帥師五千圍之，立雲梯，先士卒登堞，橫稍突之，城破，武仙走，逐北四十里，大破之，斬首二百餘級，是夜，仙黨遁去。實下令，敢有擅剽掠者斬，軍中肅然，士民按堵。孛魯命戍于邢，多著善政，邢民敬之如神明。甲申，孛魯征西夏，以實分兵攻汴、陳、蔡、唐、鄧、許、鈞、睢、鄭、亳、潁，所至有功，計梟首一千五百餘級，俘工匠七百餘人。孛魯復命駐兵邢州，分織匠五百戶，置局課織。

丁亥，賜金虎符，便宜行元帥府事。邢因武仙之亂，歲屢饑，請移匠局于博，孛魯從之。憫其勞瘁，使勿出征，更檄東平嚴實，與之分治軍民事。博値兵火後，物貨不通，實以絲數印置會子，權行一方，民獲貿遷之利。庚寅，有旨收諸將金符。乙未，孛魯以實子仲澤爲質子。〔九〕

丁酉，太宗數召入見，實貢金幣紋綺三篚。次陵州，遇寇，實與左右射之，斃二十餘人，生獲十餘人。朝于幄殿，帝歡甚，問遇盜之故，命所獲寇勿殺，仍以賜實。是日，賜坐，與論軍中故事，良久，曰：「思卿效力有年，朕欲授以征行元帥，後當重任。」實叩頭謝曰：「小臣被堅執銳，從事鋒鏑二十餘年，身被十餘槍，右臂不能舉，已爲廢人矣。臣不敢辱命。願辭監軍之職，幸得元佩金符，督治工匠，歲獻織幣，優游以終其身，於臣足矣。」帝默然不悅，令射以觀其强弱，實不能射。命入宿衞，密使人覘之，實臂果不能舉。固辭十餘，始可其奏。遂錫宴，取金符親賜之，授以漢字宣命，充御用局人匠達魯花赤，子孫世其爵。更賜白貂帽、減鐵繫腰、貂衣一襲、弓一、矢百，遣歸。丁巳，卒于博。

子九人，孫十七人。子崇禮，授應奉翰林文字、從仕郎、同知制誥兼國史院編修官。

郝和尚拔都

郝和尚拔都，太原人，以小字行。幼爲蒙古兵所掠，在郡王迄忒麾下，長通譯語，善騎射。太祖遣使宋，往返數四，以辯稱。

歲戊子，以爲九原府主帥，佩金符。庚寅，率兵南伐，略地潼、陝，有功。辛卯，授行軍千戶。乙未，從皇子南伐，至襄陽，宋兵四十萬逆戰漢水上。領先鋒數百人，直前衝其陣，宋兵大潰。丙申，從都元帥塔海征蜀，下興元，宋將王連以重兵守劍閣。乃募敢死士十二人，乘夜破關，入蜀，諸城悉下。明年，取夔府，抵大江，宋兵三十萬軍於南岸。郝和尚拔都選饒勇九人，乘輕舸先登，橫馳陣中，既出復入，宋兵不能支，由是以善戰名。

庚子歲，太宗於行在所命解衣數其瘡痕二十一，嘉其勞，進拜宣德西京太原平陽延安五路萬戶，易佩金虎符，以兵二萬屬之，復賜馬六騎、金錦弓鎧有差。甲辰，朝定宗於宿禽都之行宮，賜銀萬鋌，辭以「賞過厚，臣不應獨受，臣得效微勞，皆將校協力之功」，遂奏將校劉天祿等十一人，皆賜之金銀符。

戊申，奉詔還治太原，請凡遠道租稅監課過重者，悉蠲除之。歲饑，出白金六十鋌、粟千石、羊數千，以助國用。己酉，陞萬戶府爲河東北路行省，得以便宜從事，凡四年。壬子三月，卒。追贈太保、儀同三司、冀國公，謚忠定。

子十二人：長天益，佩金符，太原路軍民萬戶都總管；次仲威，襲五路萬戶；扎剌不花，鎮蠻都元帥、軍民宣慰使；天舉，大都路總管，兼府尹；天祐，陝西奥魯萬戶；天澤，夔州路總管；天麟，京兆等路諸軍奥魯萬戶；天挺，河南江北行中書省平章政事。

趙瑨〔秉溫〕〔一〇〕

趙瑨，雲中蔚州人。父昆，仕金爲帥府評事。兄珪，以萬戶守飛狐城。歲庚午，昆卒，珪輦其母如蠡州，留瑨於飛狐。

瑨自幼不羈，閑習武事。癸酉，太祖南伐，先鋒至飛狐，城中不知所爲。瑨詣縣曰：「大兵壓境，不降何待！」衆從之。丁丑，太師、國王木華黎駐兵桓州，署爲百戶，從攻蠡州。金兵閉城拒守，國王裨將石抹也先戰死，王怒，將屠其城，瑨泣曰：「母與兄在城中，乞以一身贖一城之命。」哀懇切至，國王義而許之。從攻相州，抵其門，死士突出，瑨直前擊之，流矢中鼻側，鏃出腦後，拔矢再戰，七日破其城。論功，授冀州行軍都元帥，佩金虎符。瑨讓其兄珪，朝廷從之，改授瑨軍民總管，稍遷易州達魯花赤，佩金符。太宗下河南，瑨自易州馳驛輸矢二十餘萬至行在，帝大喜，命權中都省事。癸巳，趙、揚據興州叛，瑨進軍平之，遷中山、眞定二路達魯花赤。

中統元年，詔立十道宣慰司，以瑨爲順天宣慰使。〔二〕至元元年，轉淄萊路總管。六年，改太原路總管。十二年，陞燕南道提刑按察使。十四年，遷河南道。十六年，致仕。明年卒，年八十。皇慶元年，贈儀同三司、太保、上柱國，追封定國公，謚襄穆。子秉溫。

秉溫，事世祖潛邸，命受學於太保劉秉忠，從征吐蕃、雲南大理。中統初，詔行右三部事。至元七年，創習朝儀，閱試稱旨，授尚書禮部侍郎、知侍儀司事。明年，授祕書少監，〔三〕購求天下祕書。十九年，遷昭文館大學士、知太史院侍儀司事。授時曆成，賜鈔二百錠，進階中奉大夫。二十九年，編國朝集禮（成，帝）特命其子慧襲侍儀使。〔三〕皇慶元年，贈金紫光祿大夫、司徒、雲國公，〔四〕謚文昭。子慧，後仕至昭文館大學士。

石抹明安

石抹明安，桓州人。性寬厚，不拘小節。爲童子時，嘗騎杖爲馬，令羣兒前導，行列整肅，無敢喧譁者，父老見而異之，曰：「是兒體貌不凡，進退有度，他日必貴。」既長，歎曰：「士生于世，當立功名、書竹帛，以傳無窮，寧肯碌碌無聞，與草木同腐邪！」

歲壬申，太祖率師攻破金之撫州，將遂南向，金主命招討紇石烈九斤來援，時明安在其麾下，九斤謂之曰：「汝嘗使北方，素識蒙古國主，其往臨陣，問以舉兵之由，不然卽詬之。」明安初如所教，俄策馬來降，帝命縛以俟戰畢問之。既敗金兵，召明安詰之曰：「爾何以詈我而後降也？」對曰：「臣素有歸志，向爲九斤所使，恐其見疑，故如所言。不爾，何由瞻奉天顏？」帝善其言，釋之，命領蒙古軍，撫定雲中東西兩路。

既而帝欲休兵於北，明安諫曰：「金有天下一十七路，今我所得，惟雲中東西兩路而已，若置不問，待彼成謀，併力而來，則難敵矣。且山前民庶，久不知兵，今以重兵臨之，傳檄可定，兵貴神速，豈宜猶豫！」帝從之。卽命明安引兵南進，所至，民皆具簞食壺漿以迎，盡有河北諸郡而還。帝復命明安及三合拔都，將兵由古北口徇景、薊、檀、順諸州。諸將議欲屠之，明安奏曰：「此輩當死，今若生之，則彼之未附者，皆聞風而自至矣。」帝從之。

乙亥春正月，取通州，金右副元帥蒲察七斤，以其衆降，明安命復其職，置之麾下，遂駐軍于京南建春宮。金御史中丞李英、元帥左都監烏古論慶壽，領兵護軍食，以援中都。帝遣右副元帥神撒，將四百騎迎戰，明安將五百騎繼之，遇于永淸，將戰，命士卒佯敗，金兵來追，迴擊，大破之，死及溺水者甚衆，獲李英及所佩虎符，得糧千餘車。遂招諭永淸，不降，拔而屠之。未幾，金將完顏合住、監軍阿興鬆哥，復以步兵萬二千人、糧車五百兩援中都。明安復將三千騎往擊之，遇于涿州宣封寨，獲鬆哥，合住遁去，盡得其輜重，還屯建春宮。四月，攻萬寧宮，克之；取富昌、豐宜二關，攻拔固安縣。

初，順州之破，兵士縛密雲主簿完顏壽孫以獻，明安釋而用之，不久，逸去復來，問其故，對曰：「有老父在城中，恐不能存，謀歸，欲得侍養，今已歿，故復來。」明安義而釋之。五月，明安將攻中都，金相完顏復興飲藥死。辛酉，城中官屬父老緇素，開門請降，明安諭之曰：「負固不服，以至此極，非汝等罪，守者之責也。」悉令安業，仍以粟賑之，衆皆感悅。

明安早從軍旅，料敵制勝，算無遺策，雖祁寒盛暑，未嘗不與士卒均勞逸，同甘苦。其得金府庫珠玉錦綺，明安悉具其數上進，未嘗以纖毫爲己有。中都既下，加太傅、邵國公，兼管蒙古漢軍兵馬都元帥。丙子，以疾卒于燕城，年五十三。

子二人：長咸得不，襲職爲燕京行省。次忽篤華，太宗時，爲金紫光祿大夫、燕京等處行尚書省事，兼蒙古漢軍兵馬都元帥。

張榮

張榮字世輝，濟南歷城人，狀貌奇偉。嘗從軍，爲流矢貫眥，拔之不出，令人以足抵其額而拔之，神色自若。金季，山東羣盜蜂起，榮率鄉民據濟南黌堂嶺，衆稍盛，遂略章丘、鄒平、濟陽、長山、辛市、蒲臺、新城及淄州之地而有之，兵至，則清野入山。

歲丙戌，東平、順天皆內屬，榮遂舉其兵與地，納款於按（亦）〔赤〕台那衍，〔一五〕引見太祖，問以孤軍數載，獨抗王師之故，對曰：「山東地廣人稠，悉爲帝有。臣若但有倚恃，亦不款服。」太祖壯之，拊其背曰：「眞賽因八都兒也。」授金紫光祿大夫、山東行尚書省，兼兵馬都元帥，知濟南府事。時貿易用銀，民爭發墓劫取，榮下令禁絕。

庚寅，朝廷集諸侯議取汴，榮請先六軍以淸蹕道，帝嘉之，賜衣三襲，詔位諸侯上。辛卯，軍至河上，榮率死士宵濟，守者潰。詰旦，敵兵整陣至，榮馳之，望風披靡，奪戰船五十艘，麾抵北岸，濟師，衆軍繼進，乘勝破張、盤二山寨，俘獲萬餘，大將阿朮魯恐生變，欲盡殺之，榮力爭而止。癸巳，汴梁下，從阿朮魯爲先鋒，攻睢陽，議欲殺俘虜，烹其油以灌城，又力止之。旣而城下，榮單騎入城撫其民。甲午，攻沛，沛拒守稍嚴，其將唆蛾夜來擣營，榮覺之，唆蛾返走，率壯士追殺之，乘勝急攻，城破。就攻徐州，守將國用安引兵突出，榮逆擊之，亦破其城，用安赴水死。乙未，拔邳州。丙申，從諸王闊端破宋棗陽、仇城等三縣。〔一六〕

時河南民北徙至濟南，榮下令民間，分屋與地居之，俾得樹畜，且課其殿最，曠野闢爲樂土。是歲，中書考績，爲天下第一。李壇據益都，私餽以馬蹄金，榮曰：「身旣許國，何可擅交鄰境！」却之。年六十一，乞致仕，後十九年，世祖卽位，封濟南公，致仕卒，年八十三。

子七人：長邦傑，襲爵，先卒；邦直，行軍萬戶；邦彥，權濟南行省；邦允，知淄州；邦孚，大都督府郎中；邦昌，奥魯總管；邦憲，淮安路總管。孫四十人，宏，襲邦傑爵，改眞定路總管。

劉亨安

劉亨安，其先范陽人，後遷遼東川州。初，國王木華黎經略遼東，兄世英率宗族鄉人隸麾下，分兵收燕、趙、雲、朔、河東，以功充行軍副總管。庚辰，平陽諸郡被兵之餘，民物空竭，世英言於王曰：「自古建國，以民爲本，今河東殺掠殆盡，異日我師復來，孰給轉輸？收存恤亡，此其時也。」王善之。以絳州邊地，難其人，奏授世英絳州節度使，兼行帥府事。卒于師，無子，國王孛魯命其族兄德仁襲職。丙戌歲，金將移剌副樞攻絳州，城陷，死之。木華黎承制命亨安領其衆，〔一七〕奏賜金虎符，授鎭國上將軍、絳州節度使，行元帥府事，兼觀察使。

庚寅冬，從王師渡河入關。辛卯春，克鳳翔，歷秦、隴，屯渭陽。秋，出階城，沿漢抵鄧。壬辰，會大軍於鈞州，敗金人於三峯山。甲午，平蔡。旣而宋兵二十萬攻汴，將趨洛，都元帥塔察兒俾亨安往拒之，與宋軍遇龍門北，遂橫槊躍馬，奮突而前，衆因乘之，宋師奔潰，追擊百餘里，塔察兒拊其背曰：「眞驍將也。」延坐諸將之右，勞賜甚厚。丙申，都元帥塔海征巴蜀，攻散關，破劍門，出奇制勝，戰功居多。進圍成都，亨安爲先鋒，大破之於城西，生擒宋將陳侍郞。有喬長官與亨安爭功，未幾，攻城，喬爲砲所傷，亨安負之以出，喬感愧。亨安從軍十年，累著勳伐，所獲金帛，悉推與將佐，故士卒咸樂爲用。癸卯冬十二月卒。子貞，嗣職。孫三人：弘，彊，弴。

校勘記

〔一〕脫羅（畢）〔華〕察兒　據黃金華集卷二七石抹繼祖神道碑、許白云集卷二庫祿滿行狀改。

〔二〕追封易國公謚武昌　按程雪樓集卷八何瑋神道碑、卷二贈何伯祥謚忠毅制，皆作「謚忠毅」，蒙史從改，疑是。

〔三〕擢爲江浙按察使　程雪樓集卷八何瑋神道碑作「出爲江南浙西道提刑按察使」。此處「江浙」當作「江南浙西」或「浙西」。新元史已校。

〔四〕八都（高）〔馬辛〕　據程雪樓集卷八何瑋神道碑改。按八都馬辛時爲中書右丞。新元史已校。

〔五〕明年蒲津南濟潼關　此句不文。蒙史于「蒲津」上增「自」字。

〔六〕梁州　按宋、元四川無「梁州」，「梁」字誤。蒙史改作「渠州」。

〔七〕敕左帥闊別略地漢南　按此時蒙古軍略地長城北，當與漢南無涉。「漢」字誤。蒙史、新元史改作「漠南」。

〔八〕子六人　按下文所列共七人。此處史文有誤。

〔九〕乙未孛魯以實子仲澤爲質子　蒙史改「孛魯」爲「塔思」，並注云：「按孛魯薨于戊子五月，乙未不得更有孛魯。」

〔一〇〕〔秉溫〕　據本書原目錄補。

〔一一〕中統元年詔立十道宣慰司以瑨爲順天宣慰使　考異云：「案中統元年立十路宣撫司，瑨不預使副之列。至三年，立十路宣慰司，乃以瑨爲使。傳云元年，誤也。」

〔一二〕明年授祕書少監　滋溪文稿卷二二趙秉溫行狀「明年」作「十年」。按本書卷八世祖紀，立祕書監在至元十年正月丁卯，傳上文有「至元七年」，此書「明年」誤，「明」當作「十」。

〔一三〕編國朝集禮〔成帝〕特命其子彗襲侍儀使　原空闕，從北監本補。

〔一四〕雲國公　按滋溪文稿卷四趙瑨神道碑陰記、卷十趙秉正神道碑銘、卷二二趙秉溫行狀皆作「定國公」，疑「雲」字誤。

〔一五〕按〔亦〕〔赤〕台那衍　據本書卷一一八特薛禪傳、卷一一九木華黎傳附塔思傳、卷一二一按竺邇傳所見「按赤台」改。此人本書又作「按赤帶」、「按只台」、「按赤帶」。

〔一六〕丙申從諸王闊端破宋棗陽忱城等三縣　考異云：「案太宗紀，乙未歲皇子闊端征秦鞏，皇子曲出即闊出伐宋。十月曲出圍棗陽，拔之。則榮所從者，當是闊出，非闊端也。忱城字疑有誤。」

〔一七〕木華黎承制　考異云：「案木華黎以癸未歲卒，子孛魯嗣爲國王。上文已書國王孛魯矣，此却書木華黎，何其前後不檢照也！」

元史卷一百五十一

列傳第三十八

薛塔剌海

薛塔剌海，燕人也，剛勇有志。歲甲戌，太祖引兵至北口，塔剌海帥所部三百餘人來歸，帝命佩金符，爲砲水手元帥，屢有功，進金紫光祿大夫，佩虎符，爲砲水手軍民諸色人匠都元帥，便宜行事。從征回回、河西、欽察、畏吾兒、康里、乃蠻、阿魯虎、忽纏、帖里麻、賽蘭諸國，俱以礮立功。太宗三年，睿宗引兵自洛陽渡河，塔剌海由隴右假道金、商，遂會師于(均)〔鈞〕州三峯山，〔一〕敗金師。四年，〔二〕破南京及唐、鄧、(均)〔鈞〕、許諸州，取鄢陵、扶溝。四月卒。

子奪失剌，襲爲都元帥，南攻江淮，有功。歲庚戌，卒。弟軍勝襲，憲宗八年，從世祖攻釣魚山、〔三〕苦竹崖、大(林)〔良〕平、〔四〕青居山，破重慶、馬湖、天水，賜以白金、鞍馬等物。

中統三年，李璮叛濟南，又以礮破其城。至元五年，從圍襄陽。三月卒。

丞相阿朮欲以千戶劉添喜攝帥府事，子四家奴，年方十六，請從軍自效，帝壯而許之。八年，始襲父爵。十年冬十二月，襄、樊未下，〔五〕四家奴立砲攻之，明年正月，襄陽守呂文煥降。繼從丞相伯顏南伐，十月，至郢州，先登。師既渡江，四家奴自鄭州下沿海諸城堡，〔六〕至建康。十二年，授武節將軍。六月，與宋將夏貴戰于峪溪口，奪其船二百餘艘。十一月，屠常州。十二月，取蘇州。十三年，攻鎭巢。七月，圍揚州，守臣李庭芝棄城走，追獲之。九月，進階懷遠將軍，將兵平浙東諸郡。從征福建灤江，與宋兵力戰，破之，獲戰艦千餘艘。十六年，進階鎭國將軍，鎭揚州。二十二年，改爲萬戶。

高鬧兒

高鬧兒，女直人。事太祖，從征西域；復從闊出太子、察罕那演，連歲出征，累有功，授金符，總管，管領山前十路匠軍。

歲己未，憲宗憫其老，命其子元長襲其職，從世祖渡江攻鄂，還鎭隨州。至元二年，移鎭季陽。五年，從元帥阿朮修立白河口、新城、鹿門山等處城堡，圍襄樊。七年，充季陽軍馬總管。十年，從攻樊城，先登。十一年，從渡江，鼓戰艦上流，與宋人戰，殺三百餘人，奪其船及鎧仗，以功賜虎符，陞宣武將軍。進兵丁家洲，與宋臣孫虎臣等大戰，殺五百餘人，奪其船及鎧仗無算；敗夏貴于焦湖。從征常州，先登。又攻杭州。宋平，護送宋太后至京師。以功進懷遠大將軍、萬戶。

二十一年，領軍二千，從太子脫歡征交趾，追襲交趾世子于大海口，奪其戰艦以還。二十二年，陞安遠大將軍、季陽萬戶府萬戶。是年夏，復以兵追襲交趾世子于海之三叉口，與敵軍合戰，中毒矢而死。

子滅里干，初直宿衞，襲父職，領兵鎮廣東，尋移戍惠州，平盜譚大獠、朱珍等。元貞元年，移戍袁州，盜陀頭以衆犯境，悉剿除之。尋廣之南恩盜起，復領兵平之。還，沒于袁州。贈懷遠大將軍、季陽萬戶府萬戶、輕車都尉、渤海郡侯。

王義

王義字宜之，眞定寧晉人，家世業農。義有膽智，沉默寡言，讀書知大義。金人遷汴，河朔盜起，縣人聚而謀曰：「時事如此，吾儕欲保全家室，宜有所統屬。」乃相與推義爲長，攝行縣事，尋號爲都統。太師、國王木華黎兵至城下，義率衆，以寧晉歸焉。入覲太祖，賜駿馬二匹，授寧晉令，兼趙州以南招撫使。是時兵亂，民廢農耕，所在人相食，寧晉東有藪澤，周回百餘里，中有小堡曰瀝城，義曰：「瀝城雖小而完，且有魚藕菱芡之利，不可失也。」留偏將李直守寧晉，身率衆保瀝城，由是全活者衆。歲〔己〕〔乙〕亥，〔七〕金將李伯祥據趙州，木華黎遣義擣其城。會天大風雨，義帥壯士，挾長梯，疾趨，夜四鼓，四面齊登，殺守埤者。城中亂，伯祥挺身走天壇寨，一州遂定。木華黎承制授義趙州太守、趙冀二州招撫使。丁丑，大軍南取鉅鹿、洺州二城，還軍至唐陽西九門，遇金監軍納蘭率冀州節度使柴茂等，將兵萬餘北行。義伏兵桑林，先以百騎挑之，納蘭趣來迎戰，因稍却，誘之近桑林，伏起，金兵大亂，奔還，獲納蘭二弟及萬戶李虎。戊寅，拔束鹿，進攻深州，守帥以城降。順天都元帥張柔上其功，陞深州節度使、深冀趙三州招撫使。

金將武仙以兵四萬來攻束鹿，仙諭軍士曰：「束鹿兵少無糧，城無樓櫓，一日可拔也。」盡銳來攻，義隨機應拒，積三十日不能下，大小數十戰皆捷。一夕，義召將佐曰：「今城守雖有餘，然外無援兵，糧食將盡，豈可坐而待斃。」椎牛饗士，率精銳三千，銜枚夜出，直擣仙營。仙軍亂，乘暗攻之，殺數千人。仙率餘衆遁還眞定，悉獲其軍資器仗。木華黎聞之，遣使送銀牌十，命義賜有功者。庚辰，拔冀州，獲柴茂，械送軍前，木華黎、張柔復上其功，授龍虎衞上將軍、（武安）〔安武〕軍節度使，〔八〕行深冀二州元帥府事，賜金虎符。

辛巳，仙復遣其將盧秀、李伯祥，率兵謀襲趙州，幷取灄城，率戰艦數百艘，沿江而下。義具舟楫於紀家莊，截其下流，邀擊之，義士卒皆水鄉人，善水戰，回旋開闔，往來如風雨，船接，則躍登彼船，奮戈疾擊，敵莫能當，殺千餘人，擒秀。伯祥退保灄城，義引兵拔之，伯祥西走，二子死焉。邢州盜號趙大王，聚衆數千，據任縣固城水寨，眞定史天澤集諸道兵攻之不能下。甲午，義引兵薄其城，一鼓下之，獲趙大王、侯縣令等數人殺之，餘黨悉平。義乃布敎令，招集散亡，勸率種藝，深、冀之間，遂爲樂土云。

王玉 忱附

王玉，趙州寧晉人。長身駢脅多力，金季爲萬戶，鎭趙州。太師、國王木華黎下中原，玉率衆來附，領本部軍，從攻邢、洺、磁三州，濟南諸郡，號長漢萬戶。從攻澤、潞諸州，獨潞州堅壁不下，玉力戰，流矢中左目，竟拔其城。又破平陽，下太原、汾、代等州。師還，署元帥府監軍，以趙州四十寨隸焉。

先是，金將武仙旣降復叛，殺元帥史天倪。宋將彭義斌在大名，陰與仙合，玉從笑乃帶、史天澤，攻敗武仙，生擒義斌，駐軍寧晉東里寨。仙遣人齎誥命，誘玉妻，妻拒曰：「妾豈可使夫懷二心於國家耶！」仙圍之數匝，殺其子寧壽。玉聞之，領數騎突其圍，斬獲數百人而還。仙遣人追之，不敢進，皆曰：「王將軍膽氣驍雄，我輩非敵也。」仙乃盡發玉先世二十七冢，棄骸滿道。玉從史天澤諸將，擊仙於趙州，仙糧絕，走雙門寨，圍之。會大風，仙獨脫走，斬其將四十三人，眞定遂平。加定遠將軍，權眞定五路萬戶，假趙州慶源軍節度副使。

有民負西域賈人銀，倍其母，不能償，玉出銀五千兩代償之。又出家奴二百餘口爲良民。中統元年二月卒，年七十。子忱。

忱字允中，幼讀書，明敏有才識。平章趙璧，引見裕宗潛邸，語稱旨，命宿衞，掌錢穀計簿。授山北遼東道提刑按察司副使。駙馬伯忽里，數馳獵蹂民田，忱以法繩之。憲吏耿熙言徵北京宣慰司積年逋負，計可得鈔二十萬錠。帝遣使覈實，熙懼事露，擅增制語，有「拚打算大小一切諸衙門等事」凡十二字，追繫官吏至數百人。忱驗問，知其詐，熙乃款伏。裕宗薨于潛邸，忱建言：「陛下春秋高，當早建儲嗣。」平章不忽木以聞，帝嘉納焉。

改河北河南道提刑按察副使。忱以江南人鬻子北方，名爲養子，實爲奴也，乞禁之。又省部以正軍餘田出調發，忱言：「士卒衝冒寒暑，遠涉江海，宜加優恤。」皆從之。潁州朱喜，嘗俘於兵，旣自贖，主家利其貲，復欲以爲奴。又有誣息州汪清爲奴，殺而奪其妻子及田宅者。獄久不決，忱皆正之。劾罷鎮南帥唐兀台，唐兀台結援大臣，誣奏于帝，繫忱至京師，得面陳其事，世祖大悟，抵唐兀台罪。按察司改廉訪司，起忱爲燕南河北道肅政廉訪副使，累遷嶺南廣西、河東山西兩道肅政廉訪使，江陵、汴梁兩路總管。至大（三）〔元〕年，〔九〕拜中奉大夫、雲南行省參知政事，未行，卒。

趙迪

趙迪，眞定藁城人也。幼孤，事母孝，多力善騎射。金末爲義軍萬戶。郡將出六鈞强弩，立賞募能挽者，迪能之，卽署眞定尉，遷藁城尉，陞爲丞。

太祖兵至藁城，迪率衆迎降。歲壬午，改藁城爲永安（軍）〔州〕，〔一〇〕以迪同知節度使事。嘗從帝西征，他將校豪橫俘掠，獨迪治軍嚴，所過無犯。

先是，眞定旣破，迪亟入索藁城人在城中者，得男女千餘人，諸將欲分取之，迪曰：「是皆我所掠，當以歸我。」諸將許諾，迪乃召其人謂曰：「吾懼若屬爲他將所得，則分奴之矣，故索以歸之我。今縱汝往，宜各遂生產，爲良民。」衆感泣而去。時兵荒之餘，骸骨蔽野，迪爲大塚收瘞。壬子歲卒，年七十。子七人，椿齡，眞定路轉運使。

邸順〔琮〕〔一〕

邸順，保定行唐人，占籍於曲陽縣。金末盜起，順會諸族，集鄉人豪壯數百人，與其弟常，築兩寨于石城、玄保，分據以守。歲甲戌，率衆來歸，太祖授行唐令。丙子，眞定饑，羣盜據城叛，民皆穴地以避之，盜發地而噉其人，順擒數百人殺之。朝廷陞曲陽爲恒州，以順爲安撫使。

金將武仙據眞定，帥衆來攻，順與戰，大敗之，賜金虎符，加鎭國上將軍、恒州等處都元帥。庚辰，武仙屯兵于黃、堯兩山，順及弟常又擊敗之。時西京郝道章，陰結武仙，抄掠州縣，順擒道章殺之，仙退眞定以自保。順從木華黎攻之，敗之於王柳口，仙遂棄眞定南走。以功，賜順名察納合兒，陞驃騎衞上將軍，充山前都元帥；弟常，賜名金那合兒。

辛卯春，從太宗攻河南諸郡，招降民十餘萬，以順知中山府。己亥，佩金符，爲行軍萬戶，管領諸路元差軍五千人。從大軍破歸德府，留順戍之。丁未，駐師五河口，宋兵夜襲營，順掩殺其衆，生獲十五人。癸丑，攻漣水。甲寅，舉部屬肖撒八、耨隣之功以奏，上賜肖撒八、耨隣金銀符，仍隸麾下。丙辰春，順卒，年七十四。

子浹，襲職。己未，從世祖渡江，圍鄂州，有戰功。中統元年，世祖卽位，浹以所部張宣等十二人奏聞于朝，遂以金銀符賜之。三年，圍李璮，還守息州。至元十一年，賜虎符，授金州招討副使，後又遷懷遠大將軍、金州萬戶。十三年，改襄陽管軍萬戶。三月，以樞密院奏，行淮西總管萬戶府事，守廬州。

十四年，移龍興，仍管領本翼軍人。十五年，復爲管軍萬戶，攻贛州崖石寨、太平岩賊有功。十七年，陞鎭國上將軍、都元帥，鎭龍興諸路，兼管本萬戶府事，賜銀印。吉、贛盜起，行省遷元帥府以鎭之。二十一年，元帥府罷，復爲萬戶。二十三年，佩元降虎符，爲歸德萬戶，鎭守吉安。未幾，統領江西各萬戶，集兵七千戍廣東，凡二載。大德三年卒，年七十七。贈輔國上將軍、北庭元帥府都元帥、護軍，追封高陽郡公，謚襄敏。

子榮仁，襲佩其虎符，爲宣武將軍、歸德萬戶，鎭廣東惠州，感瘴疾，不任事。子貫襲。貫卒，子士忠襲。士忠卒，子文襲。順族弟琮。

琮，太祖時從族兄行唐元帥常來降。歲乙酉，金降將武仙，復據眞定叛，琮敗之于黃臺。癸巳，從元帥倴盞滅金于蔡，有功，眞定五路萬戶選充總管府推官。尋奉旨，賜金符，授管軍總押，管領七路兵馬，鎭徐州。宋兵入境，琮戰却之。己亥，從大將察罕攻滁州，〔二〕力戰，流矢中臍，明年卒。

子澤襲，移鎮潁州。宋兵攻潁，澤戰敗之。至元四年，從元帥阿朮，克平塞寨及老鵶山。十一年，從沙洋奪六艦，〔一三〕皆論功受賞有差。十二年，授武德將軍、管軍總管，從攻潭州及靜江，累官懷遠大將軍、管軍萬戶、郴州路總管府達魯花赤。二十二年，改授廬州蒙古漢軍萬戶，尋遷潁州翼，會徽州績溪縣盜起，澤討平之。二十八年，移鎮杭州，卒。子元謙，襲爲潁州萬戶。元謙卒，子祺襲。祺卒，子忠襲。

王善 子慶端附

王善字子善，眞定藁城人。父增，監本縣酒務，以孝行稱。善資儀雄偉，其音若鐘，多智略，尤精騎射。金貞祐播遷，田疇荒蕪，人無所得食，善求食以奉母。乙亥，羣盜蜂起，衆推善爲長。善約束有法，備禦有方，盜不能犯，擢本縣主簿。

戊寅，權中山府治中。時武仙鎮眞定，陰蓄異志，忌善威名，密令知府李濟、府判郭安圖之。己卯秋，濟、安張宴伏兵，召善計事。善覺，卽還治衆，倉卒得八十人，慷慨與盟，人爭自奮，遂誅濟、安。乃諭其黨曰：「造釁者，李、郭耳，餘無所問。」善夜臥北城上，戒麾下曰：「勿以我累汝家，當取吾首獻帥府。」衆曰：「公何爲出此言，我輩惟有效死而已。」遂率衆來歸，授金符，同知中山府事。是年冬，以兵三百攻武仙，仙遣將率精銳二千拒戰，善擒斬之。仙走獲鹿，委其佐段琛城守，復戰拔之，入據其城，軍勢大振，自中山以南，降州郡四十二。

庚辰，遷中山眞定等路招討使，尋加右副元帥、驃騎大將軍，屯藁城。壬午，陞藁城爲匡國軍，〔一四〕以善行帥府事。癸未，進金吾衞大將軍、左副元帥。仙窮迫請降，詔命復舊鎭。善奏：「仙狼子野心，終必反覆，請修城隍備之。」未幾，仙果叛，率衆來攻，火及西門，善出戰，却之。仙使其部下宋元，俘老幼四千人南奔，善追奪之，俾復故業。仙自是不敢復入眞定，其部曲多來降。丙戌，以功賜金虎符，仍行帥府事。

壬辰，從征河南，至鄭州。州將馬伯堅素聞善名，登陴大呼曰：「藁城王元帥在軍中否？願以城降之。」善直前，免胄與語，伯堅果率衆出降。善令軍中秋毫無犯，民皆按堵，願從善北渡者以萬計，授之土田，以安集之。丙申，兼河北西路兵馬副都總管。辛丑，授知中山府事，屬縣新樂，地居衝要，迎送供給，倍於他縣，皆取於民。善均其勞逸，所徵或未給，輒出家貲代輸，民德之。又放家僮五百人爲民，咸懷其恩。癸卯卒，年六十一。皇慶元年，贈銀青榮祿大夫、司徒，追封冀國公，謚武靖。子慶淵，爲行軍千戶，征淮南死；次慶端。

慶端字正甫，初爲郡筦庫，進水軍提領，訓練士卒，常如臨敵。敗李壇於老僧口，以功佩金符，爲千戶。監築大都城。移戍清口，宋兵來攻，守將戰死，城欲陷，慶端拔刀誓衆，裹創力戰，城得以全。羣盜四起，復擊走之。進武節將軍、管軍總管，領左右中衞兵。從世祖北征，還，遷右〔衞〕親軍副都指揮使，〔一五〕進侍衞軍都指揮使，建威武營，以處衞兵，經畫田廬，使各安業。別立神鋒軍，親教以蹶張弩技，作整暇堂、（屏）〔犀〕利局。〔一六〕浚渠構室，如治家事。

至元十九年，改詹事丞，時有司欲就威武貸粟數萬石，濟饑民。裕宗在東宮，以問慶端，慶端對曰：「兵民等耳，何問焉！」卽命與之。帝嘗遣近侍夜出伺察，爲邏卒所執，近侍以實告，卒曰：「軍中惟知將軍令，不知其他。」近侍以聞，帝賞以黑貂裘。及親征乃顏，命慶端以所部從，時年六十餘，與士卒同甘苦，晝則擐甲執兵迎敵，夜臥不解衣，暇則俾士卒爲軍市，自相懋遷。征東之功，慶端贊畫居多。

成宗卽位，論翼戴功，拜金吾衞上將軍、中書（左）〔右〕丞，〔一七〕行徽政副使，兼隆福宮左都威衞使，進階資德大夫。大德二年，加榮祿大夫、平章政事、僉書樞密院事，兼使如故。以疾卒。

杜豐

杜豐字唐臣，汾州西河人。父珪，以積德好施，鄉稱善人。豐少有大志，倜儻不羣，通兵法。仕金，爲平遙義軍謀克，佩銀符。太祖取太原，豐率所部來降。皇舅按赤那延授兵馬都提控。從國王按察兒攻平陽，先登。克絳州、解州諸堡，招集流民三萬餘家。以功賜金虎符，陞征行元帥左監軍。金人南遁，遂以豐守河北。

庚辰，上黨〔公〕張開以萬衆寇汾州，〔一八〕豐率精騎五千敗之。從國王阿察兒，下懷孟，破溫谷、木澗等寨，輒先登。攻洪洞西山，斬首六百餘級。攻松平山，破之，賊墮崖死以萬計，獲生口甚衆。金將武仙等，往來鈔掠平陽、太原間，行路梗塞。壬午，授豐龍虎衞上將軍、河東南北路兵馬都元帥，便宜行事。遂破玉女、割渠等寨，俘獲千餘人。

丙戌，從按赤那延攻益都，金守將突圍出，豐戰扼之，斬首千級，捕虜二十人，益都下，遂略地登、萊，降島民萬餘。己丑，以本部取沁州，由是銅鞮、武鄉、襄垣、綿(山)〔上〕、沁源諸縣皆下。〔一九〕辛卯，命豐撫定平陽、太原、眞定及遼、沁未降山寨，皆平之。乙未，陞沁州長官，長官者，國初高爵也。在沁十餘年，寬徭薄賦，勸課農桑，民以富足。丁未，請老。丙辰，疾卒于家，年六十有七。沁人立祠，歲時祀焉。

子三人：思明，思忠，思敬。思敬事世祖潛邸，由平陽路同知累遷治書侍御史。阿合馬敗，臺臣皆罷去，思敬以帝所眷知，獨留。出爲安西路總管，僉陝西行省事，歷汴梁總管，再入中臺爲侍御史。時桑哥以罪誅，風紀爲之振肅。未幾，拜參知政事，改四川行省左丞，不赴，陞中書左丞。致仕，年八十六卒，謚文定。

石抹孛迭兒

石抹孛迭兒，契丹人。父桃葉兒，徙霸州。孛迭兒仕金，爲霸州平曲水寨管民官。太師、國王木華黎率師至霸州，孛迭兒迎降，木華黎察其智勇，奇之，擢爲千戶。歲甲戌，從木華黎覲太祖於雄州，佩以銀符，充漢軍都統。帝次牛闌山，欲盡戮漢軍，木華黎以孛迭兒可用，奏釋之，因請隸麾下，從平高州。

乙亥，授左監軍，佩金符，與北京都元帥吾也兒，分領錦州紅羅山、北京東路漢軍二萬。又從奪忽闌（闍）〔闍〕里必徇地山東、〔二〇〕大名。比至洺州，城守甚堅，師不得進，孛迭兒不避矢石，率衆先登，遂拔之。丁丑，從平益都、沂、密、萊、淄。戊寅，從定太原、忻、代、平陽、吉、隰、嵐、汾、石、絳州、河中、潞、澤、遼、沁。

辛巳，木華黎承制陞孛迭兒爲龍虎衞上將軍、霸州等路元帥，佩金虎符，以黑軍鎮守固安水寨。既至，令兵士屯田，且耕且戰，披荆棘，立廬舍，數年之間，城市悉完，爲燕京外蔽。庚寅，朝太宗于行在所，賜金符。辛卯，從國王塔思征河南。癸巳，從討萬奴於遼東，平之。

孛迭兒始從征伐，及後爲將，大小百戰，所至有功，年七十，以疾卒于官。子紮查剌、查茶剌。

賈塔剌渾

賈塔剌渾，冀州人。太祖用兵中原，募能用砲者籍爲兵，授塔剌渾四路總押，佩金符以將之。及攻益都，下之，加龍虎衞上將軍、行元帥左監軍，便宜行事。師還，駐謙謙州，卽古烏孫國也。歲己丑，〔二〕將所部及契丹、女直、唐兀、漢兵，攻斡脫剌兒城。塔剌渾督諸軍，穴城先入，破之，卽軍中拜元帥，改銀青(光)〔榮〕祿大夫。〔三〕從睿宗入散關，略關外四州，經興元，渡漢江，略唐、鄧、申、裕諸州，鼓行而東，河南平。陞金紫光祿大夫、總領都元帥。從大帥太赤攻徐、邳，平之。十六年，卒。

子抄兒赤襲，從諸王也孫哥、塔察兒南征。戊午，卒於軍。子冀驢襲，卒。弟六十八襲。至元五年，諸軍圍襄樊。九年，六十八帥所部戍駱駝嶺一字城，立砲樊城南，不發，以怠敵心，俄帥銳卒突出，攻其城西，破之。以功賜銀幣、鞍馬、弓矢。

十一年，諸軍南征，渡江。明年，加宣武將軍。宋常州守臣姚訔，堅守不下，六十八發砲摧其城壁，以納諸軍。宋援兵突至，力戰却之。常州旣克，帥府令總新附砲手軍。臨安降，加懷遠大將軍，從諸軍追宋二王至海，下三十餘城。十四年，加昭勇大將軍。十五年，領南軍精銳者入衞，加輔國上將軍。十八年，論功，授奉國上將軍，管領砲手軍都元帥。二十年，罷都元帥，更授砲手軍匠萬戶，佩三珠虎符。二十六年，卒。

奧敦世英

奧敦世英，女眞人也。其先世仕金，爲淄州刺史。歲癸酉，太祖兵下山東，淄州民奉世英及弟保和迎降，皆授以萬戶。世英倜儻有武略，由萬戶遷德興府尹，時金經略使苗道潤率衆欲復山西。世英與戰，克之，將盡殺所俘，其母責之曰：「汝華族也，畏死而降，此卒伍爾，驅之死戰，何忍殺之耶！」遂止。世英從數騎巡部定襄，卒於軍。

保和由萬戶陞昭勇大將軍、德興府元帥，錫虎符，改雄州總管。尋以元帥領眞定、保定、順德諸道農事，凡闢田二十餘萬畝。改眞定路勸農事，兼領諸署，賜居第、戎器、裘馬，給戶，食其租。年五十六，致仕。保和四子：希愷，希元，希魯，希尹。

希愷襲勸農事，皇太后錫以錦服，曰：「無墜汝世業。」郡縣有水旱，必力請蠲租調，民賴之。南征時，置軍儲倉于汴、衞，歲輸河北諸路粟以實之，分冬月三限，失終限者死，吏徵斂舞法，民甚苦之。希愷知其弊，蠲煩苛而民不擾。尋以勸農使兼知冀州。希愷至，爲束約，健訟之俗爲變。蒙古軍取民田牧，久不歸，希愷悉奪歸之，軍無怨言。至元二年，遷順天治中。三月，改順德。又踰月，陞知河中府，秩滿歸調。時阿合馬專政，官以賄成，希愷不往見之，降武德將軍、知景州，數月卒。

希元，彰德漕運使。希魯，澧州路總管。

希尹，中統三年，李璮叛濟南，世祖命丞相史天澤討之。希尹謁天澤，面陳利害，願擊賊自效。試其騎射，壯之，命充眞定路行軍千戶。與賊戰，矢無虛發，賊敗走入城中，諸王哈必赤賞銀五十兩。希尹請築外城圍之，深溝高壘，俟其糧絕，不戰而坐待其困，天澤從之。璮既就擒，至元十一年，樞密錄其功，自右衞經歷，六遷至同知廣東道宣慰司事，卒。

田雄

田雄字毅英，北京人也。幼孤，能樹立，以驍勇善騎射知名，金末署軍都統。歲辛未，太祖軍至北京，雄率衆出降。太祖以雄隸太師、國王木華黎麾下，從征興中、廣寧諸郡，定府州縣二十有九，平錦州張鯨兄弟之亂，從攻柏鄉、邢、相。辛巳，從攻鄜、坊、綏、葭諸州有功，木華黎承制授雄隰、吉州刺史，兼鎭戎軍節度使，行都元帥府事，平汾西霍山諸柵。壬午，以木華黎命，授河中帥，聽石天應節制。

太宗時，從攻西和、興元諸州；又從攻夔、萬諸州。論功尤最，賜金符，授行軍千戶，召爲御前先鋒。頃之，使攻破楨州雷家堡。奉旨招納河南降附，得戶十三萬七千有奇，民皆按堵，而別部將校，縱兵虜掠，民惶懼悔降，雄力爲救護，至出己財與之，民得免於害。癸巳，授鎭撫陝西總管京兆等路事。時關中苦於兵革，郡縣蕭然。雄披荆棘，立官府，開陳禍福，招徠四山堡寨之未降者，獲其人，皆慰遣之，由是來附者日衆。雄乃敎民力田，京兆大治。事聞，賜金符。定宗時，入覲于和林。以疾卒，年五十八。後追封西秦王。

子八人，大明，襲職，知京兆等路都總管府事。

張拔都

張拔都，昌平人。歲辛未，太祖南征，拔都率衆來附，願爲前驅，遂留備宿衞。從近臣漢都虎西征回紇、河西諸蕃，道隴、蜀入洛，屢戰，流矢中頰不少卻。帝聞而壯之，賜名拔都，自是漢都虎亦專任之。甲午，金亡，以漢都虎爲砲手諸色軍民人匠都元帥，守眞定。漢都虎卒，無子，以拔都代之。及漢都虎兄子贍闍少長，拔都請于朝，歸其政而終老焉。

子忙古台，從憲宗攻蜀釣魚山、苦竹二壘，冒犯矢石，屢挫而不沮，遂以勇敢聞。中統元年，賜銀符，預議砲手軍府事。尋易金符，爲行軍千戶，從征襄樊有功，卒。

子世澤襲，從丞相伯顏南征，大小十餘戰，皆有功。又從平廣西。明年，收瓊、萬諸州，拜宣武將軍、行軍總管。未幾，遷副萬戶，加明威將軍。從鎭南王脫歡伐交趾，既還，及再舉，將校舊嘗往者，許留恤之。有脫歡者，當行，適病，不能起，世澤曰：「吾祖父以武勇稱，吾蒙其餘澤，荷國厚恩，當輸忠王室，增光前人，豈可苟爲自安計耶！」力請代之，凱還，人服其義云。

張榮

張榮，淸州人，後徙鄢陵。歲甲戌，從（金）太保明安降，〔三〕太祖賜虎符，授懷遠大將軍、元帥左都監。乙亥正月，奉旨略東平、益都諸郡。戊寅，領軍匠，從太祖征西域諸國。庚辰八月，至西域莫蘭河，不能涉。太祖召問濟河之策，榮請造舟。太祖復問：「舟卒難成，濟師當在何時？」榮請以一月爲期，乃督工匠，造船百艘，遂濟河。太祖嘉其能，而賞其功，賜名兀速赤。癸未七月，陞鎭國上將軍、砲水手元帥。甲申七月，從征河西。乙酉，從征關西五路。十月，攻鳳翔，砲傷右髀，帝命賜銀三十錠，養病於雲內州。庚寅七月卒，年七十三。

子奴婢，襲佩虎符、砲水手元帥，領諸色軍匠。太（祖）〔宗〕伐金，〔四〕命由關西小口，收附金昌州等郡。乙未，金亡。〔二五〕戊戌，授懷遠大將軍。癸卯三月，陞輔國大將軍。甲辰二月，領蒙古、漢軍，守（均）〔鈞〕州。戊申九月，宋兵襲（均）〔鈞〕州，奴婢拒戰，大敗宋師。己酉十一月，復與宋兵戰，流矢中右臂。中統三年卒，〔二六〕年七十五。

子君佐，襲佩虎符、砲水手元帥，戍蔡州。五年，都元帥阿朮，命將砲手兵攻襄陽。至元八年，調守襄陽一字城、槖駝嶺，攻南門牛角堡，破之。攻樊城，親立砲摧其角樓，樊城破。十年，襄陽降。參政阿魯海牙以宋降將呂文煥入朝，奉旨召蒙古、漢人萬戶凡二十人陛見，各以功受賜。帝親諭之，令還鎮。十一年，從軍下漢江，至沙洋。丞相伯顏命率砲手軍攻其北面，火砲焚城中民舍幾盡，遂破之，賜以良馬、金鞍、金段。又以火砲攻陽邏堡，破之。十二年，從大軍與宋將孫虎臣戰于丁家洲，復從丞相阿朮攻揚州，是年冬，又從諸軍破常州。

十三年，陞懷遠大將軍，仍砲水手元帥。秋，君佐屯軍眞、揚間，絕宋糧道。宋制置李庭芝、都統姜才棄城走，揚州平，以君佐爲安慶府安撫司軍民達魯花赤。十四年春，安慶野人原及司空山天堂賊，將攻安慶，君佐密察知之。時城中軍僅數百人，君佐命搤賊出沒要道，賊不敢入，乃寇黃州。行省命君佐率衆復黃州，因以爲黃州達魯花赤。十五年，加鎮國上將軍，仍砲水手元帥。十九年，命率新附漢軍萬人，修膠西閘壩，以通漕運。二十一年，兼海道運糧事，是年卒。

趙天錫 賁亨

趙天錫字受之，冠氏人。屬金季兵起，其祖以財雄鄉里，爲衆所歸。貞祐之亂，父林，保冠氏有功，授冠氏丞，俄陞爲令。大安末，天錫入粟佐軍，補修武校尉，監洛水縣酒。太祖遣兵南下，防禦使蘇政以爲冠氏令，乃挈縣人壁桃源、天平諸山。歲辛巳春，歸行臺東平嚴實。實素知天錫名，遂擢隸帳下，從征上黨，以功授冠氏令，俄遷元帥左都監，兼令如故。

甲申，宋將彭義斌據大名，冠氏元帥李全降之，人心頗搖。天錫令衆姑少避其鋒，以圖後舉，乃率將佐往依大將孛里海軍。未幾，破義斌于眞定，授左副元帥、同知大名路兵馬都總管事。李全在大名，結其帥蘇椿，納金河南從宜鄭倜，日以取冠氏爲事。天錫每戰輒勝，一日，倜自將萬人來攻，天錫率死士乘城，力戰三晝夜，倜度不能下，乘風霾遁去。己丑，朝行在所，上便民事，優詔從之。戊戌，征宋，駐兵蘄、黃間，被病還，卒于冠氏，年五十。子六人，賁亨嗣。

賁亨字文甫，襲行軍千戶。己未，從國兵渡江攻鄂，有功。至元五年，總管山東諸翼軍，征宋，攻襄樊。賁亨出抄蘄、黃，以五百人拔野人原寫山寨，修白河新城。七年，偕元帥劉整朝京師，命爲征行千戶，賜金符，及衣帶鞍馬。攻樊城，冒矢石，擁盾先登，破之。十一年，修東、西正陽城。三月，敗夏貴于淮，益以濟南、汴梁二路新軍。十二年正月，從攻鎮江，〔二七〕與宋將孫虎臣、張世傑大戰于焦山，殺掠甚衆。十三年，江南平，以功陞宣武將軍。十四年，授虎符、懷遠大將軍、處州路總管府達魯花赤。未行，適盜發澉浦，行省檄爲招討使，率兵平之。未幾，處州青田縣季文龍、章焱殺趙知府以叛，賁亨獲其黨，始知七縣俱反，季文龍自署爲兩浙安撫使，據處州天慶觀。賁亨率衆圍之，將騎士三百陣于下河門。賊出戰，以精騎蹂之，遂棄城突圍散走，斬首三級，賁亨入城，乃招散亡，立官府。章焱復合二萬衆來攻，陣惡溪南。賁亨分兵拒守，自將精銳亂流衝擊，屬萬戶忽都台以援兵至，自巳至亥，賊方退，文龍溺死。忽都台以處卽亂山爲州，無城壁可恃，且反側，欲屠之，賁亨曰：「我受命來監此郡，賊固可殺，良民何辜！」不從。將士虜掠子女金帛，賁亨捕得倡率者杖之，仍各求所失還之，州民悅服。

十五年，龍泉縣張三八合衆二萬，殺慶元縣達魯花赤也速台兒，且屠其家。賁亨將騎士五百往討，與賊將鄭先鋒、陳壽山三千餘人戰于浮雲鄉，斬首三百餘級。三八軍于縣西，賊三戰俱敗，軍還，賊衆水陸俱設伏，貴亨擇步卒驍悍者使前，賊不敢近。既而衢州賊陳千二聚二萬人，遂昌葉丙六亦聚三千人助之，貴亨前後斬首三千餘級，悉平之。十七年，改處州路管軍萬戶。二十二年，還冠氏，卒，年五十七。

校勘記

〔一〕（均）〔鈞〕州　從道光本改。下同。

〔二〕四年　按本書卷二太宗紀五年癸巳正月戊辰條、卷一二一速不台傳及金史卷一八哀宗紀天興二年正月戊辰條，蒙古破金南京在元太宗五年。蒙史改「四」爲「五」，是。

〔三〕憲宗八年從世祖攻釣魚山　本證云：「案憲宗紀，八年戊午十一月，命忽必烈即世祖統諸路蒙古、漢軍伐宋。九年七月，帝崩于釣魚山。世祖紀戊午冬十一月，禡牙于開平東北。己未八月渡淮。九月朔，親王穆哥自合州釣魚山遣使以憲宗凶問來告。是攻釣魚山者乃憲宗，非世祖。且事亦在九年也。」

〔四〕大（林）〔良〕平　據本書卷六、九世祖紀至元三年十一月丙辰條、十三年十一月丙午條、卷一三三拜延傳、卷一六五趙匣剌傳、卷一九七郭狗狗傳改。

〔五〕十年冬十二月襄樊未下　下文有「明年正月，襄陽守呂文煥降」。按本書卷八世祖紀、卷一二八阿里海牙傳，呂文煥請降在至元十年正月，此處「十年冬」當作「九年冬」。

〔六〕師既渡江四家奴自鄭州下沿海諸城堡　按鄭州不沿海，且早爲元有。此處史文有誤。

〔七〕歲(己)〔乙〕亥　道光本與紫山集卷一八王義行狀合，從改。按後文有丁丑年。

〔八〕(武安)〔安武〕軍節度使　據紫山集卷一八王義行狀改正。安武軍原係宋冀州節度軍額，金仍之。王義據冀州，故有此節度使銜。

〔九〕至大(三)〔元〕年　據滋溪文稿卷二三王忱行狀、元文類卷六八王忱神道碑改。

〔一〇〕改藁城爲永安(軍)〔州〕　考異云：「案王善傳，壬午，陞藁城爲匡國軍。董俊傳，陞藁城縣爲永安州，號其衆爲匡國軍。永安乃州名，非軍名也。傳誤。」從改。

〔一一〕〔琮〕　據本書原目錄補。

〔一二〕己亥從大將察罕攻滁州　本書卷一二〇察罕傳與青崖集卷五邸琮神道碑「己亥」皆作「戊戌」，疑「己亥」誤。

〔一三〕從沙洋奪六艦　此句不文。牧庵集卷一七邸澤神道碑作「從拔新城、沙洋，下」，「從戰青山磯，多所俘馘」。青崖集卷五邸琮神道碑作「戰青山磯，獲戰艦」。

〔一四〕陞藁城爲匡國軍　按常山貞石志卷一五李冶王善神道碑作「陞藁城爲永安州匡國軍」，本書卷一四八董俊傳有「陞藁城縣爲永安州，號其衆爲匡國軍」。藁城以縣升州，非陞縣爲軍，「匡國」

係節度軍額。此處「匡國軍」上當有「永安州」。新元史已校。

〔一五〕遷右〔衞〕親軍副都指揮使　據常山貞石志卷一七閻復王慶端神道碑補。蒙史已校。

〔一六〕（屏）〔犀〕利局　道光本與常山貞石志卷一七王慶端神道碑、程雪樓集卷一七王慶端墓碑合，從改。

〔一七〕中書（左）〔右〕丞　據常山貞石志卷一七王慶端神道碑、程雪樓集卷一七王慶端墓碑改。

〔一八〕上黨〔公〕張開　據平遙縣志卷一一李鼎杜豐神道碑補。按金史卷一一八張開傳，張開景州人，封上黨公。

〔一九〕銅鞮武鄉襄垣綿（山）〔上〕沁源諸縣　據本書卷五八地理志改。金史卷二六地理志亦作「綿上」。

〔二〇〕奪忽闌（闔）〔闍〕里必　本書卷一五〇石抹也先傳作「脫忽闌闍里必」，卷一一九木華黎傳作「掇忽闌」，元名臣事略卷一引東平王世家作「奪忽闌徹里必」。「闍里必」，官名，「闔」字誤，今改。新元史已校。

〔二一〕歲己丑　己丑係元太宗元年，無攻斡脫剌兒城事。本書卷一太祖紀十四年己卯六月條有「帝率師親征，取訛答剌城」。訛答剌卽斡脫剌兒。蒙史改作「己卯」。

〔二二〕改銀青（光）〔榮〕祿大夫　按本書卷九一百官志、金史卷五五百官志，文散官有金紫光祿大夫、銀青榮祿大夫，無「銀青光祿大夫」。後文云「陞金紫光祿大夫」，則此處應爲「銀青榮祿大夫」，

「光」誤，今改。

〔三三〕歲甲戌從（金）太保明安降　考異云：「案石抹明安仕金未嘗爲太保，此云金太保，誤。」按明安稱太保在降蒙古之後。紫山集卷一六張榮神道碑作「明安太保」，本無「金」字，據刪。

〔三四〕太（祖）〔宗〕伐金　據紫山集卷一六張榮神道碑改。蒙史已校。

〔三五〕乙未金亡　蒙史云：「金亡于甲子正月，舊傳乃云乙未金亡。如此大事，歲月猶差。」按蒙史是，此傳紀年多與史實不符。

〔三六〕中統三年卒　按紫山集卷一六張榮神道碑云，子忠仁即奴婢卒于丁卯二月。丁卯爲至元三年，此作「中統」當誤。

〔三七〕十二年正月從攻鎭江　按本書卷八世祖紀至元十二年七月辛未條、卷一二八阿朮傳，攻鎭江在七月，此處「正」當作「七」。

元史卷一百五十二

列傳第三十九

張晉亨 好古

張晉亨字進卿，冀州南宮人也。其兄同知安武軍節度使事、領棗强令顥，以冀州數道之衆，附嚴實于青崖，後從實來歸，進顥安武軍節度使，西征，戰沒。

歲戊寅，太師、國王木華黎承制，署晉亨襲顥爵。晉亨涉獵書史，小心畏愼，臨事周密，實器之，以女妻焉。實征澤、潞，偏將李信、晁海相繼降于宋，晉亨跋涉險阻，晝伏夜行，僅免於難。實遣子忠貞入質，命晉亨與俱。丁亥，從國王孛羅征益都，以功遷昭毅大將軍，領恩州刺史，兼行臺馬步軍都總領，再遷鎭國大將軍。實征淮楚、河南，晉亨畢從。甲午，從實入覲，命爲東平路行軍千戶。圍安慶，其守將走，邀擊之，斬首百級，俘獲無算。攻光之定城，俘其將士十有五人。略信陽，執復州將金之才。攻六安，拔之。大小數十戰，策功居多。

實卒，其〔其〕子忠濟奏晉亨權知東平府事。〔一〕東平貢賦率倍他道，迎送供億，簿書獄訟，日不暇給，歷七年，吏畏而民安之。辛亥，憲宗卽位，從忠濟入覲。時包銀制行，朝議戶賦銀六兩，諸道長吏有輒請試行於民者，晉亨面責之曰：「諸君職在親民，民之利病，且不知乎？今天顏咫尺，知而不言，罪也。承命而歸，事不克濟，罪當何如！且五方土產各異，隨其產爲賦，則民便而易足，必責輸銀，雖破民之產，有不能辦者。」大臣以聞，明日召見，如其言以對，帝是之，乃得蠲戶額三之一，仍聽民輸他物，遂爲定制。欲賜晉亨金虎符，辭曰：「虎符，國之名器，長一道者所佩，臣隸忠濟麾下，復佩虎符，非制也。臣不敢受。」帝益喜，改賜璽書、金符，恩州管民萬戶。

中統三年，李璮叛，晉亨從嚴忠範戰於遙牆濼，勝之，改本道奥魯萬戶。四年，授金虎符，分將本道兵充萬戶，戍宿州。首言：「汴堤南北，沃壤閑曠，宜屯田以資軍食。」乃分兵列營，以時種藝，選千夫長督勸之，事成，期年皆獲其利。至元八年，改懷遠大將軍、淄萊路總管，尋兼軍事。十一年，詔伐宋，晉亨在選中，聞命就道，曰：「此報效之秋也。」分道由安慶渡江，丞相伯顏留之戍鎭江，兼與民政，壹以鎭靜爲務，戰焦山、瓜洲，皆有功。十三年，卒於官。子好古。

好古字信甫，少讀書，善屬文，器識宏遠，勇而有謀。父晉亨權知東平府事，嚴忠濟承制以好古權其父軍，戍宿州。戊午，奏眞授行軍千戶，攻樊城，身中流矢，戰不少卻，主將旌其功，賞銀百兩。略揚，徇泰興、海門而還。擊邵伯埭，拔之。從大軍攻鄂。中統元年，還宿州，忠濟命兼恩州刺史，訪民瘼，革吏弊，立爲條約。未幾，移戍蘄（州）〔縣〕。〔三〕李璮叛，據濟南，宋人攻蘄，好古率兵迎擊，力不敵，死之。時晉亨在濟南軍中，聞之，哭曰：「吾兒死得其所矣。」弟好義襲，下江淮有功。

王珍

王珍字國寶，大名南樂人，世爲農家，珍慷慨有大志。金末喪亂，所在盜起，南樂人楊鐵槍，聚衆保鄉里。太祖遣兵攻破河朔，鐵槍以兵應之，行營帥按只署珍軍前都彈壓。鐵槍與金軍戰死，衆推蘇椿代領其衆。宋將彭義斌帥師侵大名，椿戰不利，降之，義斌遂據大名。珍棄其家，間道走還軍中，按只嘉其誠，待遇益厚，以爲假子。復從速魯忽擊走義斌，蘇椿以大名降，珍妻子故在，珍語之曰：「吾非棄汝輩，誠不以私愛奪吾報國之心耳。」聞者稱歎。授鎭國上將軍、大名路治中、軍前行元帥府事。俄以取寧海、胙城功，遷輔國上將軍，復授統攝開曹滑濬等處行元帥府事，兼大名路安撫使。

蘇椿復欲叛歸金，珍覺之，與元帥梁仲先發兵攻椿，椿開南門而遁。國王斡眞授仲行省，珍驃騎衞上將軍、同知大名府事、兼兵馬都元帥。從（剌）〔速〕不台經略河南，〔三〕破金將武仙于鄭州，復與金人戰于蕭縣，斬其將。頃之，仲死，國王命仲妻冉守眞權行省事，珍爲大名路尚書省下都元帥，將其軍。國用安據徐、邳，珍從太赤及阿朮魯攻拔之，授同僉大名行省事。從軍伐宋，破光州、棗陽、廬、壽、滁州，珍常身先諸將，屢有功。宋城五河口，珍帥死士二十人奪之，宋人遁，乘勝進師，連破濠、泗、渦口。

歲庚子，入見太宗，授總帥本路軍馬管民次官，佩金符。珍言於帝曰：「大名困於賦調，貸借西域賈人銀八十鋌，及逋糧五萬斛，若復徵之，民無生者矣。」詔官償所借銀，復盡蠲其逋糧。已而朝廷議分蒙古、漢軍戍河南，以珍戍睢州，修城隍，明斥候，宋兵不敢犯。己酉，入朝定宗，〔四〕進本路征行萬戶，加金虎符。在鎭九年，卒，年六十五。

子文幹，善騎射，襲爲行軍萬戶。己未，從世祖攻鄂州，先登，中流矢，賜以良馬、金帛。李璮叛，從哈必赤討平之，哈必赤論功，語以官賞，文幹對曰：「增秩則榮及一身，賜金則恩逮麾下。」迺以白金二千兩、器皿百事、雜綵數百縑賞之，文幹悉頒之軍中。

中統三年，制：「父兄弟子並仕同塗者，罷其弟子。」文幹弟文禮爲千戶，文幹自陳，願解己官而留文禮，詔從之。改同知大名路總管府事，累遷河東山西道提刑按察副使。近臣言其鄂州之功，陞僉東川行樞密院事，歷全州、衞輝、東平總管，改江東建康道提刑按察使，卒于官，年五十八。發其篋中，錢僅七緡，貧不能歸葬，人以此稱之。

楊傑只哥

楊傑只哥，燕京寶坻人，家世業農。傑只哥少有勇略，太祖略地燕、趙，率族屬降附。從攻遼左，及從元帥阿朮魯定西夏諸部，有功。己丑，睿宗賜以金幣，命從阿朮魯攻信安，阿朮魯知其材略出諸將右，命裁決軍務。信安城四面阻水，其帥張進數月不降，傑只哥曰：「彼恃巨浸，我師進不得利，退不得歸，不若往說之。」進見其來，怒曰：「吾已斬二使，汝不懼死耶？」傑只哥無懼色，從容言曰：「今齊、魯、燕、趙，地方數千里，郡邑聞風納降，獨君恃此一城，內無軍儲，外無兵援，亡可立待。爲君計者，不如請降，可以保富貴而免死亡。」進默然曰：「姑待之。」凡三往，乃降。

辛卯，大名守蘇椿叛，討獲之，衆議屠城，傑只哥曰：「怒一人而族萬家，非招來之道也。」衆是其言。由是滑、濬等州，聞風納款。壬辰，師次徐州，阻河不得濟。傑只哥採知有賊兵操舟楫伏草澤中，率勁卒數人，憑河擊之，悉奪舟楫，衆遂得渡，獲河南諸郡降人三萬餘戶。進攻徐州，金將國用安拒戰，傑只哥率百餘騎突入陣中，迎擊於後，大敗之，擒一將而還。皇太弟國王駐兵河上，見之，賜名拔都，授金符，命總管新附軍民。乙未，太宗特賜傑只哥種田民戶租賦。丁酉，從阿朮魯攻歸德，傑只哥麾諸將縛草作筏渡濠抵城下，梯城先登，拔之。由是進攻，得五州十縣四堡二寨。己亥，宋兵至，已登歸德城，傑只哥率衆拒戰，敗之。率舟師追擊，轉戰中流，溺死，年四十。

子孝先、孝友。孝先，僉江北淮東道肅政廉訪司事。孝友，鎮江路總管。

劉通

劉通字仲達，東平齊河人也。初從嚴實來歸，繼從收濮、曹、相、潞、定陶、楚〔兵〕〔丘〕。〔三〕實薦于太師木華黎，以通爲齊河總管，尋授鎮國上將軍、左副都元帥、濟南知府、德州總管、行軍千戶。太宗錫金符，陞上千戶。宋將彭義斌攻齊河城，率衆夜登，通與六七人鼓譟而進，宋人驚懼，墜溺死者甚衆。明日復合，圍城三匝，通令守陴者植槊如櫛，俄從撤去，宋人懼其向己也，大潰，義斌僅以數騎免。歲丁酉，遷德州等處二萬戶軍民總管。歲丙辰卒。

子復亨，襲爲行軍千戶，從嚴實略安豐、通、泰、淮、濠、泗、蘄、黃、安慶諸州。憲宗西征，復亨攝萬戶，統東平軍馬攻釣魚山苦竹寨，有功，師還，兼德州軍民總管。中統元年，奉旨戍和林，還，授虎符，進武衞軍副都指揮使。李璮叛，遣使招復亨，復亨立斬之。時遣兵討賊，集濟南，乏食，復亨盡出其私蓄以濟師，世祖嘉之，賜白金五千兩，復亨固辭。

至元二年，進左翼侍衞親軍都指揮使。四年，遷右翼。九年，加昭勇大將軍、鳳州等處經略使。十年，遷征東左副都元帥，統軍四萬、戰船九百，征日本，與倭兵十萬遇，戰敗之。還，招降淮南諸郡邑。十二年，授昭信路總管。十四年，遷黃州宣慰使。十五年，改太平路總管，俄授鎮國上將軍，爲淮西道宣慰使都元帥。二十年，加奉國上將軍。三月，卒。

子五人：浩，澤，澧，淵，淮。浩，中統四年襲千戶，至元八年歿于兵。澤，由近侍出爲荆湖北道宣慰使。澧，知長寧州。俱蚤卒。

淵，至元十一年，佩金符，授進義副尉，爲徐、邳屯田總管下丁莊千戶。〔六〕九月，領兵巡邏泗州，至淮河九里灣，遇宋軍，戰勝，奪其船三十餘艘。十二年三月，與宋安撫朱煥戰于清河，敗之，擒十四人，奪其輜重。九月，從右丞別〔乞〕里迷失攻（淮）〔淮〕安。〔七〕十三年，與宋人戰昭信軍南靖平山。俱有功。十四年，北覲，進武略將軍、管軍總管。十五年，從元帥張弘範征閩、廣、漳、韶諸州，以功授武德將軍。十六年，從攻崖山，弘範命淵領後翼軍，水戰有功。十七年，進安遠大將軍，爲副招討。二十一年，遷潁州副萬戶。二十四年，從征交趾，鎮南王脫歡命領水步軍二萬，攻萬刧江，擒十六人。繼攻靈山城，賊衆迎敵，大敗之，師還。二十八年，捕寇浙東，獲其酋長三人。三十一年，兼領紹興浙江五翼軍，守杭州，繼以疾卒，大德十一年卒。〔八〕

子無晦，至大元年，襲授昭信校尉、潁州副萬戶，俄進武德將軍。延祐五年，以病免。六年，改河南江北行省都鎮撫。泰定四年，加宣武將軍。

岳存

岳存字彥誠，大名冠氏人。初歸東平嚴實，承制授存武德將軍、帥府都總領，保冠氏。會金從宜鄭倜復據大名，距冠氏僅三十里，遣兵來攻。倜不得志，復自將萬人合圍，其勢甚張。存率死士百餘，突出西門，勇氣十倍。金人退走，存追之，越境乃還。

歲己丑，從嚴實及武仙戰于彰德西，敗之，遷明威將軍，行冠氏主簿。明年，存率騎兵二百、步卒三百，自彰德北還。至開州南，與金將張開遇，開衆萬餘，存軍依大林，戒其軍曰：「彼衆我寡，不可輕動，當聽吾鼓聲爲節。」乃命騎士居前，步卒次之，與敵相去僅二十步，一鼓作氣，無不一當百，開衆大潰，追二十餘里，不損一卒而還。破河南，攻淮、漢，無役不與。辛丑，陞本縣丞。庚戌，移治楚丘，數年，有惠政。乙卯，告老退休田里。中統三年，以疾卒，年六十九。

子天禎，襲父職冠氏縣軍民彈壓，從圍襄樊，帥府承制授管軍百戶，修立百丈山、鹿門等堡。天禎率銳士，冒矢石，從樊城東北先登，爲櫑木所傷，墮地，復躡梯以登，手刃數人。築正陽東西城，及於鎭江造戰船，天禎咸董其役。戰焦山，平奉化賊，錄功陞管軍千戶。江南平，從元帥張弘範覲帝于柳林，賜金錦、銀鞍勒。授昭勇大將軍、福州路總管，平尤溪賊。秩滿，改吉州，平永新賊，後遷贛州。七年，〔九〕遷建康，首定救荒之政，民立碑以紀遺愛焉。至大二年，卒于建康，年七十二。子果，會昌州同知。

張子良 懋

張子良字漢臣，涿州范陽人。金末四方兵起，所在募兵自保。子良率千餘人入燕、薊間，耕稼已絕，遂聚州人，阻水，治舟筏，取蒲魚自給，從之者衆，至不能容。子良部勒定興、新城數萬口，就食東平，東平守納之。久之，守棄東平還汴，檄子良南屯宿州，又南屯壽州。夏全劫其民出雞口，李敏據州。子良率麾下造敏，敏欲害之，走歸宿，因以宿帥之衆奪全所劫老幼數萬以還。全怒，連徐、邳之軍來攻。子良與宿帥斫其營，全失其軍符，走死揚州。

時金受重圍於汴，聲援盡絕，有國用安者，圖以漣水之衆入援，道阻，游兵不能進。子良與一偏將，晝伏夜行，得入汴，達用安意。金君臣以爲自天降也，曲賜勞來，凡所欲，皆如用安請，因以徐、宿授子良。明年，子良進米五百石于汴，授榮祿大夫，總管陜西東路兵馬，仍治宿州。當是時，令已不行於陜，而用安亦卒不得志。徐、宿之間，民無食者，出城拾穭穟以食，子良嚴兵護之，以防鈔掠。猝遇敵，子良被重傷，乃率其衆就食泗州。泗守閔兵，將圖之，子良與麾下十數人，卽軍中生縛其守。民不欲北歸者，欲走傍郡，子良資以舟楫，無敢掠其財物。

歲戊戌，率泗州西城二十五縣、軍民十萬八千餘口，因元帥阿朮來歸。太宗命爲東路都總帥，授銀青榮祿大夫，陞京東路行尚書省兼都總帥，管領元附軍民，進金紫光祿大夫。庚子，賜金符。自兵興以來，子良轉徙南北，依之以全活者，不可勝計。

癸丑，憲宗命爲歸德府總管，管領元附軍民。中統二年夏四月，世祖命爲歸德、泗州總管，降虎符，仍管領泗州軍民總管。七年，〔一〇〕罷元管戶，隸諸郡縣，改授昭勇大將軍、大名路總管，兼府尹。八年，卒，年七十八。贈昭勇大將軍、僉樞密院事、上輕車都尉，追封淸河郡侯，謚翼敏。

子二人：長懋，次亨。亨，佩金虎符，爲管軍千戶。子與立襲，卒。子鑑襲。

懋字之美，未弱冠，已有父風。侍子良官京東，故懋領其衆，從丞相阿朮軍，立歸德府，以其軍鎮之。移鎮下邳，知歸德府事。李璮叛濟南，以其兵戍蔡州。中統元年，〔二〕宣授泗州軍總把，佩金符。

至元七年，擢濟南諸路新軍千戶。九年，從破襄樊有功。十一年，丞相伯顏南征，其行陣以鏵車弩爲先，而衆軍繼之。懋以勇鷙，將弩前行，凡所過山川道路險陿，通梁筏，平塹穽，安營設伏，出納奇計，伯顏信用之，擢爲省都鎮撫，水陸並進，其任甚重。師壓臨安，滅宋，以其主及母后羣臣北還。

駐瓜洲，伯顏命懋往諭淮西夏貴，副以兩介，將騎士直趨合肥。貴出迎，設賓禮。懋示以逆順禍福，辭旨雄厲，貴受命頓首，上地圖、降書。馳還報，伯顏大喜。復令行徇鎮(東)〔巢〕、〔三〕安豐、壽春、懷遠、淮安、濠等州郡，皆下。復使之徧諭列城軍民，使知帝之德意。十三年，懋馳驛至上都，伯顏上其功，宣授懋明威將軍、泗州安撫司達魯花赤。十四年，改安撫司爲總管府，置宣慰使以統之，拜同知淮西道宣慰司事。十六年，改授懷遠大將軍、吉州路總管。

懋惡衣糲食，率之以儉，愼刑平政，處之以公，新府治，設義倉，雖能吏不過也。部使者劉宣韙之，凡有所懲治，朝至夕報，豪强竦然。郡萬戶蘇良，恃勢爲暴，爲之翼者，有十虎之目，民甚苦之。乃上其實於憲府，盡誅十虎者，奪良虎符而黜之，民大悅。羣盜有率衆將白晝劫城者，懋聞之，率從騎擣其穴，縛其酋長以歸。民之流亡，與遠郡之來歸者數千家，相率爲生祠以祀之。十七年二月卒，年六十三。贈昭勇大將軍、龍興路總管、上輕車都尉，追封清河郡侯，謚宣敏。

子二人：文煥，以父廕，任承務郎，江州路瑞昌縣尹。文炳，三汊河巡檢。文煥子珪，初爲高安縣尹，有異政，由是擢爲江西檢校，拜南臺御史，繼爲淮西、江西二道廉訪僉事，用能世其家云。

唐慶

唐慶，不知何許人，事太祖，爲管軍萬戶。太祖伐金，以慶權元帥左監軍。歲丁亥，賜虎符，授龍虎衞上將軍，使金。

壬辰，太宗復以慶爲國信使，取金質子，督歲幣，以金曹王來，見帝於官山。七月，使慶再往，令金主黜帝號稱臣，金主不聽，慶輒以語侵之。金君臣遂謀害慶，夜半，令兵入舘舍，殺慶，及其弟山祿、興祿，并從行者十七人。既滅金，購求慶屍不得，厚恤其家，賜金五十斤，詔官其子，仍計其家人口，給糧以養焉。

齊榮顯

齊榮顯字仁卿，聊城人。父旺，金同知山東西路兵馬都總管。榮顯幼聰悟，總角與羣兒戲，畫地爲戰陣，端坐指揮，各就行列。九歲，代父任爲千戶，佩金符，從外舅嚴實來歸，屢立戰功。攻濠州，宋兵背城爲陣，榮顯薄之，所向披靡。其屬王孝忠力戰，中鈎戟，榮顯斷戟拔孝忠出，復逐北，入其郛而還。主帥察罕壯之，賜馬鎧銀器。兵趨五河口，抵大堤，榮顯偕數騎前行覘敵，值邏騎數十，從者將退走，榮顯曰：「彼衆我寡，若示以怯，必爲所乘。」援弓策馬，射殺兩人，乃還。

進拔五河口，陞權行軍萬戶，守宿州。墮馬傷股，不能復從軍，改提領本路課稅，又改本路諸軍鎮撫，兼提控經歷司。值斷事官鈎校諸路積逋，官吏往往遭詬辱，榮顯從容辨理，悉爲蠲貸。從實入朝，授東平路總管府參議，兼領博州防禦使。時十投下議各分所屬，不隸東平，榮顯力辯於朝，遂止。及攻淮南，道出東平，民間供給，費銀二萬錠，榮顯詣斷事官愬之，得折充賦稅，民賴以不困。中統元年，謁告侍親，閑居十年，卒。

石天祿

石天祿，父珪，山東諸路都元帥，陷金，死節，見忠義傳。天祿襲爵，孛魯承制授龍虎衞上將軍、東平路元帥，佩金虎符。時宋將彭義斌取大名及中山，天祿與孛里海率兵敗之，獲義斌。又敗金將武仙，屢立戰功。丙戌，孛魯以功奏，遷金紫光祿大夫、都元帥，鎮戍邊隅，數與金人戰，未嘗敗北。

壬辰，皇太弟拖雷南渡河，天祿爲前鋒，戰退金兵，奪戰船數艘。夜至歸德城下，襲其營，殺三百餘人。金將陳防禦出兵追圍天祿，天祿潰圍復戰，金兵退走。提兵掠亳及徐，所過望風附降。癸巳秋九月，破考城，復圍歸德。冬十二月，歸德降。甲午，入覲，改授征行千戶，濟、兗、單〔二〕〔三〕州管民總管。〔一三〕乙未，從扎剌溫火兒赤渡淮，攻隨州，至襄陽夾河寨，戰退宋兵，扎剌溫火兒赤賞以戰馬。又從攻蘄、黃，功居其首。

時詔天祿括戶東平，軍民賦稅並依天祿已括籍册，嚴實不得科收。天祿以病不任職，以子興祖襲。明年，天祿卒，年五十四。

子十人，興祖襲千戶，官武略將軍。己未，從伐宋，攻鄂州。至元四年，繇宿州率兵抄沿淮諸郡，獲宋覘伺者十餘輩，統軍司賞馬二十匹、銀五百兩、錦二十端。十二年，攻常州，爲先鋒，功在諸將上。宋亡，第功，陞宣武將軍、管軍總管，戍溫州。土賊林大年等搆亂，出兵圍之，斬首千餘級，招輯南溪山寨歸農者三萬餘戶。十六年，陞顯武將軍，佩金虎符。十九年七月，卒于軍。子璡嗣。

石抹阿辛〔一四〕

石抹阿辛，迪列（紇）〔糺〕氏。〔一五〕歲乙亥，率北京等路民一萬二千餘戶來歸，太師、國王木華黎奏授鎭國上將軍、御史大夫。從擊蠡州，死焉。

子查剌，仍以御史大夫領黑軍。初，其父阿辛所將軍，皆猛士，衣黑爲號，故曰黑軍。歲己卯，詔黑軍分屯眞定、固安、太原、平陽、隰、吉、嵎嵐間。頃之南征，以黑軍爲前列。與南兵遇于河，查剌大呼馳之，陷其陣，渡河再戰，盡殪之，所遇城邑爭先款附，長驅擣汴州，入自仁和門，收圖籍，振旅而還。論功，黑軍爲最。及從國王軍征萬奴，圍南京，城堅如立鐵，查剌命偏將先警其東北，親奮長槊大呼，登西南角，摧其飛櫓，手斬陴卒數十人，大軍乘之，遂克南京。詰旦，木華黎解錦衣賞之。累授眞定路達魯花赤，卒于柳城。

子庫祿滿襲職，從攻襄樊，與從弟度剌，立雲梯衝其堞，度剌死焉。中統三年，庫祿滿從征李壇，先登，飛矢中額而卒。

劉斌 思敬

劉斌，濟南歷城縣人。少孤，鞠于大父。有勇力，從濟南張榮起兵，爲管軍千戶。歲壬辰，攻河南，以功授中翼都統。攻睢陽軍，〔一六〕軍杏堆，距陳州七十里，聞陳整軍於近郊，斌率衆夜破之。又擊走太康守兵，擒其將，三日，太康陷。榮言於帥阿朮魯曰：「太康之平，摧其鋒者，斌也。」移屯襄陽，軍乏食，斌知青陵多積穀，前阻大澤，水深不可涉，陳可取狀。衆難之，斌叱之曰：「彼恃險，不我虞，取可必也。」乃率百騎夜發，獲敵人，使道之前，行汗澤中五十餘里，遇敵兵，斌捨馬揮槊突敵，敗之，得其糧數千斛。遷官知中外諸軍事，從攻六安，先登，破其城。

癸卯，擢濟南推官。辛亥，授本道左副元帥。乙卯，陞濟南新舊軍萬戶，移鎭邳州，宋將憚之。己未，病，謂其子曰：「居官當廉正自守，毋黷貨以喪身敗家。」語畢而逝，年六十有二。贈中奉大夫、參知政事、護軍、彭城郡公，謚武莊。子思敬。

思敬，賜名哈八兒都，襲父職，爲征行千戶。世祖南征，從董文炳攻臺山寨，先登，中流矢，傷甚，帝親勞賜酒，易金符。中統二年，授武衞軍千戶。從討李壇，賜銀六十錠。四年，授濟南武衛軍總管，捕盜有功，又賜銀千兩。至元三年，授懷遠大將軍、侍衛親軍左翼副都指揮使。四年，命築京城。

八年，授廣威將軍、西川副統軍，佩金虎符。九年，宋嘉定守臣昝萬壽乘虛攻成都，哈八兒都邀擊，敗之。戰于青城，宋兵大敗，奪所俘二千人還。十一年，轉同僉行樞密院事，復攻嘉定，取之。瀘、敘、忠、涪諸部，及巴縣籌勝、龜雲、石筍等寨十九族，及西南夷五十六部，悉來降。十三年，圍重慶，敗宋將張萬，得其舟百餘。六月，瀘州復叛，哈八兒都妻子沒焉。乃率兵討擒其將任慶，攻破盤山寨，俘九千餘戶，又獲其將劉雄及王世昌等。夜入東門，巷戰，殺王安撫等，遂克瀘州。復攻重慶，其將趙牛子降，禽守臣張珏。十六年，蜀平，拜中奉大夫、四川行省參知政事。行省罷，改四川北道宣慰使。

十七年，授正奉大夫、江西行省參知政事，治吉、贛盜，民賴以安。二十年卒，年五十三。贈推忠宣力果毅功臣、平章政事、柱國，封濱國公，謚忠肅。

子思恭，〔一七〕字安道，累官昭毅大將軍、右衛親軍都指揮使。思義，宣武將軍、昌國州軍民達魯花赤。

趙柔

趙柔，涞水人。有膽略，善騎射，好施予。金末避兵西山，栅險以保鄉井。時劉伯元、蔡友資、李純等亦各聚衆數千，聞柔信義，共推爲長。柔明號令，嚴約束，重賞罰，爲衆所服。歲癸酉，太祖遣兵破紫荆關，柔以其衆降，行省八札奏聞，以柔爲涿、易二州長官，佩金符。丙戌，羣盜並起，柔單騎徧入諸栅，説降其衆，以功遷龍虎衞上將軍、眞定涿等路兵馬都元帥，佩金虎符，兼銀冶總管。庚寅，太宗命兼管諸處打捕總管。丙申，加金紫光祿大夫，卒。至順元年，追封天水郡公，謚莊(靜)〔靖〕。〔一八〕曾孫世安，榮祿大夫、江西行省左丞。

校勘記

〔一〕其(其)子忠濟　從北監本删。

〔二〕蘄(州)〔縣〕　據本書卷五世祖紀中統三年二月壬子、丙辰條改。按蘄縣在今安徽，蘄州在今湖北，係兩地。蒙史已校。

〔三〕(剌)〔速〕不台　據本書卷一二一速不台傳改。新元史已校。

〔四〕己酉入朝定宗　按定宗已于戊申年三月死，己酉年定宗后斡兀立海迷失稱制。此處史文當有訛脫。

〔五〕楚(兵)〔丘〕 按元無「楚兵」其地。本書卷一一九木華黎傳、卷一四八嚴實傳作「楚丘」，據改。蒙史已校。

〔六〕爲徐邳屯田總管下丁莊千戶 本書卷九二百官志有「出丁壯五千名者爲萬戶，五百名者爲千戶」。蒙史改「莊」爲「壯」，疑是。

〔七〕從右丞別〔乞〕里迷失攻(准)〔淮〕安 原脫「乞」，據本書卷九、一〇世祖紀至元十三年七月丙辰、十六年正月丙子條補。參見卷一二七校勘記〔三〕。又，「准」誤，從北監本改。

〔八〕繼以疾卒大德十一年卒 此處史文有誤。道光本作「繼以疾去，大德十一年卒」。

〔九〕七年 按上文有「江南平」，事在至元十三年；下文有「至大二年」；中云「七年」，當作「大德七年」。蒙史已校。

〔一〇〕七年 考異云：「此蒙上中統之文，然中統紀元止于四年，此傳之七年、八年者，至元之七年、八年也。脫至元二字。」

〔一一〕中統元年 按上文有「李璮叛濟南」，事在中統三年，此處不當倒返「中統元年」，疑「中統」當作「至元」。

〔一二〕鎭(東)〔巢〕 宋淮南無「鎭東」其地。按宋史卷八八地理志，淮南西路有壽春府，有濠州，有安豐、鎮巢、懷遠等軍，與此處「行㣈」「安豐、壽春、懷遠、淮安、濠等州郡」地望全符，據改。

〔一三〕濟兗單〔二〕〔三〕州　按本書卷五八地理志，濟、兗、單各爲一州，據改。新元史已校。

〔一四〕石抹阿辛　考異云：「阿辛卽也先，譯音偶異，史家遂分爲二人，各立一傳矣。」石抹也先傳見卷一五〇。

〔一五〕迪列〔紇〕〔紥〕氏　據本書卷一八八石抹宜孫傳改。

〔一六〕攻睢陽軍　按宋、金、元皆無「睢陽軍」。本書卷五九地理志河南江北行省下有「歸德府，唐宋州，又爲睢陽郡」。此處「睢陽」卽指「歸德」，疑沿用舊稱，誤「郡」爲「軍」。

〔一七〕子思恭　按本書卷一一五睿宗傳有「參政劉思敬遣其弟思恭以新民百六十戶來獻」。此處思恭事附于思敬附傳後，「子」當作「弟」。新元史已校。

〔一八〕莊〔靜〕〔靖〕　據滋溪文稿卷一一趙晟神道碑銘、石田集卷一三趙公先德碑銘改。

元史卷一百五十三

列傳第四十

劉敏

劉敏字有功，宣德青魯〔里〕人。〔一〕歲壬申，太祖師次山西，敏時年十二，從父母避地德興禪房山。兵至，父母棄敏走，大將憐而收養之。一日，帝宴諸將於行營，敏隨之入，帝見其貌偉，異之，召問所自，俾留宿衞。習國語，閱二歲，能通諸部語，帝嘉之，賜名玉出干，出入禁闥，初爲奉御。帝征（遼西）〔西遼〕諸國，〔二〕破之，又征回回國，破其軍二十萬，悉收其地，敏皆從行。

癸未，授安撫使，便宜行事，兼燕京路徵收稅課、漕運、鹽場、僧道、司天等事，給以西域工匠千餘戶，及山東、山西兵士，立兩軍戍燕。置二總管府，以敏從子二人，佩金符，爲二府長，命敏總其役，賜玉印，佩金虎符。奏佐吏宋元爲安撫副使，高逢辰爲安撫僉事，各賜銀章，佩金符；李臻爲參謀。初，耶律楚材總裁都邑，契丹人居多，其徒往往中夜挾弓矢掠民財，官不能禁，敏戮其渠魁，令諸市。又，豪民冒籍良民爲奴者衆，敏悉歸之。選民習星曆者，爲司天太史氏；興學校，進名士爲之師。

己丑，太宗卽位，改造行宮幄殿。乙未，城和林，建萬安宮，設宮闈司局，立驛傳，以便貢輸。旣成，宴賜甚渥。辛丑春，授行尚書省，詔曰：「卿之所行，有司不得與聞。」俄而牙魯瓦赤自西域回，奏與敏同治漢民，帝允其請。牙魯瓦赤素剛尙氣，恥不得自專，遂俾其屬忙哥兒誣敏以流言，敏出手詔示之，乃已。帝聞之，命漢察火兒赤、中書左丞〔相〕粘合重山、〔三〕奉御李簡詰問得實，罷牙魯瓦赤，仍令敏獨任。復辟李臻爲左右司郎中，臻在幕府二十年，參贊之力居多。

丙午，定宗卽位，詔敏與奧都剌同行省事。辛亥夏六月，憲宗卽位，召赴行在所，仍命與牙魯瓦赤同政。甲寅，請以子世亨自代，帝許之，賜世亨銀章，佩金虎符，賜名塔塔兒台。帝諭世亨以不從命者黜之。又賜其子世濟名散祝台，爲必闍赤，入宿衞。

帝伐宋，幸陝右，敏輿疾請見，帝曰：「卿有疾，不召而來，將有言乎？」敏曰：「臣聞天子出巡，義當扈從，敢辭疾乎！但中原土曠民貧，勞師遠伐，恐非計也。」帝弗納，敏還，退居年豐。世祖南征，過年豐，敏入見，諭之曰：「我太祖勵精圖治，見而知者惟卿爾。汝春秋高，其彙次以爲後法。」未幾，病歸于燕，夏四月卒，年五十九。

王檝

王檝字巨川，鳳翔虢縣人。父霆，金武節將軍、麟游主簿。檝性倜儻，弱冠舉進士不第，乃入終南山讀書，涉獵孫、吳。泰和中，復下第，詣闕上書，論當世急務，金主俾給事縉山元帥府。尋用元帥高琪薦，特賜進士出身，授副統軍，守涿鹿隘。

太祖將兵南下，檝鏖戰三日，兵敗見執，將戮之，神色不變，太祖問曰：「汝曷敢抗我師，獨不懼死乎？」對曰：「臣以布衣受恩，誓捐軀報國，今旣僨軍，得死爲幸！」帝義而釋之，授都統，佩以金符，令招集山西潰兵。從大軍破紫荆關，取涿、易、保州、中山，軍次雄州。節度使孫吳堅守不下，檝入城喩以禍福，吳遂以城降。

甲戌，授宣撫使，兼行尚書六部事。從三合拔都、太傅猛安率兵南征，下古北口，攻薊、雲、順等州，所過迎降，得漢軍數萬，遂圍中都。乙亥，中都降。檝進言曰：「國家以仁義取天下，不可失信於民，宜禁虜掠，以慰民望。」時城中絕粒，人相食，乃許軍士給糧，入城轉糴，故士得金帛，而民獲粒食。又議：「田野久荒，而兵後無牛，宜差官濾溝橋索軍回所驅牛，十取其一，以給農民。」用其說，得數千頭，分給近縣，民大悅，復業者衆。三合、猛安俾檝招諭保定、新城、信安、雄、霸、文安、清、滄諸城，皆望風款附，乃置行司于滄州以鎮之。遂從猛安入覲，授銀青榮祿大夫，仍前職，兼御史大夫，世襲千戶。

時河間、清、滄復叛，帝命檝討之，復命駙馬孛禿分蒙古軍及糺、漢軍三千屬檝，遂復河間，得軍民萬口。孛禿惡其反復欲盡誅之，檝解之曰：「驅羣羊使東西者，牧人也，羊何知哉！殲其渠魁足矣。釋此輩，遷之近縣，强者使從軍，弱者使爲農，此天之所以畀我也，何以殺爲！」孛禿曰：「汝能保此輩不復反耶？」檝曰：「可。」卽移文保任之，俱得全活。

帝命闍里畢與皇太弟國王分撥諸侯王城邑，諭闍里畢曰：「漢人中若王宣撫者，可任使之。」遂以前職，兼判三司副使。後又命省臣總括歸附工匠之數，將俾大臣分掌之。太師阿海具列諸大臣名以聞，帝曰：「朕有其人，偶忘姓名耳。」良久曰：「得之矣，舊人王宣撫可任是職。」遂命檝掌之。時都城廟學，旣燬於兵，檝取舊樞密院地復創立之，春秋率諸生行釋菜禮，仍取舊岐陽石鼓列廡下。

丙戌，從征西夏。及秦州，夏人盡撤橋梁爲備，軍阻不得前，帝問諸將，皆不知計所出。檝夜督士卒運木石，比曉，橋成，軍乃得進。戊子，奉監國公主命，領省中都。屬盜起信安，結北山盜李密，轉掠近縣，檝曰：「都城根本之地，何可無備。」引水環城，調度經費，檝自爲券，假之賈人，而斂不及民，人心稍安。遣男守謙率軍討諸盜，平之。

庚寅，從征關中，長驅入京兆，進克鳳翔，請于太宗曰：「此臣鄉邦也，願入城訪求親族。」果得族人數十口以歸。壬辰，從攻汴京。癸巳，奉命持國書使宋，以兀魯剌副之。至宋，宋人甚禮重之，卽遣使以金幣入貢。檝前後凡五往，以和議未決，隱憂致疾，卒于南。宋人重賵之，仍遣使歸其柩，葬于燕。子六人。

王守道

王守道字仲履，其先眞定平山人。金亡羣盜並起，州縣吏多乘亂貪暴不法，民往往殺令丞及屬吏。宣撫司署守道爲縣尉，衆悅之，因轉攝令，改眞定主簿。史天倪爲河北西路兵馬都元帥，鎭眞定，旣收大名、澤、潞、懷、孟城邑之未附者，以爲府經歷。及金恒山公武仙降，署爲史天倪副帥，守道謂天倪曰：「是人位居公下，意有不平，安能鬱鬱於此！宜先事爲備。」天倪不以爲然，未幾，果爲所害。及仙以城反爲金，史氏之人與屬縣旁近豪傑，納天倪之弟天澤爲主帥，攻仙。時史天安在白霫，聞變，率兵亦至，遂復眞定。仙走保西山諸寨，執守道家人，以重幣誘之，守道不顧，日與史氏部曲昆弟徵發調度以復讎，卒逐仙遁去。

後擢慶源軍節度使，天澤爲五路萬戶，署守道行軍參謀，兼檢察使。莊聖太后以眞定爲湯沐邑，守道在鎮，以幕僚頻歲致覲，敷對稱旨，得賜金符、錦衣、金錢。中統三年，天澤入拜左丞相，〔四〕即授眞定等路萬戶府參謀。至元七年卒。至大元年，以子顒貴，特贈銀青榮祿大夫、大司徒，追封壽國公，謚忠惠。仁宗卽位，復加推忠協力秉義功臣、金紫光祿大夫、大司徒、上柱國。

高宣

高宣，遼陽人。太宗元年，詔宣爲元帥，賜金符，統兵從睿宗攻大名，宣進曰：「今奉命出師，伐罪弔民，願勿嗜殺，以稱上意。」睿宗召元帥朮乃諭之，下令軍中如宣言。及城破，兵不血刃，民心悅服。四年正月，從破金兵三峯山，降宣者二千餘戶，籍以獻，立打捕鷹坊都總管府統之，以宣爲都總管，賜金符，仍令子孫世其職。卒。皇慶二年，贈宣力功臣、銀青榮祿大夫、大司徒，追封營國公，謚簡僖。

子天錫，事世祖潛邸，爲必闍赤，入宿衞，甚見親幸。中統二年，授以其父官，爲鷹坊都總管。四年，改燕京諸路奥魯總管，遷按察副使，仍兼鷹坊都總管。天錫語丞相孛羅、左丞張文謙曰：「農桑者，衣食之本，不務本，則民衣食不足，教化不可興，古之王政，莫先於此，願留意焉。」丞相以聞，帝悅，命立司農司，以天錫爲中都山北道巡行勸農使，兼司農丞。尋遷司農少卿、巡行勸農使，又遷戶部侍郎，進嘉議大夫、兵部尚書，卒。後贈推忠保義功臣、太保、儀同三司、上柱國，追封營國公，謚莊懿。

子諒，裕宗初封燕王，以諒爲符寶郎，俄命襲其父官，爲鷹房都總管。裕宗甚愛之，謂符寶郎董文忠曰：「汝爲我奏請，以諒所管民戶隸於我，庶得諒盡力爲我用。」文忠入奏，帝從之。未幾，授諒嘉議大夫，遷兵部尚書。卒。仁宗時，贈推誠保德贊治功臣、太師、開府儀同三司、上柱國，追封營國公，謚宣靖。

子塔失不花，成宗命世其祖父官，以居喪辭。大德元年，授奉議大夫、章佩監丞。四年，改朝列大夫、利用監丞。八年，陞少監。武宗卽位，授中議大夫、祕書監丞。仁宗居東宮，召入宿衞。至大三年冬，遷少中大夫、納綿府達魯花赤，且諭之曰：「此先世所守舊職也。」皇慶元年春，改授嘉議大夫、同知崇祥院事。冬，進資德大夫，爲院使。

延祐四年夏四月，帝謂塔失不花曰：「汝祖嘗爲司農，今復以授汝。」遂遷榮祿大夫、大司農。英宗居東宮，塔失不花撰集前代嘉言善行，名曰承華事略，并畫豳風圖以進。帝覽之，奬諭曰：「汝能輔太子以正，朕甚嘉之。」命置圖書東宮，俾太子時時觀省。六年，改集禧院使。退居于家，卒。

王玉汝

王玉汝字君璋，鄆人。少習吏事。金末遷民南渡，玉汝奉其親從間道還。行臺嚴實入據鄆，署玉汝爲掾史，稍遷，補行臺令史。中書令耶律楚材過東平，奇之，版授東平路奏差官。以事至京師，遊楚材門，待之若家人父子然。實年老艱於從戎，玉汝奏請以本府總管代之行。夏津災，玉汝奏請復其民一歲。濟州長官欲以州直隸朝廷，大名長官欲以冠氏等十七城改隸大名，玉汝皆辨正之。

戊戌，以東平地分封諸勳貴，裂而爲十，各私其入，與有司無相關。玉汝曰：「若是，則嚴公事業存者無幾矣。」夜靜，哭於楚材帳後。明日，召問其故，曰：「玉汝爲嚴公之使，今嚴公之地分裂，而不能救止，無面目還報，將死此荒寒之野，是以哭耳。」楚材惻然良久，使詣帝前陳愬。玉汝進言曰：「嚴實以三十萬戶歸朝廷，崎嶇兵間，三棄其家室，卒無異志，豈與他降者同。今裂其土地，析其人民，非所以旌有功也。」帝嘉玉汝忠款，且以其言爲直，由是得不分。遷行臺知事，仍遙領平陰令。

辛丑，實子忠濟襲職，授左右司郎中，遂總行臺之政。分封之家，以嚴氏總握其事，頗不自便，定宗卽位，皆聚闕下，復欲剖分東平地。是時，衆心危疑，將俛首聽命，玉汝力排羣言，事遂已。憲宗卽位，有旨令常賦外，歲出銀六兩，謂之包垜銀。玉汝曰：「民力不支矣！」糾率諸路管民官，愬之闕下，得減三分之一。累官至龍虎衞上將軍、泰定軍節度使，兼兖州管內觀察使，充行臺參議。

壬子，以病謝事杜門，日以經史自娛。乙卯，忠濟使人謂玉汝曰：「君閒久矣，可暫起，爲吾分憂。」玉汝堅辭，以參議印强委之，不得已起視事，僅五六日，裁畫署置，煥然一新。八月既望，有星隕庭中，已而玉汝卒。

焦德裕

焦德裕字寬父，其遠祖贊，從宋丞相富弼鎭瓦橋關，遂爲雄州人。父用，仕金，由束鹿令陞千戶，守雄州北門。太祖兵至，州人開南門降，用猶力戰，遂生獲之，帝以其忠壯，釋不殺，復舊官。徇地山東，未嘗妄殺一人。年六十二卒，後以德裕貴，追贈中書左丞，封恒山郡公，謚正毅。

德裕通左氏春秋，少拳勇善射，從其舅解昌軍中。金將武仙殺眞定守史天倪，仙既敗走，其黨趙貴、王顯、齊福等保仙故壘，數侵掠太行。太宗擇廷臣有才辯者往招之，楊惟中以德裕薦。遂使眞定，降齊福，擒趙貴，王顯亡走，德裕追射殺之，其地悉平。詔賜井陘北障城田。中統三年，李璮平，世祖命德裕曲赦益都。四年，賜金符，爲閬蓬等處都元帥府參議。宋臣夏貴圍宣撫使張庭瑞于虎嘯山，實薪土塞水源，人無從得飲。帥府檄德裕援之。德裕夜薄貴營，令卒各持三炬，貴驚走，追及鵝谿，馘千人，獲馬畜兵仗萬計。陞京畿漕運使。

至元六年，僉陝西道提刑按察司事。八年，轉西夏中興道按察副使。十一年，從丞相伯顏南征，授僉行中書省事。遂從下安慶。至鎮江，焦山寺主僧誘居民叛，丞相阿朮旣誅其魁，欲盡阬其徒，德裕諫止之。命德裕先入城撫定。宋平，賜予有加。奉旨求異人異書。平章阿合馬譖丞相伯顏殺丁家洲降卒事，奏以德裕爲中書參政，欲假一言證成之，德裕辭不拜。久之，復僉行省事。

十四年，改淮東宣慰使。淮西賊保司空山，檄淮東四郡守爲應，元帥帖哥邏得其檄，卽械郡守許定國等四人，使承反狀，將籍其家。德裕言：「四人者，皆新降將，天子旣寵綏之，有地有民，盈所望矣，方誓報效，安有他覬。奈何以疑似殺四守，寧知非反間耶。」盡復其官。拜福建行省參知政事。二十五年卒，年六十九。贈榮祿大夫、平章政事，追封恒國公，謚忠肅。

子簡，餘姚州知州；潔，信州治中。

石天麟

石天麟字天瑞，順州人。年十四，入見太宗，因留宿衞。天麟好學不倦，於諸國書語無不習。帝命中書令耶律楚材釐正庶務，選賢能爲參佐，天麟在選，賜名蒙古台。宗王征西域，以天麟爲斷事官。

憲宗六年，遣天麟使海都，拘留久之，既而邊將劫皇子北安王以往，寓天麟所。天麟稍與其用事臣相親狎，因語以宗親恩義，及臣子逆順禍福之理，海都聞之悔悟，遂遣天麟與北安王同歸。天麟被拘留二十八年，始得還，世祖大悅，賞賚甚厚。拜中書左丞，兼斷事官，天麟辭曰：「臣奉使無狀，陛下幸赦弗誅，何可復叨榮寵。況臣才識淺薄，年力衰憊，豈能任政，恐徒貽廟堂羞，不敢奉詔。」帝嘉其誠，褒慰良久，從之。

有譖丞相安童嘗受海都官爵者，帝怒，天麟奏曰：「海都實宗親，偶有違言，非仇敵比，安童不拒絕之，所以釋其疑心，導其臣順也。」帝怒乃解。江南道觀，偶藏宋主遺像，有僧素與道士交惡，發其事，將置之極刑，帝以問天麟，對曰：「遼國主后銅像在西京者，今尙有之，未聞有禁令也。」事遂寢。天麟年七十餘，帝以所御金龍頭杖賜之，曰：「卿年老，出入宮掖，杖此可也。」時權臣用事，凶焰薰炙，人莫敢言。天麟獨言其姦，無所顧忌，人服其忠直。

成宗卽位，加榮祿大夫、司徒，大宴玉德殿，召天麟與宴，賜以御藥，命左右勸之酒，頗醉，命御輦送還家。武宗卽位，進平章政事。至大二年秋八月卒，年九十二。贈推誠宣力保德翊戴功臣、開府儀同三司、太師、上柱國，追封冀國公，謚忠宣。

子珪，累官治書侍御史，遷樞密副使，復爲侍御史，拜河南行中書省右丞，陞榮祿大夫、南臺御史中丞，卒。次子懷都，初襲斷事官，累遷刑部尚書、荆湖北道宣慰使。孫哈藍赤，襲斷事官。

李邦瑞

李邦瑞字昌國，以字行，京兆臨潼人，世農家。邦瑞幼嗜學，讀書通大義。嘗被掠，逃至太原，爲金將小史，從守閻漫山寨。國王木華黎攻下諸城堡，金將走，邦瑞率衆來歸，復居太原。守臣惜其材，具鞍馬，遣至行在所，中書以其名聞。

歲庚寅，受旨使宋，至寶應，不得入。未幾，命復往，仍諭山東淮南路行尚書省李全護送，宋仍拒之。復奉旨以行，邦瑞道出蘄、黃，宋遣賤者來迎，邦瑞怒，叱出之，宋改命行人，乃議如約而還。太宗慰勞，賜車騎旃裘衣裝，及銀十錠。邦瑞因奏：「干戈之際，宗族離散，乞歸尋訪。」帝諭速不䚟、察罕、匣剌達海等：邦瑞馳驛南京，詢訪親戚，或以隸諸部者，悉歸之。

甲午，從諸王闊出經略河南，凡所歷河北、陝西州郡四十餘城，繪圖以進，授金符、宣差軍儲使。乙未夏六月卒。子槃。

楊奐

楊奐字煥然，乾州奉天人。母嘗夢東南日光射其身，旁一神人以筆授之，已而奐生，其父以爲文明之象，因名之曰奐。年十一，母殁，哀毁如成人。金末舉進士不中，乃作萬言策，指陳時病，皆人所不敢言者，未及上而歸，教授鄉里。

歲癸巳，金元帥崔立以汴京降，奐微服北渡，冠氏帥趙壽之即延致奐，待以師友之禮。門人有自京師載書來者，因得聚而讀之。東平嚴實聞奐名，數問其行藏，奐終不一詣。

戊戌，太宗詔宣德稅課使劉用之試諸道進士。奐試東平，兩中賦論第一。從監試官北上，謁中書耶律楚材，楚材奏薦之，授河南路徵收課稅所長官，兼廉訪使。奐將行，言於楚材曰：「僕不敏，誤蒙不次之用，以書生而理財賦，已非所長。又況河南兵荒之後，遺民無幾，烹鮮之喻，正在今日，急而擾之，糜爛必矣。願假以歲月，使得撫摩瘡痍，以爲朝廷愛養基本萬一之助。」楚材甚善之。奐既至，招致一時名士與之議，政事約束一以簡易爲事。按行境內，親問鹽務月課幾何、難易若何。有以增額言者，奐責之曰：「剝下欺上，汝欲我爲之耶。」即減元額四之一，公私便之。不踰月，政成，時論翕然，以爲前此漕司未之有也。在官十年，乃請老于燕之行臺。

壬子，世祖在潛邸，驛召奐參議京兆宣撫司事，累上書，得請而歸。乙卯，疾篤，處置後事如平時，引觴大笑而卒，年七十。賜謚文憲。

奐博覽强記，作文務去陳言，以蹈襲古人爲耻。朝廷諸老，皆折行輩與之交。關中〔書〕〔雖〕號多士，〔五〕名未有出奐右者。奐不治生產，家無十金之業，而喜周人之急，雖力不贍，猶勉强爲之。人有片善，則委曲稱獎，唯恐其名不聞；或小過失，必盡言勸止，不計其怨怒也。所著有還山集六十卷、天興近鑑三卷、正統書六十卷，行于世。

賈居貞〔鈞〕〔六〕

賈居貞字仲明，眞定獲鹿人。年十五，汴京破，奉母居天平。甫冠，爲行臺從事。時法制未立，人以賄賂相交結。有餽黃金五十兩者，居貞卻之。太宗聞而嘉歎，敕有司月給白金百兩，以旌其廉。世祖在潛邸，知其賢，召用之，俾監築上都城。訖事，以母喪歸。

世祖即位，中統元年，授中書左右司郎中。從帝北征，每陳說資治通鑑，雖在軍中，未嘗廢書。一日，帝問：「郎俸幾何？」居貞以數對。帝謂其太薄，敕增之，居貞辭曰：「品秩宜然，不可以臣而紊制。」劉秉忠奏居貞爲參知政事，又辭曰：「他日必有由郎官援例求執政者，將何以處之。」不拜。至元元年，參議中書省事，詔與左丞姚樞行省河東山西，罷侯置守。五年，再爲中書郎中，時阿合馬擅權，忌之，改給事中。同丞相史天澤等纂修國史。

十一年，丞相伯顏伐宋，居貞以宣撫使議行省事。既渡江，下鄂、漢，伯顏以大軍東下，留右丞阿里海涯與居貞分省鎭之。居貞曰：「江陵要地，乃宋制閫重兵所屯。聞諸將不睦，遷徙之民盈城，復皆疾疫，芻薪乏闕，杜門不敢樵採。不乘隙先取之，迨春水漲，恐上流爲彼所乘，則鄂危矣。」驛聞。十二年春，命阿里海涯領兵取江陵，居貞以僉行省事留鄂。於是發倉廩以賑流亡，宋宗室子孫流寓者，廩食之，不變其服，而行其楮幣。東南未下州郡，商旅留滯者，給引以歸之。免括商稅幷湖荻禁。造舟百數〔十〕艘，〔七〕駕以水軍，不致病民。一方安之。

婁安邦以信陽來歸，遣入覲，裨將陳思聰屠其家。居貞以計召至，數思聰罪而誅之。

宋幼主旣降，其相陳宜中等挾二王逃閩、廣，所在扇惑，民爭應之。蘄州寇起司空山，〔鄂〕屬縣民傅高亦起兵應。〔八〕居貞移檄諭以禍福，其下往往渙散，壓以官軍，遂削平之。高變姓名逃逸，獲而戮之。初，遣鄭萬戶討賊，鄭言：「鄂之大姓，皆與傅高通，請先除之，以絕禍本。」居貞曰：「高鼠子無知，行就戮矣，大姓何預！吾能保其無他。」鄭既領兵出，留其所善部將，戒曰：「聞吾還軍，汝卽舉烽城樓，內外合發，當盡殺城中大姓。」會其人戰敗溺死，其事始彰。

十四年，拜湖北宣慰使，命未下，居貞閉門不出，而驕將悍卒，合謀擾民，乃復出視事，人恃以無恐。及行，鄂之老幼號送于道，刻其像于石，祠之泮宮。

十五年，遷江西行省參知政事，未至，民爭千里迎訴。時逮捕民間受宋二王文帖者甚急，坐繫巨室三百餘，居貞至，悉出之，投其文帖于水火。士卒有挾兵入民家，誣爲藏匿以取財者，取人子女爲奴妾者，皆痛繩以法。大水壞民廬，居貞發廩賑之。南安李梓發作亂，居貞慮將帥出兵擾民，請親往，卒纔千人，營于城北，遣人諭之。賊衆聞居貞至，皆散匿，不復爲用。梓發閉妻子一室，自焚死。比還，不戮一人。杜萬一亂都昌，居貞調兵擒之，有列巨室姓名百數來上，云與賊連，居貞曰：「元惡誅矣，蔓延何爲。」命火其牒。

十七年，朝廷再征日本，造戰艦于江南，居貞極言民困，如此必致亂，將入朝奏罷其事，未行，以疾卒于位，年六十三。贈推忠輔義功臣、銀青榮祿大夫、中書平章政事，追封定國公。仲子鈞。

鈞字元播，幼讀書，淵默有容。由榷茶提舉，拜監察御史，僉淮東廉訪司事、行臺都事，入爲刑部郎中，改右司郎中、參議中書省事。仁宗卽位，拜參知政事，〔九〕議罷尙書省所立法。遷僉書樞密院，復參知政事，賜錦衣、寶帶，寵賚有加。爲政持大體，風裁峻整，不孑孑釣名譽。皇慶元年，從幸上都，遇疾，卒于家。前後詔賻鈔三萬貫，供葬事。子汝立嗣。

校勘記

〔一〕宣德青魯〔里〕人　按遺山集卷二八劉氏先塋碑有「劉氏世居宣德縣北鄉之青魯里」，據補。

〔二〕帝征（遼西）〔西遼〕諸國　按遺山集卷二八劉氏先塋碑作「車駕征契丹餘族，是爲西遼」，據改正。錢大昕諸史拾遺已校。

〔三〕中書左丞〔相〕粘合重山　據本書卷二太宗紀三年辛卯八月條、卷一四六粘合重山傳補。本證已校。

〔四〕中統三年天澤入拜左丞相　按本書卷一一二宰相表、卷一五五史天澤傳，中統三年「三」當作「二」，左丞相「左」當作「右」。道光本據改，是。

〔五〕關中（書）〔雖〕號多士　從北監本改。

〔六〕〔鈞〕據本書體例補。

〔七〕造舟百數〔十〕艘　據元文類卷六一賈居貞神道碑補。蒙史已校。

〔八〕蘄州寇起司空山〔鄂〕屬縣民傅高亦起兵應　據元文類卷六一賈居貞神道碑補。蒙史已校。

〔九〕仁宗卽位拜參知政事　本證云：「案武宗紀鈞兩拜參知政事，一在至大二年十月，一在三年二月。傳云仁宗，誤也。」

元史卷一百五十四

列傳第四十一

洪福源 俊奇 君祥 萬

洪福源，其先中國人，唐遣才子八人往教高麗，洪其一也。子孫世貴於三韓，名所居曰唐城。父大宣，以都領鎭麟州，福源爲神騎都領，因家焉。歲丙子，金源、契丹九萬餘衆竄入高麗。丁丑九月，奪江東城池據之。戊寅冬十二月，太祖命哈赤吉、扎剌將兵追討，大宣迎降，與哈赤吉等共擊之，降其元帥趙（忠）〔冲〕。〔一〕 壬午冬十月，又遣着古與等十二人窺覘納款虛實，還，遇害。

辛卯秋九月，太宗命將撒里答討之，福源率先附州縣之民，與撒禮塔併力攻未附者，又與阿兒禿等進至王京。高麗王㬚乃遣其弟懷安公請降，〔二〕 遂置王京及州縣達魯花赤七十二人以鎭之，師還。壬辰夏六月，高麗復叛，殺所置達魯花赤，悉驅國人入據江華島，福源招集北界四十餘城遺民以待。秋八月，太宗復遣撒禮塔將兵來討，福源盡率所部合攻之，至王京處仁城，撒禮塔中流矢卒，其副帖哥引兵還，唯福源留屯。

癸巳冬十月，高麗悉衆來攻西京，屠其民，劫大宣以東。福源遂盡以所招集北界之衆來歸，處於遼陽、瀋陽之間，帝嘉其忠。甲午夏五月，特賜金符，爲管領歸附高麗軍民長官，仍令招討本國未附人民。又降旨諭高麗之民，有執王㬚及元搆難之人來朝者，與洪福源同於東京居之，優加恩禮擢用，若大兵旣加，拒者死，降者生，其降民令福源統之。

乙未，帝命唐古拔都兒與福源進討，攻拔龍崗、咸從二縣，鳳、海、洞三州山城及慈州，又拔金山、歸、信、昌、朔州。〔三〕己亥春二月，入朝，賜以鎧甲弓矢，及金織文段、金鞍勒等。乙巳，定宗命阿母罕將兵與福源共拔威州平虜城。辛亥，憲宗卽位，改授虎符，仍爲前後歸附高麗軍民長官。癸丑，從諸王耶虎攻禾山、東州、春州、三角山、楊根、天龍等城，拔之。甲寅，與扎剌台合兵攻光州、安城、忠州、玄（鳳）〔風〕、〔四〕珍原、甲向、玉果等城，又拔之。

戊午，福源遣其子茶丘從扎剌台軍，會高麗族子王綧入質，陰欲併統本國歸順人民，譖福源于帝，遂見殺，年五十三。後贈嘉議大夫、瀋陽侯，謚忠憲。子七人，俊奇、君祥最知名。

俊奇小字茶丘，福源第二子也。幼從軍，以驍勇受知，世祖嘗以小字呼之。中統二年秋，茶丘雪父寃，世祖憫之，詔諭之曰：「汝父方加寵用，誤絓刑章，故於已廢之中，庸沛維新之澤。可就帶元降虎符，襲父職，管領歸附高麗軍民總管。」

至元六年，高麗權臣林衍叛。冬十一月，詔以其軍三千從國王頭輦哥討平之，還江華島所有臣民，復歸王京。十二月，帝命茶丘率兵往鳳州等處，立屯田總管府。八年二月，入朝，賜鈔百緡。林衍餘黨裴仲孫等，立高麗王禃親屬承化侯爲王，引三別抄軍據珍島以叛。五月，茶丘奉旨，偕經略使欣都進兵討之，破其軍，殺承化侯，其黨金通精率餘衆走躭羅。帝遣侍衞親軍千戶王岑，與茶丘議征取之策，茶丘表陳：「通精之黨，多在王京，可使招之，招而不從，擊之未晚。」從之。俄奉旨往羅州道監造戰船，且招降躭羅，茶丘得通精之姪金永等七人，俾招之，通精不從，留金永，餘盡殺之。十年，詔茶丘與欣都率兵渡海，擊破躭羅，獲通精，殺之，悉免其脅從者，高麗始平。

十一年，又命監造戰船，經營日本國事。三月，授昭勇大將軍、安撫使，高麗軍民總管如故。己卯，命茶丘提點高麗農事。八月，授東征右副都元帥，與都元帥忽敦等領舟師二萬，渡海征日本，拔對馬、一岐、宜蠻等島。十四年正月，授鎭國上將軍、東征都元帥，鎭高麗。二月，率蒙古、高麗、女直、漢軍，從丞相伯顏北征叛臣只魯瓦歹等。四月，至脫剌河，猝與賊遇，茶丘突陣無前，伯顏以其勇聞，賜白金五十兩、金鞍勒、弓矢。

十七年，授龍虎衞上將軍、征東行省右丞。十八年，與右丞欣都將舟師四萬，由高麗金州合浦以進，時右丞范文虎等將兵十萬，由慶元、定海等處渡海，期至日本一岐、平戶等島合兵登岸，兵未交，秋八月，風壞舟而還。十九年十月，命茶丘於平灤黑堝兒監造戰船七百艘，以圖後舉。二十一年十一月，復授征東行省右丞。二十三年，命往江浙等處遣漢人復業。

二十四年，乃顏叛，車駕親征，賜以翎根甲、寶刀，命率高麗、女直、漢軍扈從。猝遇乃顏騎兵萬餘，時茶丘兵不滿三千，衆有懼色。茶丘夜令軍中，多裂裳帛爲旗幟，斷馬尾爲旄，掩暎林木，張設疑兵，乃顏兵大驚，以爲官兵大至，遂降。帝聞之，厚加旌賞，凱還，授遼陽等處行尚書省右丞。二十七年，以疾辭。

叛王哈丹等竄入高麗，侵撓其國西京，距遼陽二千里皆騷動，中書省特起茶丘鎭遼左，帝遣闍里台孛羅兒賜以金字圓符，命茶丘以便宜行事。二十八年，以疾卒，年四十八。子四人，長曰萬。

君祥小字雙叔，福源第五子也。年十四，隨兄茶丘見世祖于上京，帝悅，命劉秉忠相之，秉忠曰：「是兒目視不凡，後必以功名顯，但當致力于學耳。」令選師儒誨之。至元三年，籍高麗民三百人爲兵，令君祥統之。從禿花禿烈、伯顏等軍，築萬壽山，復從開通州運河。帝親諭之曰：「爾守志忠勤，朕所知也。」帝嘗坐便殿，閱江南、海東輿地圖，欲召知者詢其險易，左丞相伯顏、樞密副使合達，以君祥應旨，奏對詳明，帝悅，酌以巨觥。顧謂伯顏曰：「是兒，遠大器也。」

六年，林衍叛，從頭輦哥征之。八年，戍河南。九年，掠淮西，破其大凹城。十年，從元帥孛魯罕襲淮東之〔射〕陽湖，〔五〕俘其男女牛馬。

十一年，入朝。帝命伯顏伐宋，朝議以宋之兵力多聚兩淮，聞我欲渡江，彼必移師拒守，遂命右衛指揮使禿滿歹，率輕鋭二萬攻淮安，以牽制之，君祥以蒙古漢軍都鎭撫從行。後伯顏既渡江，帝命禿滿歹還軍蕭縣。時君祥奉使伯顏軍中，宋黄州制置使陳奕降，其子知漣水軍，伯顏遣三十騎往招之，因令君祥入奏，帝曰：「卿可急還，陳知府降，即偕來也。」及與俱入朝，宴勞甚厚。從元帥孛魯罕攻淸河，拔之。海州安撫丁順約降，孛魯罕令君祥以聞，時伯顏方朝上京，見君祥，甚喜，遂從南伐。

伯顏克淮安，至揚州，分兵攻淮西。宋制置夏貴遣牛都統以書抵伯顏曰：「諺云：殺人一萬，自損三千。願勿殫國力，攻奪邊城，若行在歸附，邊城焉往。」伯顏遣君祥以牛都統入見，留三日，還軍中。仍傳旨諭伯顏曰：「事難遙度，宜臨機審圖之。」伯顏師次鎭江，諜報有宋洪都統者，爲都督府將，伯顏謂君祥曰：「汝同姓，可往招致也。」洪都統卽欣然來見，君祥因厚遇之。師進，次臨平山，距臨安五十里，洪都統來報曰：「宋丞相陳宜中、殿帥張世傑皆已逃去，惟三宮未行，宜早定計，以活生民。」伯顏遂令洪都統護宋三宮，令君祥隨之。宋降，陞武略將軍、中衞親軍千戶。十五年，命簽江南民兵。還，陞明威將軍、中衞親軍副都指揮使。十七年，進昭勇大將軍。十九年，授樞密院判官。二十三年，轉昭武大將軍、同僉樞密院事。

二十四年，乃顏叛，從世祖親征。每駐蹕，君祥輒以兵車外環爲營衞，布置嚴密，帝嘉之。凱還，加輔國上將軍。類次車駕起居，爲東征錄。二十八年，授遼陽行省右丞，用樞密院留，復居舊職。俄加集賢大學士，依舊同僉樞密院事。議者欲自東南海口辛橋開河合灤河，運糧至上都，奉旨與中書右丞阿里相其利害，還，極言不便，罷之。復奉使高麗，還，改僉書樞密院事。

成宗卽位，詔裁減久任官，知樞密院暗伯等奏：「君祥在樞密十六年，最爲久者。」帝曰：「君祥始終一心，可勿遷也。」大德二年，詔使高麗，臺臣劾君祥以他事，中道追回，已而事罷。三年，奉使江浙，問民間疾苦。使還，退居昌平之皇華山，絕口不論時事者五年。

大德九年，擢司農，俄拜中書右丞。十年春，改江浙行省右丞。秋，改遼陽右丞，請於朝：宜新省治，增巡兵，設儒學提舉官、都鎭撫等員，以興文化，修武備。事未成，會武宗卽位，徵爲同知樞密院事，進榮祿大夫、平章政事，商議遼陽等處行中書省事，改遼陽行省平章政事，俄改商議行省事。至大二年卒。子邁，奉訓大夫、同知開元總管府事。

萬小字重喜。至元十三年，入宿衞。十八年，襲職，爲懷遠大將軍、安撫使、高麗軍民總管，仍佩父茶丘所佩虎符。

二十四年，乃顏叛，率兵征之。六月，至撒里禿魯之地，同都萬戶闍里鐵木兒，與乃顏將黃海戰，大敗之。又從世祖與塔不台戰，又敗之。是月，至乃顏之地，奉旨留蒙古、女直、漢軍鎭哈剌河。復選精騎扈駕，至失剌斡耳朶，從御史大夫玉速帖木兒討乃顏。七月，至扎剌麻禿，與金家奴戰，敗之，追至蒙可山、那兀江等處，遂平金家奴、塔不台等。九月，師還。

哈丹、八剌哈赤再叛，十月，重喜從諸王愛牙哈赤、平章塔出、都萬戶闍里鐵木兒征之。十二月，次木骨不剌。時諸王脫歡、監司脫台以兵四千餘人與其黨戰，稍却，重喜率騎兵援之，冒鋒陷陣，大破其衆。又從諸王乃蠻〔帶〕、〔六〕愛牙哈赤、平章薛闍干，與叛王兵戰于兀朮站，〔七〕又戰于黑龍江，又戰于貼滿哈處，〔八〕皆敗之。二十五年，重喜又從玉速帖木兒出師，五月，至貼列可，與哈丹禿魯干戰，獲功。至木骨兒抄剌，又戰。八月，至貴列河，重喜率兵先涉與戰，勝之。十月，又從玉速帖木兒往征木八蘭。十二月，與古土禿魯干戰，克之。二十七年六月，賜白金五十兩、甲一襲。九月，至禪春，與哈丹禿魯干戰。二十八年二月，從平章薛闍干至高麗青州。五月，與哈丹戰八日，又戰，大敗之。六月，班師，授昭勇大將軍，佩三珠虎符，職如故。十月，薛闍干以重喜入朝，且以其功聞，帝嘉之，賜玉帶一、白金五十兩，授龍虎衞上將軍、遼陽等處行中書省右丞。

二十九年，仍佩元降虎符，總管高麗、女直、漢軍萬戶，兼安撫使、高麗軍民總管。六月，改資德大夫、遼陽等處行中書省右丞。大德十年，以其叔父君祥代之。十一年，武宗卽位，重喜朝于上都。七月，復授遼陽行省右丞。至大二年，謫漳州，行至杭，遇赦而止。明年卒。子滋，襲爵。

鄭鼎〔制宜〕〔九〕

鄭鼎，澤州陽城人。幼孤，能自立，讀書曉大義，不妄言笑。既長，勇力過人，尤善騎射。

初爲澤、潞、遼、沁千戶。歲甲午，從塔海紺不征蜀，攻二里散關，屢立戰功，還屯秦中。未幾，宋將余侍郎燒絕棧道，以兵圍興元，鼎率衆修復之，破宋兵，解興元之圍。乙巳，遷陽城縣軍民長官。

庚戌，從憲宗征大理國，自六盤山經臨洮，下西蕃諸城，抵雪山，山徑盤屈，舍騎徒步，嘗背負憲宗以行。〔一〇〕敵據扼險要，鼎奮身力戰，敵敗北，帝壯之，賜馬三匹。至金沙河，波濤洶湧，帝臨水傍危石，立馬觀之。鼎諫曰：「此非聖躬所宜。」親扶下馬，帝嘉之。俄圍大理，晝夜急攻，城陷，禽其主，大理平。師還，命鼎居後，道經吐蕃，全軍而歸。辛亥，入朝，〔一一〕帝問以時務，鼎敷對詳明，帝嘉納之，賜名曰也可拔都。

己未，賜白金千兩。從世祖南伐，攻大勝關，破之。繼破臺山寨，禽其守者胡知縣，乘勝獨進，前陷泥淖，遇伏兵突出葭葦間，鼎奮擊，連殺三人，餘衆遁去。帝急召鼎還，使者以聞，帝曰：「爲將當愼重，不可恃勇輕進。」遂分畀衛士三百人，以備不虞，且戒之曰：「自今非奉朕命，毋得輕與敵接。」秋九月，帝駐蹕江滸，命諸將南渡，先達彼岸者，舉烽火爲應，鼎首奪南岸，衆軍畢渡。進圍鄂州，戰益力。別攻興國軍，遇宋兵五千，力戰破之，擒其將桑太尉，責以懦怯，不忠所事，斬之。

中統元年，以功遷平陽、太原兩路萬戶。阿藍答兒、渾都海之亂，鼎分率本道兵討之。

二年，詔鼎統征西等軍，戍雁門關隘。遷河東南、北兩路宣撫使。三年，改授平陽太原宣慰使。至元三年，遷平陽路總管。是歲大旱，鼎下車而雨。平陽地狹人衆，常乏食，鼎乃導汾水，溉民田千餘頃，開潞河鵬黃嶺道，以來(天)〔上〕黨之粟。〔二〕修學校，厲風俗，建橫澗故橋以便行旅，民德之。七年，改僉書西蜀四川行尚書省事，將兵巡東川。過嘉定，遇蜀兵，與戰江中，擒其將李越，悉獲戰船。八年五月，改軍前行尚書省事。十一年，從伐宋。十二年，鎮黃州。夏四月，改授淮西宣慰使。十三年，加昭毅大將軍，賜白金五百兩。十四年，改湖北道宣慰使，移鎮鄂州。夏五月，蘄、黃二州叛，鼎將兵討之，戰于樊口，舟覆溺死，年六十有三。十七年，董文忠等奏：「鄭也可拔都遇害，其叛人家屬物產，宜悉與其子納懷。」帝從之。贈中書右丞，謚忠毅。後加贈宣忠保節功臣、平章政事、柱國，追封潞國公，謚忠肅。子制宜。

制宜小字納懷，性聰敏，莊重有器局，通習國語。至元十四年，襲父職太原、平陽萬戶，仍戍鄂州。時鄂闕守，俾攝府事。十九年，朝廷將征日本，造樓船何家洲。洲地狹，衆欲徙旁居民，制宜不從，改授寬地，居民德之。城中屢災，或言于制宜曰：「恐姦人乘間爲變，宜捕其疑似者，痛治之。」制宜曰：「吾但嚴守備而已，奈何濫及無辜！」不笞一人，災亦遂息。有盜伏近郊，晨暮剽劫，流言將入城。俄有數男子自城外至，顧盻異常，制宜命吏縛入獄，問之無驗，行省疑其非，將釋之，不從。明日，再出城東，遇一人，乘白馬，貌服殊異，制宜叱下，訊之，乃與前數男子同爲盜者，遂正其罪，一郡帖然。

二十四年，扈駕東征乃顏，請赴敵自效。帝顧左右曰：「而父歿王事，惟有一子，毋使在行陣。」制宜請愈力，乃命從月兒呂那顏別爲一軍，以戰功授懷遠大將軍、樞密院判官。明年，車駕幸上都。舊制：樞府官從行，歲留一員司本院事，漢人不得與。至是，以屬制宜。制宜遜辭，帝曰：「汝豈漢人比耶！」竟留之。二十八年，遷湖廣行省參知政事，陛辭，帝曰：「汝父死王事，賞未汝及。近者，要束木伏誅，已籍沒其財產人畜，汝可擇其佳者取之。」制宜對曰：「彼以贓敗，臣復取之，寧無汚乎！」帝賢其所守，賜白金五千兩。未幾，徵拜內臺侍御史。安西舊有牧地，圉人恃勢，冒奪民田十萬餘頃，訟于有司，積年不能理。制宜奉詔而往，按圖籍以正之，訟由是息。

三十年，除湖廣行樞密副使。湖南地闊遠，羣寇依險出沒，昭、賀二州及廬陵境，民常被害。制宜率偏師徇二州，道經廬陵永新，獲首賊及其黨，皆殺之。茶鄉譚計龍者，聚惡少年，匿兵器爲姦，既捕獲，其家納賂以緩獄事，制宜悉以勞軍，斬計龍于市，自是湖以南無復盜賊。元貞元年，有制：行樞密院添置副使一員，與制宜連署。制宜以員非常設，先任者當罷。俄入朝，特授大都留守，領少府監，兼武衞親軍都指揮使，知屯田事。

大德八年，〔一三〕晉地大震，平陽尤甚，壓死者衆，制宜承命存恤，懼緩不及事，晝夜倍道兼行，至則親入里巷，撫瘡殘，給粟帛，存者賴之。成宗素知其名，眷遇殊厚，每侍宴，輒不敢飲，終日無惰容，帝察其忠勤，屢賜內醖，輒持以奉母，帝聞之，特封其母蘇氏爲潞國太夫人。十年，制宜以疾終，年四十有七。贈推忠贊治功臣、銀青榮祿大夫、平章政事，追封澤國公，謚忠宣。子阿兒思蘭嗣。

李進

李進，保定曲陽人。幼隸軍籍，初從萬戶張柔屯杞之三叉口，時荊山之西九十里曰龍岡者，宋境也。歲庚戌春，張柔引兵築堡岡上。會淮水汎漲，宋以舟師卒至，主帥察罕率軍逆戰，進以兵十五人載一舟，轉鬭十餘里，奪一巨艦，遂以功陞百戶。

戊午，憲宗西征，丞相史天澤時爲河南經略大使，選諸道兵之驍勇者從，遂命進爲總把。是年秋九月，道由陳倉入興元，度米倉關，其地荒塞不通，進伐木開道七百餘里。冬十一月，至定遠七十關，其關上下皆築連堡，宋以五百人守之，巴渠江水環堡東流。天澤命進往關下說降之，不從。進潛視間道，歸白天澤曰：「彼可取也。」是夜二鼓，天澤遣進率勇士七十人，掩其不備，攻之，脫門樞而入者二十人。守門者覺，拔刀拒之，進被傷，不以爲病。懸門俄閉，諸軍不得入，進與二十人力戰，殺傷三十人。後兵走上堡，進乃毀懸門，納諸軍，追至上堡，殺傷益衆，宋兵不能敵，棄走。夜將旦，進遂得其堡，守之，關路始通，諸軍盡度。進以功受上賞。

己未春二月，天澤兵至行在所，圍合州釣魚山寨。夏五月，宋由嘉陵江以舟師來援，始大戰三槽山西。六月，戰山之東，有功。秋七月，宋兵戰艦三百餘泊黑石峽東，以輕舟五十爲前鋒，北軍之船七十餘泊峽西，相距一里許。帝立馬東山，擁兵二萬，夾江而陣，天澤乃號令於衆曰：「聽吾鼓，視吾旗，無少怠也。」頃之，聞鼓聲，視其旗東指，諸軍遂鼓譟而入，兵一交，宋前鋒潰走，戰艦繼亂，順流縱擊，死者不可勝計。帝指顧謂諸將曰：「白旗下服紅半臂突而前者，誰也？」天澤以進對，賞錦衣、名馬。八月，又戰浮圖關，前後凡五戰，皆以功受上賞。

世祖卽位，入爲侍衞親軍。中統二年，宣授總把，賜銀符。三年，從征李璮有功。至元八年，領兵赴襄陽。十二年，從略地湖北、湖南。宋平，以兵馬使分兵屯鄂州。十三年，領軍二千，屯田河西中興府。十四年，加武略將軍，陞千戶。十五年，移屯六盤山，加武毅將軍，賜金符。十七年，陞明威將軍、管軍總管。十九年，賜虎符，復進懷遠大將軍，命屯田西域別石八里。

二十三年秋，海都及篤娃等領軍至洪水山，進與力戰，衆寡不敵，軍潰，進被擒。從至摻八里，遁還，至和州，收潰兵三百餘人，且戰且行，還至京師，賞金織紋衣二襲、鈔一千五百貫。二十五年，授蒙古侍衞親軍都指揮使司僉事。明年，改授左翼屯田萬戶。元貞元年春，卒。

子雯，襲授武德將軍、左翼屯田萬戶，佩虎符。皇慶二年，加宣武將軍。延祐六年，仁宗念其父進嘗北征被掠，特賜雯中統鈔五百錠以恤之。泰定元年春，以疾辭。子朶耳只襲。

石抹按只

石抹按只，契丹人，世居太原。父大家奴，率漢軍五百人歸太祖。歲戊午，按只代領其軍，從都元帥紐璘攻成都。時宋兵聚於（虚）〔靈〕泉，〔一四〕按只以所部兵與戰，大敗之，殺其將韓都統。又從都元帥按敦攻瀘州，按只以戰艦七十艘至馬湖江，宋軍先以五百艘控扼江渡，按只擊敗之。時宋兵於沿江撤橋據守，按只相地形，造浮橋，師至無留行。宋欲撓其役，兵出輒敗，自馬湖以達合江、涪江、清江，凡立浮橋二十餘所。及四川平，浮橋之功居多。

己未，宋以巨艦載甲士數萬，屯清（河）〔江〕浮橋，〔一五〕相距七十日。水暴漲，浮橋壞，西岸軍多漂溺，按只軍東岸，急撤浮橋，聚舟岸下，士卒得不死，又援出別部軍五百餘人。先鋒奔察火魯赤以聞，憲宗遣使慰諭，賞賜甚厚。敍州守將橫截江津，軍不得渡，按只聚軍中牛皮，作渾脫及皮船，乘之與戰，破其軍，奪其渡口，爲浮橋以濟師。中統三年，授河中府船橋水手軍總管，佩金符，以立浮橋功也。

至元四年，從行省也速帶兒攻瀘州，按只以水軍與宋將陳都統、張總制戰于馬湖江，按只身被二創，戰愈力，敗之。六年正月，也速帶兒領兵趨瀘州，遣按只以舟運其器械、糧食，由永道進。宋兵復扼馬湖江，按只擊敗之，生獲四十人，奪其船五艘，復以水軍一千，運糧於眉、簡二州，軍中賴之。九年，從征建都蠻，歲餘不下，按只先登其城，力戰，遂降之。軍還，道病卒。行省承制以其子不老代領其軍。

不老從攻嘉定，以巨艦七十艘載勇士數千人，據其上流，於府江紅崖灘造浮橋以渡。十二年，嘉定降，宋將鮮于都統率衆遁，不老追至大佛灘，盡斃之。行院汪田哥攻取紫雲、瀘、敍等城，〔一六〕不老功最多。及諸軍圍重慶，不老先以戰艦三百艘列陣於觀灘，絕其走路。十三年，領隨翼軍五百人，會招討藥刺海，竪栅於白水江岸以爲備。不老乘夜襲宋軍，直抵重慶城下，攻千斯門，宋軍驚潰，溺死者衆，生擒三十餘人，獲其旗幟甲仗以獻。宋涪州守將率舟師來援，不老擊敗之於廣陽垻，生獲六十餘人，奪其船十艘。十四年，從攻瀘州，不老勒所部兵攻神臂門，蟻附以登，斬首五十級。明日復戰，破之。十五年，復攻重慶太平門，不老先登，殺其守陴卒數十人，宋都統趙安以城降，總管黃亮乘舟遁，不老追擒之，及其兵士五十人，奪戰艦五十艘。

十六年，命襲父職，爲懷遠大將軍、船橋軍馬總管，更賜金虎符，兼夔路（守鎮）〔鎮守〕副萬戶。〔一七〕十八年，大小盤諸峒蠻叛，命領諸翼蒙古、漢軍三千餘人戍施州，既而蠻酋向貴誓用等降，其餘峒蠻之未服者悉平，遂以爲保寧等處萬戶。

謁只里

謁只里，女直人也。大父昔寶味也不干，登金進士第，金亡，歸太宗。謁只里幼穎悟，能記誦，及長，以孝友聞。事世祖潛邸，得備宿衞。中統初，命參議陝西行樞密院事，以商挺佐之。比行，入奏曰：「關陝要地，軍務非輕，阿脫仰刺國之元臣，陛下方委任之，伏慮臨時議論不協，必誤大計，儻有異同，臣請得以上聞。」帝可其奏，賜宴而遣之。未幾，改行省斷事官，復入宿衞。李璮平，朝議選宿衞之士監漢軍，謁只里佩虎符，監軍於邳陽。

至元七年，命爲監戰，以所領諸軍圍襄陽，築一字堡以張軍勢，一時名將唆都、劉國傑、李庭等皆隸麾下。攻樊城，率其軍先登，破之，所受賞賜，悉分將士。十一年，從丞相伯顏次郢州，將數騎而出，與宋兵遇，有部卒墮馬，爲其所得，謁只里單騎橫戈，直入其軍，取之以還，因殺獲四人。時糧儲不繼，諸將以爲憂，謁只里乃西攻江陵龍灣堡，取其粟萬石，衆賴以濟。元兵東下，宋將夏貴迎戰於陽邏洑，伯顏未至，衆欲少俟之，謁只里曰：「兵貴神速，機不可失，宜及其未定而擊之。」遂直前衝貴軍，獲戰船百餘，貴敗走。伯顏上其功，加定遠大將軍。

十二年，攻常州，謁只里造雲梯繩橋以登，遂克之。奉省檄徇安吉諸州，皆下。十三年，宋降，伯顏命謁只里監守其宮，號令嚴肅，秋毫無犯。入朝，錄功，遷昭勇大將軍。未幾，拜鎭國上將軍、浙東宣慰使，鎭守紹興。十九年卒，年四十二。

子亦老溫，襲爲萬戶，累遷江東廉訪使；脫脫，淮東宣慰使。

鄭溫

鄭溫，眞定靈壽人。初從中書粘合南合南征，有功，爲合必赤千戶。從丞相史天澤，爲新軍萬戶鎮撫。憲宗征西川，溫四月不解甲，天澤以溫見，具言其功，帝曰：「朕所親見也。」賜名也可拔都，賞以鞍勒。還至閬州，奉旨分軍守暹靑居、釣魚等山，天澤命溫統四千人，警邏釣魚山。

中統元年，佩金虎符，爲總管。三年，李璮叛，詔溫以軍還討。至濟南，大軍圍其城，賊將楊拔都等乘夜斫營，溫力戰至黎明，賊退，諸王哈必赤、丞相史天澤厚賞之。七月，城破，命溫率兵三千，往定益都。以功復受上賞，命爲侍衞親軍總管。

至元六年，進懷遠大將軍、右衞副都指揮使。九年，詔溫統蒙古、漢人、女眞、高麗諸部軍萬人，渡海征耽羅，平之。十二年，陞右衞親軍都指揮使，率三衞軍萬人，從攻岳州、江（州）〔陵〕、〔八〕沙市、潭州，皆有功，平章阿里海涯賞銀十錠。十四年，入朝，遷昭勇大將軍、樞密院判官。

十八年，改輔國上將軍、江淮行省參知政事。杭民饑，出米二十萬石糶之。俄賜以常州官田三十頃。二十二年，召還。二十三年，陞江浙左丞，命以新附漢軍萬五千，於淮安雲山（泉）〔白水〕塘立屯田。〔九〕二十八年卒，年八十一。

子欽，利用監丞；鉦，榷茶都運使；銓，右衞親軍千戶；鏞，袁州路判官。

校勘記

〔一〕趙〔忠〕〔冲〕　據本書卷二〇八高麗傳改。按高麗史卷一〇三有趙冲傳。

〔二〕懷安公　見卷二校勘記〔一〕。

〔三〕又拔金山歸信昌朔州　按高麗史卷五八地理志，龜州與昌、朔州同屬安北大都護府；信州與前文之鳳州皆屬黃州牧。又按同書卷二三高宗世家，蒙古軍于丙申年侵入慈、朔、龜、黃等州。疑此處「歸」當作「龜」。

〔四〕玄〔鳳〕〔風〕　見卷三校勘記〔一三〕。

〔五〕〔射〕陽湖　按本書卷四世祖紀中統元年六月乙巳條、卷二〇六李璮傳均作「射陽湖」，據補。湖在淮南府南。蒙史已校。

〔六〕諸王乃蠻〔帶〕　據本書卷一五、一六世祖紀至元二十六年六月庚申、閏十月癸未、二十七年十二月乙未、卷二二武宗紀至大元年七月壬午條補。按此卽壽王，卷一〇七宗室世系表作「乃蠻台」、卷一〇八諸王表作「乃蠻歹」，卷一二一博羅歡傳作「乃馬帶」，卷一三一伯帖木兒傳作「乃麻歹」。

〔七〕兀朮站　按本書卷一三一伯帖木兒傳作「斡麻站」，疑此處「朮」爲「木」之誤。

〔八〕貼滿哈　按本書卷一三一伯帖木兒傳「貼滿哈」作「帖麥哈必兒哈」，此處有脫文。此名蒙古語，義爲「駝肋」。

〔九〕〔制宜〕 據本書原目錄補。

〔一〇〕庚戌從憲宗征大理國至背負憲宗以行　按本書卷四世祖紀，蒙古征大理在癸丑年，蒙史改「庚戌」爲「癸丑」，疑是。又考異云：「意者，世祖征大理時，鼎實在行間，史家誤以爲從憲宗耳。」此處史文有誤。

〔一一〕辛亥入朝　按元憲宗元年辛亥，爲憲宗三年癸丑攻大理之前二年，而此云鄭鼎入朝在攻大理之後。「辛亥」誤，蒙史刪。

〔一二〕（天）〔上〕黨　從道光本改。按本書卷五八地理志，平陽路潞州古稱上黨，元時屬縣亦有上黨，與此處史文地望全符。

〔一三〕大德八年　清容集卷三二鄭制宜行狀及本書卷五〇五行志均作「七年」，道光本改「八」爲「七」，是。

〔一四〕（盧）〔靈〕泉　據本書卷一二九紐璘傳改。蒙史已校。

〔一五〕清（河）〔江〕　蒙史改作「清江」，並注云：「即遂寧之清江，舊誤清河。」從改。

〔一六〕汪田哥　按汪田哥死於元憲宗末年。傳此處敍元世祖至元十二年事，「田哥」二字誤。蒙史改作「惟正」。

〔一七〕（守鎭）〔鎭守〕副萬戶　據本書多見之文改。蒙史已校。

〔一八〕從攻岳州江（州）〔陵〕　按本書卷八世祖紀至元十二年四月丁未條、卷一二八阿里海牙傳，此役所下者爲江陵，與江州無涉，據改。蒙史已校。

〔一九〕淮安雲山（泉）〔白水〕塘　據本書卷八七百官志所見「雲山白水」改。按本書卷五九地理志、卷一〇〇兵志、卷一六九謝仲溫傳及元文類卷四一經世大典序錄屯田皆有淮安路「白水塘」。

元史卷一百五十五

列傳第四十二

汪世顯 德臣 良臣 惟正

汪世顯字仲明，鞏昌鹽川人。系出旺古族。仕金，屢立戰功，官至鎭遠軍節度使，鞏昌便宜總帥。金平，郡縣望風款附，世顯獨城守，及皇子闊端駐兵城下，始率衆降。皇子曰：「吾征四方，所至皆下，汝獨固守，何也？」對曰：「臣不敢背主失節耳。」又問曰：「金亡已久，汝不降，果誰爲耶？」對曰：「大軍迭至，莫知適從，惟殿下仁武不殺，竊意必能保全闔城軍民，是以降也。」皇子大悅，承制錫世顯章服，官從其舊。

卽從南征，斷嘉陵，擣大安。田、楊諸蠻結陣迎敵，世顯以輕騎馳撓之。宋曹將軍潛兵相爲掎角，世顯單騎突之，殺數十人。黎明，大軍四合，殺其主將，入武信，遂進逼資、普。時方軍葭萌，宋將依山爲柵，世顯以數騎往奪之，乘勝定資州，略嘉定、峨眉。進次開州。時方泥潦，由間道攀緣以達。宋軍屯萬州南岸，世顯卽水北造船以疑之，夜從上游鼓革舟襲破之，宋師大擾，追奔至夔峽，過巫山，與宋援軍遇，斬首三千餘級。明年，師還攻重慶，會大暑，乃罷歸。覲太宗，錫金符，易其名曰中山，且歷數其功，世顯拜謝曰：「此皆聖明福德所致，臣何預焉！」

辛丑，蜀帥陳隆之貽書請戰，聲言有衆百萬，皇子集諸將議之，咸謂隆之可生擒也。世顯曰：「顧臨敵何如，無庸誇辭爲！」軍薄成都，隆之戰屢却，堅壁不出。其部曲田顯約夜降，隆之覺之，世顯曰：「事急矣！」亟梯城入救顯，得與從者七十餘人出，獲隆之，斬之。世顯復簡精銳五百人，擣漢州，州兵三千出戰，城閉，盡沒。三日，大軍薄其城，又三日，克之。

癸卯春，皇子第功，承制拜便宜總帥，秦、鞏等二十餘州事皆聽裁決，賜虎符、錦衣、玉帶。世顯先已遘疾，至是加劇，皇子遣醫，絡繹往療，竟不起，年四十九。中統三年，論功追封隴西公，謚義武。延祐七年，加封隴右王。

子七人：忠臣，鞏昌便宜副總帥；次德臣；次直臣，鞏昌中路都總領，歿於王事；次良臣；次翰臣，奧魯兵馬都元帥；佐臣，鞏昌左翼都總領，歿於王事；淸臣，四川行樞密院副使。

德臣，賜名田哥，字舜輔。年十四，侍太子游獵，矢無虛發。襲爵鞏昌等二十四路便宜都總帥，從征蜀，將前軍出忠、涪，所向克獲。進攻運山，率麾下先，所乘馬中飛石死，步戰，拔外城。宋將余玠攻漢中，德臣馳赴之，玠聞，遁去。

憲宗素聞其名，及入覲，所陳悉嘉納，賜印符，命城沔州。沔據嘉陵要路，德臣繕治室廬，部署官屬，數日而集。進攻嘉定，敵潛軍夜出，德臣迎戰，殺百人。還至左綿雲頂，宋軍乘夜斫營，覺之，殺千人，生擒百人。進次隆慶，宋軍仍夜出，與力戰，盡殺之。及馬漕溝，遇伏兵，與戰，獲其統制羅廷鶚。又詔德臣城益昌，諸戍皆聽節制。世祖以皇弟有事西南，德臣入見，乞免益昌賦稅及徭役，漕糧、屯田爲長久計，並從之。卽命置行部于鞏，立漕司于沔，通販鬻，給餽餉。奏乞以兄忠臣攝府事，使己得專事益昌。益昌爲蜀喉襟，蜀人憚其威名，諸郡環視，莫敢出鬬。

甲寅春，旱，嘉陵漕舟水澀，議者欲棄去，德臣曰：「國家以蜀事託我，有死而已，奈何棄之！」盡殺所乘馬饗士。襲嘉川，得糧二千餘石。雲頂呂(遠)〔達〕將兵五千邀戰，〔一〕卽陣擒之，復得糧五千石。旣而魚關、金牛水陸運偕至，屯田麥亦登，食用遂給。

夏，獲宋提轄崔忠、鄭再立，縱令持檄諭苦竹，守將南清以城降，所俘城中民，悉歸之。東南戍卒數百有去志，德臣揣知之，給劵縱去，皆泣謝。未幾，山寨相繼輸款。宋將余晦遣都統甘閏，以兵數萬城紫金山，德臣卽選精卒，銜枚夜進，大破之，閏僅以身免。南清北覲，其下殺清妻子以叛，蜀將焦遠領兵餉之，德臣擊敗遠，盡獲所餉資糧。冬，蜀兵二萬復至，又敗之，獲糧百餘艘。魚關至沔水，迂回爲渡百有八，至是，悉爲橋梁。

戊午歲，帝親征，次漢中，德臣朝行在所。初，諸路軍成都，猝爲宋人所圍，德臣遣將赴之，約曰：「先破敵者，奏領此城。」圍遂解。詔候江南事定，如約以城與之。帝幸益昌，駐北山，謂德臣曰：「來者言汝立利州之功，今見汝身甚小，而膽甚大，不知敵曾薄汝城否？」德臣對曰：「賴陛下洪福，未嘗一來。」帝曰：「彼憚卿威名耳。」賜金帶，且俾立石紀功。嘉陵、白水交會，勢洶急，帝問：「船幾何可濟？」德臣曰：「大軍百萬，非可淹延，當別爲方略。」即命繫舟爲梁，一夕而成，如履坦途。帝顧謂諸王曰：「汪德臣言不虛發。」賜白金三十斤，仍命刻石紀功。苦竹既逆命，至是攻之，巖壁峭絕，或請建天橋，帝以問德臣，曰：「臣知先登陷陣而已，建橋非所知也。」既而橋果無功。乃率將士魚貫而進，帝望見，歎曰：「人言其膽勇，豈虛譽邪！」宋將趙仲武納款，而楊禮猶拒戰，奮擊，盡殺之。德臣微疾，帝勞之曰：「汝疾皆爲我家。」飲以葡萄酒，解玉帶賜之，曰：「飲我酒，服我帶，疾其有瘳乎！」德臣泣謝。宋龍州守將王德新，遣所親願效順，以郡民爲祈，奏如其請。進攻長寧，拔之，斬守將王佐。

帝東下，德臣爲先鋒，抵大獲山，奪水門。宋將楊大淵遣子乞活數萬人命，引至帝前爲請，且曰，大淵率衆降。已而運山、青居、大梁皆降。攻釣魚山，守臣王堅負險，五月不下，德臣單騎至城下，大呼曰：「王堅，我來活汝一城軍民，宜早降！」語未旣，幾爲飛石所中，遂感疾。帝遣使問勞，俾還益昌，奏曰：「陛下尊爲天子，猶冒寒暑，服勞于外，臣待罪行伍，死其分也。」又遣丞相兀眞賜湯劑，卒不起，年三十有六。中統三年，追封隴西公，謚忠烈。

子六人：長惟正；次惟賢，大司徒；惟和，昭文館大學士；惟明，以質子爲元帥；惟能，征西都元帥；惟純，權便宜都總帥。

良臣，年十六七卽從兄德臣出征，每戰輒當前鋒，以功擢裨帥，兼便宜都府參議。癸丑歲，以德臣薦，爲鞏昌帥，領所部兵屯田白水，蜀邊寨不敢復出鈔略。憲宗親征，軍至六盤，良臣還鞏昌，供億所須，事集而民不擾，詔權便宜總帥府事。良臣奏：「願與兄德臣效力定四川。」帝曰：「行軍餽餉，所係不輕，汝任其責，自可立功。」良臣旣奉命，治橋梁，平道路，營舟車，水陸無壅，儲積充牣。有旨賜黃金、弓矢，旌其能。

世祖卽位，阿藍台兒、渾都海逆命，劫六盤府庫，西垂騷動，詔良臣討之。兵至山丹，置營，按兵不戰者凡二月。俄大舉至耀碑谷，兩軍相當，良臣慷慨誓諸將曰：「今日之事，係國安危，勝則富貴可保，敗則身戮家亡。苟能用命，縱死行間，不失忠孝之名。」衆聞，踴躍而前。會大風揚沙，晝晦，良臣手刃數十人，賊勢沮，衆軍乘勝擣之，賊大潰，獲阿藍台兒、渾都海，殺之，西鄙輯寧。捷聞，賜金虎符，權便宜都總帥。

中統二年，火里叛，復討平之。入覲，賜燕，屢稱其功，良臣拜謝曰：「臣奉諸王成算，何功之有！」世祖嘉其能讓，復賜金鞍、甲冑、弓矢，轉同僉鞏昌路便宜都總帥。宋將昝萬壽帥戰船二百，泝江而上，欲掩青居。良臣伏甲數十艘其後，身先逆戰，萬壽敗走，伏發，幾獲之。三年，授閬蓬廣安順慶等路征南都元帥。良臣以釣魚山險絕，不可攻，奏請就近地築城曰武勝，以扼其往來。四年春，良臣攻重慶，命元帥康土禿先驅，與宋將朱禩孫兵交，良臣塞其歸路，引兵橫擊之，斷敵兵爲二，敵敗走趨城，不得入，盡殺之。

至元六年，授東川副統軍。八年，兄子惟正請於朝，謂良臣久勞戎行，乞身代之。九年，復授良臣昭勇大將軍、鞏昌等二十四處便宜都總帥，兼本路諸軍奧魯總管。明年，召入，帝曰：「成都被兵久，須卿安集之。」授鎮國上將軍、樞密副使、西川行樞密院事，蜀人安之。十一年，進攻嘉定，昝萬壽堅守不出，良臣度有伏兵，大搜山谷，果得而殺之，進壘薄城。萬壽悉軍出戰，大破之，伏尸蔽江，萬壽乞降，良臣奏免其死，居民按堵。良臣統兵順流而下，紫雲、瀘、敍相繼款附。還圍重慶。

十三年，宋涪州安撫楊立，帥兵救重慶者再，良臣皆敗走之。宋安撫張珏，遣將乘虛襲據瀘州，良臣還軍平之，復攻重慶。十五年春，張珏悉衆鏖戰，良臣奮擊，大破之，身中四矣。明日，督戰益急。珏所部趙安開門納降，珏潛遁。良臣禁俘掠，發粟賑饑，民大悅。四川悉平，捷聞，世祖喜甚，召良臣入覲，授資善大夫、中書左丞、行四川中書省事，賜白貂裘。良臣陳治蜀十五事，世祖喜納。良臣至成都，以蜀瘡痍之餘，極意循撫。行省罷，改授安西王相，不赴。十八年夏，疾卒，年五十一。贈儀同三司，謚忠惠。加贈推誠保德宣力功臣、儀同三司、陝西等處行中書省平章政事、柱國，追封梁國公。

子七人：惟勤，雲南諸路行省平章政事；惟簡，保寧萬戶；惟某，同知屯田總管府事；惟永，征西都元帥；惟恭，階州同知；惟仁，人匠總管達魯花赤；惟新，漢軍千戶。

惟正字公理，幼穎悟，藏書二萬卷，喜從文士論議古今治亂，尤喜談兵，時出游獵，則勒從騎爲攻守狀。父卒于軍，皇姪壽王俾權襲父爵，守青居山。世祖卽位，遂眞授焉。初，憲宗遣渾都海以騎兵二萬守六盤，又遣乞台不花守青居，至是，渾都海叛，乞台不花發兵爲應，惟正卽命力士縛乞台不花，殺之。世祖嘉其功，詔東川軍事悉聽處分。

中統二年，入朝，賜甲冑、寶鞍。三年，詔還鞏昌。部長火都叛，民大擾，惟正謂將吏曰：「火都今若猘犬，方肆狂齧，苟一戰不利，則城邑爲墟，當勝以不戰。」乃發兵踵之，賊欲戰不得，休則撓之，若是者兩月，知其糧盡勢蹙，曰：「可矣。」與戰，屢捷，火都遣三十人來約降，卽遣其十人還，俾火都自來，因潛兵躡其後，出其不意擒殺之。

至元七年，宋人修合州，詔立武勝軍以拒之。惟正臨嘉陵江作柵，阨其水道，夜懸燈柵間，編竹爲籠，中置火炬，順地勢轉走，照百步外，以防不虞，宋人知有備，不敢近。九年，帥兵掠忠、涪，獲令、簿各一，破寨七，擒守將六，降戶千六百有奇，捕虜五百。會丞相伯顏克襄陽，議取宋，惟正奏曰：「蜀未下者，數城耳，宜併力攻餘杭，本根旣拔，此將焉往！願以本兵，由嘉陵下夔峽，與伯顏會錢塘。」帝優詔答曰：「四川事重，舍卿誰託！異日蜀平，功豈伯顏下邪！」未幾，兩川樞密院合兵圍重慶，命益兵助之，惟正奪其洪崖門，獲宋將何統制。皇子安西王出鎭秦蜀，召惟正還。

十四年冬，皇子北伐，而藩王土魯叛於六盤，王相府命別速帶領兵進討，惟正爲副。別速帶不習兵，師行無紀，惟正爲正部曲，肅行陣，嚴斥候，凡軍政一倚重焉。進次平涼，簡犂兵銳者八十人與俱，至六盤。土魯先據西山，惟正分安西兵爲左右翼，犂兵獨居中，去土魯一里許，皆下馬，手弓。土魯遣百騎突陳，惟正令引滿毋發，將及，又命曰：「視必中而發。」於是矢下如雨，突騎中者三之一，餘盡馳還，土魯軍遂走。惟正麾兵逐之，三踰山，至蕭河，擒叛將燕只哥，復進兵，土魯亦就擒。安西王至，惟正迎謁，王歷稱其功。明日，大燕，賞以金尊杯、貂裘。王妃賜其母珠絡帽衣，且曰：「吾皇家兒婦也，爲汝母製衣，汝母眞福人也。」

詔惟正入朝，世祖推玉食食之，賜白金五千兩、錦衣一襲，授金吾衛上將軍、開（城）〔成〕路宣慰使。〔三〕十七年，遷龍虎衛上將軍、中書左丞，行秦蜀中書省事，賜玉帶。以省治在長安，去蜀遠，乃命惟正分省于蜀。蜀土荐罹兵革，民無完居，一聞馬嘶，輒奔竄避匿，惟正留意撫循，人便安之。二十年，進階資德大夫。二十二年，改授陝西行中書省左丞。入覲上都，得腹疾，還至華州，卒，年四十四。謚貞肅。

二子：嗣昌，武略將軍、成都管軍副萬戶；壽昌，資德大夫、江南行御史臺中丞。

史天澤 格

史天澤字潤甫，秉直季子也。身長八尺，音如洪鍾，善騎射，勇力絕人，從其兄天倪帥眞定。乙酉，天倪遣護送其母歸北京，既而天倪爲武仙所害，府僚王縉、王守道追及天澤於燕，曰：「變起倉猝，部曲散走，多在近郊，公能迴轡南行，不招自至矣。」天澤毅然曰：「兄弟之讎，義所當復，雖死不避，況未必死邪！」卽傾貲裝，易甲仗，南還，行次滿城，得士馬甚衆。天澤攝行軍事，遣監軍李伯祐詣國王孛魯言狀，且乞濟師。

天澤時爲帳前軍總領，孛魯承制命紹兄職爲都元帥。俾笑乃觧將蒙古軍三千人援之，合勢進攻盧奴。仙驍將葛鐵槍者，擁衆萬人來拒戰，天澤迎擊之，身先士卒，勇氣百倍。賊退阻泒河，乘夜而遁，天澤追及之，生擒葛鐵槍，餘衆悉潰，獲其兵甲輜重，軍威大振。遂下中山，略無極，拔趙州，進軍野頭。會天澤兄天安亦提兵來赴，擊仙敗之，仙奔雙門，遂復眞定。

未幾，宋大名總管彭義斌陰與仙合，欲取眞定，天澤同笑乃䚟扼諸贊皇，仙不得進。義斌勢蹙，焚山自守，天澤遣銳卒五十，摧鋒而入，自以鐵騎繼其後，縛義斌斬之。

未幾，仙復令諜者，結死士於城中大曆寺爲內應，夜斬關而入，據其城。天澤引步卒數十，踰城東出，至藁城，求援於董俊。俊授以銳卒數百，夜赴眞定，而笑乃䚟兵亦至，捕叛者三百餘人，仙從數騎，走保西山抱犢寨。笑乃䚟怒民之從賊，驅萬餘人將殺之，天澤曰：「彼皆吾民，但爲賊所脅耳，殺之何罪！」力爭得釋。乃繕城壁，立樓櫓，爲不可犯之計，招集流散，存恤困窮。以抱犢諸寨，仙之巢穴，不卽剪覆，終遺後患，急攻下之，仙乃遁去。繼又取蟻尖、馬武等寨，而相、衞亦降。

己丑，太宗卽位，議立三萬戶，分統漢兵。天澤適入覲，命爲眞定、河間、大名、東平、濟南五路萬戶。庚寅冬，武仙復屯兵於衞，天澤合諸軍圍之。金將完顏合達以衆十萬來援，戰不利，諸將皆北，天澤獨以千人繞出其後，敗一都尉軍，與大軍合攻之，仙逸去，遂復衞州。

壬辰春，太宗由白（波）〔坡〕渡河，〔三〕詔天澤以兵由孟津會河南，至則睿宗已破合達軍于三峯山。乃命略地京東，招降太康、柘縣、瓦岡、睢州，追斬金將完顏慶山奴於陽邑。夏，帝北還，留睿宗總兵圍汴。

癸巳春，金主突圍而出，令完顏白撒自黃龍岡來襲新衞。天澤率輕騎馳赴之，比至，圍已合，天澤奮戈突至城下，呼守者曰：「汝等勉力，援兵且至。」復躍出，其衆皆披靡，遂與大軍夾擊之，白撒等敗走蒲城，天澤尾其後，白撒等兵尚八萬，俘斬殆盡。金主以單舸東走歸德，天澤追至歸德，與諸軍會。新衞達魯花赤撒吉思不花，欲薄城背水而營，天澤曰：「此豈駐兵之地乎！彼若來犯，則進退失據矣。」不聽，會天澤以事之汴，比還，撒吉思不花全軍皆沒。金主遷蔡，帝命元帥倴盞率大軍圍之。天澤當其北面，結栰潛渡汝水，血戰連日。甲午春正月，蔡破，金主自經死，天澤還眞定。

時政煩賦重，貸錢於西北賈人以代輸，累倍其息，謂之羊羔利，民不能給。天澤奏請官爲償，一本息而止。繼以歲饑，假貸充貢賦，積銀至一萬三千錠，天澤傾家貲，率族屬官吏代償之。又請以中戶爲軍，上下戶爲民，著爲定籍，境內以寧。

金亡，移軍伐宋。乙未，從皇子曲出攻棗陽，天澤先登，拔之。及攻襄陽，宋兵以舟數千陳於峭石灘，天澤挾二舟載死士，直前擣之，覆溺者萬計。丁酉，從宗王口溫不花圍光州，天澤先破其外城，攻子城，又破之。師次復州，宋兵以舟三千鎖湖面爲柵，天澤曰：「柵破，則復自潰。」親執桴鼓，督勇士四十人攻其柵，不踰時，柵破，復人懼，請降。進攻壽春，天澤獨當一面，宋兵夜出斫營，天澤手擊殺數人，麾下兵繼至，悉驅其兵入淮水死，乘勝而南，所向輒克。

壬子，入覲，憲宗賜衞州五城爲分邑。世祖時在藩邸，極知漢地不治，河南尤甚，請以天澤爲經略使。至則興利除害，政無不舉，誅郡邑長貳之尤貪橫者二人，境內大治。阿藍答兒鉤較諸路財賦，鍛鍊羅織，無所不至，天澤以勳舊獨見優容，天澤曰：「我爲經略使，今不我責，而罪餘人，我何安乎！」由是得釋者甚衆。

戊午秋，從憲宗伐宋，由西蜀以入。己未夏，駐合州之釣魚山，軍中大疫，方議班師，宋將呂文德以艨艟千餘，泝嘉陵江而上，北軍迎戰不利。帝命天澤禦之，乃分軍爲兩翼，跨江注射，親率舟師順流縱擊，三戰三捷，奪其戰艦百餘艘，追至重慶而還。

中統元年，世祖卽位，首召天澤，問以治國安民之道，卽具疏以對，大略謂：「朝廷當先立省部以正紀綱，設監司以督諸路，霈恩澤以安反側，退貪殘以任賢能，頒奉秩以養廉，禁賄賂以防奸，庶能上下丕應，內外休息。」帝嘉納之。繼命往鄂渚撤江上軍，還，授河南等路宣撫使，俄兼江淮諸翼軍馬經略使。

二年夏五月，拜中書右丞相。天澤既秉政，凡前所言治國安民之術，無不次第舉行。又定省規十條，以正庶務。憲宗初年，括戶餘百萬，至是，諸色占役者太半，天澤悉奏罷之。秋九月，扈從世祖親征阿里不哥，次昔木土之地，詔丞相線眞將右軍，天澤將左軍，合勢蹙之，阿里不哥敗走。

三年春，李璮陰結宋人，以益都叛，遂據濟南，詔親王哈必赤總兵討之，兇勢甚盛。繼命天澤往，天澤聞璮入濟南，笑曰：「豕突入苙，無能爲也。」至則進說於哈必赤曰：「璮多譎而兵精，不宜力角，當以歲月斃之。」乃深溝高壘，絕其奔軼，凡四月，城中食盡，軍潰出降，生擒璮，斬于軍門，誅同惡者數十人，餘悉縱歸。明日，引軍東行，未至益都，城中人已開門迎降。

初，天澤將行，帝臨軒授詔，責以專征，俾諸將皆聽節度。天澤未嘗以詔示人，及還，帝慰勞之，悉歸功於諸將，其愼密謙退如此。天澤在憲宗時嘗奏：「臣始攝先兄天倪軍民之職，天倪有二子，一子管民政，一子掌兵權，臣復入叨寄遇，一門之內，處三要職，分所當辭，臣可退休矣。」帝曰：「卿奕世忠勤，有勞於國，一門三職，何愧何嫌！」竟不許。至是，言者或謂李璮之變，由諸侯權太重。天澤遂奏：「兵民之權，不可併於一門，行之請自臣家始。」於是史氏子姪，卽日解兵符者十七人。

至元元年，加光祿大夫，右丞相如故。三年，皇太子燕王領中書省，兼判樞密院事，以天澤爲輔國上將軍、樞密副使。四年，復授光祿大夫，改中書左丞相。六年，帝以宋未附，議攻襄陽，詔天澤與駙馬忽剌出往經畫之，賜白金百錠、楮幣萬緡。至則相要害，立城堡，以絕其聲援，爲必取之計。七年，以疾還燕。八年，進開府儀同三司、平章軍國重事，仍敕右丞相安童諭旨曰：「兩省、院、臺，或一月、一旬，遇大事，卿可商量，小事不煩卿也。」

十年春，與平章阿朮等進攻樊城，拔之，襄陽降。十一年，詔天澤與丞相伯顏總大軍，自襄陽水陸並進。天澤至郢州遇疾，還襄陽，帝遣侍臣賜以葡萄酒，且諭之曰：「卿自朕祖宗以來，躬擐甲胄，跋履山川，宣力多矣。又卿首事南伐，異日功成，皆卿力也。勿以小疾阻行爲憂，可且北歸，善自調護。」還至眞定，帝又遣其子杠與尙醫馳視，賜以藥餌。天澤因附奏曰：「臣大限有終，死不足惜，但願天兵渡江，愼勿殺掠。」語不及它。以十二年二月七日薨，年七十四。訃聞，帝震悼，遣近臣賻以白金二千五百兩，贈太尉，謚忠武。後累贈太師，進封鎭陽王，立廟。

天澤平居，未嘗自矜其能，及臨大節、論大事，毅然以天下之重自任。年四十，始折節讀書，尤熟於資治通鑑，立論多出人意表。拜相之日，門庭悄然，或勸以權自張，天澤舉唐韋澳告周墀之語曰：「願相公無權。爵祿刑賞，天子之柄，何以權爲！」因以謝之，言者慚服。

當金末，名士流寓失所，悉爲治其生理而賓禮之，後多致顯達。破歸德，釋李大節不殺，而送至眞定，署爲參謀。衞爲食邑，命王昌齡治之，舊人多不平，而莫能間，其知人之明、用人之專如此。是以出入將相五十年，上不疑而下無怨，人以比於郭子儀、曹彬云。

子格，湖廣行省平章政事；樟，眞定順天新軍萬戶；棣，衞輝路轉運使；杠，湖廣行省右丞；杞，淮東道廉訪使；梓，同知澧州；楷，同知南陽府；彬，中書左丞。

格字晉明。歲壬子，憲宗賜天澤以衞城，授格節度使。憲宗崩，格北留謙州，五年而歸，爲鄧州舊軍萬戶。既又代張弘範爲亳州萬戶，而以故所將鄧州舊軍授弘範。從攻襄陽，襄陽下，賜白金、衣裘、弓矢、鞍馬。衆軍渡江，平章阿朮將二十(三)〔五〕萬戶居前，〔四〕每五萬戶擇一人爲帥統之，格居其一。格軍先渡，爲宋將程鵬飛所却，格被三創，喪其師二百，尋復大戰，中流矢，鵬飛身亦被七創，乃敗走。其後樞密院奏格輕進，請罪之，帝念其功，而薄其罪。俾從平章阿里海牙攻潭州，砲激柵木，傷肩，矢貫其手，裹創先登，拔之，遂以軍民安撫留戍。

入覲，加定遠大將軍，賜以天澤所服玉帶。從攻靜江，衆以轒轀自蔽鑿城，格所當，砲礌蔽地，車不可至，乃伺隙率衆攀堞，蟻附而上，拔之。徇廣西十(三)〔八〕州、〔五〕廣東三州，皆下。靜江受兵之初，溪洞諸夷皆降雲南，格遣使諭之，來者五十州，雲南爭之，事聞，詔聽格節度。陞廣西宣撫使，改鎮國上將軍、廣南西道宣慰使。

宋亡，陳宜中、張世傑挾益王昰、廣王昺據福州，立益王，傳檄嶺海，欲復其地，詐言夏貴已復瀕江州郡。諸戍將以江路既絕，不可北歸，皆託計事還靜江。格曰：「君等亦爲虛聲所懼邪！待貴踰嶺，審不可北歸，吾與諸君取塗雲南而歸，未爲不可，敢輒棄戍哉！」行省議棄廣東之肇慶、德慶、封州，併兵戍梧州。格曰：「棄地撤備，示敵以怯，不可，宜增兵戍之。」劇賊蘇仲，集潰卒，據鎮龍山稱王，刦掠於外，耕植於內，至秋畢穫。聞大兵至，則僞出降，官軍畏暑，不敢深入，橫、象、賓、貴四州，皆被其害。格築堡於其界，守以土兵，令官軍火其廬栅，民踐其禾稼，仲窮蹙，遂降。益王餘衆破潯州，斬李辰、〔六〕李福。靜江北抵（泉）〔全〕、永，〔七〕皆城守，羅飛圍永，凡七月不下。判官潘澤民間道來告急，格分兵赴之，殄其衆。

益王死，衞王立。趣廣州，壁海中崖山，遣曾淵子據雷州，諭之降，不聽，進兵攻之，淵子奔硇洲。世傑將兵數萬，欲復取雷州，戍將劉仲海擊走之。後悉衆來圍，城中絕糧，士以草爲食，格漕欽、廉、高、化諸州糧以給之，世傑解圍去。詔格戍雷州。衞王死，廣東、西悉平。張弘範請復將亳州軍，乃還格鄧州舊軍。拜參知政事、行廣南西道宣慰使。入覲，拜資德大夫、湖廣行中書省右丞。移江西右丞，尋復爲湖廣右丞，進平章政事。卒，年五十八。

子燿，福建行省平章政事；榮，鄧州舊軍萬戶。

校勘記

〔一〕呂（逵）〔達〕 據隴右金石錄卷一五汪德臣神道碑改。按宋史卷四四理宗紀寶祐二年春二月乙巳條亦作「呂達」。

〔二〕開（城）〔成〕路 見卷一〇校勘記〔一○〕。

〔三〕白（波）〔坡〕 見卷一二二校勘記〔二四〕。

〔四〕將二十（三）〔五〕萬戶居前 據元文類卷六二史格神道碑改。蒙史已校。

〔五〕徇廣西十（三）〔八〕州 按史格神道碑作「行徇定昭、賀、梧、潯、藤、容、象、貴、鬱林、柳、融、賓、邕、橫、廉、欽、高、化廣西之州十八」，所列舉州名，恰符十八之數，據改。新元史已校。

〔六〕李辰 元文類卷六二史格神道碑作「李應辰」，蒙史據補「應」字，疑是。

〔七〕（泉）〔全〕永 據元文類卷六二史格神道碑改。按全州、永州相毗鄰，泉州在閩，與此無涉。蒙史已校。

元史卷一百五十六

列傳第四十三

董文炳 〔士元　士選〕〔一〕

董文炳字彥明，俊之長子也。父歿時年始十六，率諸幼弟事母李夫人。夫人有賢行，治家嚴，篤於教子。文炳師侍其先生，警敏善記誦，自幼儼如成人。

歲乙未，以父任爲藁城令。同列皆父時人，輕文炳年少，吏亦不之憚。文炳明於聽斷，以恩濟威。未幾，同列束手下之，吏抱案求署字，不敢仰視，里人亦大化服。縣貧，重以旱蝗，而徵斂日暴，民不聊生。文炳以私穀數千石與縣，縣得以寬民。前令因軍興乏用，稱貸於人，而貸家取息歲倍，縣以民蠶麥償之。文炳曰：「民困矣，吾爲令，義不忍視也，吾當爲代償。」乃以田廬若干畝計直與貸家，復籍縣閒田與貧民爲業，使耕之。於是流離漸還，數年間民食以足。朝廷初料民，令敢隱實者誅，籍其家。文炳使民聚口而居，少爲戶數。衆以爲不可，文炳曰：「爲民獲罪，吾所甘心。」民亦有不樂爲者，文炳曰：「後當德我。」由是賦斂大減，民皆富完。旁縣民有訟不得直者，皆詣文炳求決。文炳嘗上謁大府，旁縣人聚觀之，曰：「吾亟聞董令，董令顧亦人耳，何其明若神也！」時府索無厭，文炳抑不予。或讒（知）〔之〕府，〔三〕府欲中害之，文炳曰：「吾終不能剝民求利也。」卽棄官去。世祖在潛藩，癸丑秋，受命憲宗征南詔。文炳率義士四十六騎從行，人馬道死殆盡。及至吐番，止兩人能從，兩人者挾文炳徒行，躑躅道路，取死馬肉續食，日行不能三二十里，然志益厲，期必至軍。會使者過，遇文炳，還言其狀。時文炳弟文忠先從世祖軍，世祖卽命文忠解尙廄五馬載糗糧迎文炳。既至，世祖壯其忠，且閔其勞，賜賚甚厚。有任使皆稱旨，由是日親貴用事。

己未秋，世祖伐宋，至淮西臺山寨，命文炳往取之。文炳馳至寨下，諭以禍福，不應，文炳脫冑呼曰：「吾所以不極兵威者，欲活汝衆也，不速下，今屠寨矣。」守者懼，遂降。九月，師次陽羅堡。宋兵築堡于岸，陳船江中，軍容甚盛。文炳請於世祖曰：「長江天險，宋所恃以爲國，勢必死守，不奪其氣不可，臣請嘗之。」卽與敢死士數十百人當其前，率弟文用、文忠，載艨艟鼓櫂疾趨，叫呼畢奮。鋒既交，文炳麾衆趨岸搏之，宋師大敗。命文用輕舟報捷，世祖方駐香爐峯，因策馬下山問戰勝狀，則扶鞍起立，堅鞭仰指曰：「天也！」且命他師毋解甲，明日將圍城。既渡江，會憲宗崩。閏十一月，班師。

庚申，世祖卽位于上都，是爲中統元年，命文炳宣慰燕南諸道。還奏曰：「人久弛縱，一旦遽束以法，不可。危疑者尚多，宜赦天下，與之更始。」世祖從之，反側者遂安。二年，擢山東東路宣撫使。方就道，會立侍衞親軍，帝曰：「親軍非文炳難任。」卽遙授侍衞親軍都指揮使，佩金虎符。

三年，李璮反濟南。璮劇賊，善用兵。文炳會諸軍圍之，璮不得遁。久之，賊勢日蹙，文炳曰：「窮寇可以計擒。」乃抵城下，呼璮將田都帥者曰：「反者璮耳，餘來卽吾人，毋自取死也。」田縋城降。田，璮之愛將，既降，衆遂亂，禽璮以獻。璮兵有浙、漣兩軍二萬餘人，〔三〕勇而善戰，主將怒其與賊，配諸軍，使陰殺之。文炳當殺二千人，言于主將曰：「彼爲璮所脅耳，殺之恐乖天子仁聖之意。向天子伐南詔，或妄殺人，雖大將亦罪之，是不宜殺也。」主將從之。然他殺之者已衆，皆大悔。

璮伏誅，山東猶未靖，乃以文炳爲山東東路經略使，率親軍以行。出金銀符五十，有功者聽與之。閏九月，文炳至益都，留兵于外，從數騎衣冠而入。居府，不設警衞，召璮故將吏立之庭，曰：「璮狂賊，詿誤汝等。璮已誅死，汝皆爲王民，天子至仁聖，遣經略使撫汝，當相安毋懼。經略使得便宜除擬將吏，汝等勉取金銀符，經略使不敢格上命不予有功者。」所部大悅，山東以安。

至元三年，帝懲李璮之亂，欲潛銷方鎭之橫，以文炳代史氏兩萬戶爲鄧州光化行軍萬戶、河南等路統軍副使。到官，造戰艦五百艘，習水戰，預謀取宋方略，凡阨塞要害皆列栅築堡，爲備禦計。帝嘗召文炳密謀，欲大發河北民丁。文炳曰：「河南密邇宋境，人習江淮地利，宜使河北耕以供軍，河南戰以闢地。俟宋平，則河北長隸兵籍，河南削籍爲民。如是爲便。又將校素無俸給，連年用兵，至有身爲大校出無馬乘者。臣即所部千戶私役兵士四人，百戶二人，聽其雇役，稍食其力。」帝皆從之，始頒將校俸錢，以秩爲差。

七年，改山東路統軍副使，治沂州。沂與宋接境，鎭兵仰內郡餉運。有詔和糴本部，文炳命收州縣所移文。衆諫以違詔，文炳曰：「但止之。」乃遣使入奏，略曰：「敵人接壤，知吾虛實，一不可；邊民供頓甚勞，重苦此役，二不可；困吾民以懼來者，三不可。」帝大悟，罷之。九年，遷樞密院判官，行院事於淮西。築正陽兩城，兩城夾淮相望，以綴襄陽及擣宋腹心。

十年，拜參知政事。〔四〕夏，霖雨，水漲，宋淮西制置使夏貴帥舟師十萬來攻，矢石雨下，文炳登城禦之。一夕，貴去復來，飛矢貫文炳左臂，着脅。文炳拔矢授左右，發四十餘矢。箙中矢盡，顧左右索矢，又十餘發，矢不繼，力亦困，不能張滿，遂悶絕幾殆。明日，水入外郭，文炳麾士卒卻避，貴乘之，壓軍而陣。文炳病創甚，子士選請代戰，文炳壯而遣之，復自起束創，手劍督戰。士選以戈擊貴將仆，不死，獲之以獻。貴遂去，不敢復來。

是歲，大舉兵伐宋，丞相伯顏自襄陽東下，與宋人戰陽羅堡。文炳以九月發正陽，十一年正月會伯顏于安慶。安慶守將范文虎以城降。文炳請于伯顏曰：「大軍既疲於陽羅堡，吾兵當前行。」伯顏許之。宋都督賈似道來禦，師陳於蕪湖，似道棄師走。次當塗，文炳復言于伯顏曰：「采石當江之南，和州對峙，不取，必有後顧。」遂進攻之，降知州事王喜。

三月，有詔以時向暑熱，命伯顏軍駐建康，文炳軍駐鎮江。時揚州、眞州堅守不下，常州、蘇州既降復叛。張世傑、孫虎臣約眞、揚兵誓死戰，眞、揚兵戰每敗，不敢出。世傑等陳大艦萬艘，碇焦山下江中，勁卒居前。文炳身犯之，載士選別船。弟之子士表請從，文炳顧曰：「吾弟僅汝一子，脫吾與士選不返，士元、士秀猶足殺敵，吾不忍汝往也。」士表固請，乃許。文炳乘輪船，建大將旗鼓，士選、士表船翼之，大呼突陣，諸將繼進，飛矢蔽日。戰酣，短兵相接，宋兵亦殊死戰，聲震天地，橫屍委仗，江水爲之不流。自寅至午，宋師大敗，世傑走，文炳追及于夾灘。世傑收潰卒復戰，又破之，遂東走於海。文炳船小，不可入海，夜乃還。俘甲士萬餘人，悉縱不殺，獲戰船七百艘，宋力自此遂窮。

十月，諸軍分三道而進，文炳居左，由江並海趨臨安。先是，江陰軍僉判李世修欲降不果，文炳檄諭之，世修以城來附，令權本軍安撫使。所過民不知兵，凡獲生口，悉縱遣之，無敢匿者，威信前布，皆望旗而服。張瑄有衆數千，負海爲横，文炳命招討使王世强及士選往降之。士選單舸至瑄所，諭以威德，瑄降，得海船五百。

十三年春正月，次鹽官。鹽官，臨安劇縣，俟救至，招之再返不下。將佐請屠之，文炳曰：「縣去臨安不百里，聲勢相及，臨安約降已有成言，吾輕殺一人，則害大計，況屠一縣耶。」於是遣人入城諭意，縣降。遂會伯顔于臨安城北。張世傑欲以其主逃之海，文炳繞出臨安城南，戍浙江亭。世傑計不行，乃竊宋主弟吉王昰、廣王昺南走，而宋主㬎遂降。伯顔命文炳入城，罷宋官府，散其諸軍，封庫藏，收禮樂器及諸圖籍。文炳取宋主諸璽符上於伯顔。伯顔以宋主入覲，有詔留事一委文炳。禁戢豪猾，撫慰士女，宋民不知易主。時翰林學士李槃奉詔招宋士至臨安，文炳謂之曰：「國可滅，史不可沒。宋十六主，有天下三百餘年，其太史所記具在史館，宜悉收以備典禮。」乃得宋史及諸注記五千餘册，歸之國史院。宋宗室福王與芮赴京師，偏以重寶致諸貴人，文炳獨卻不受。及官錄與芮家，具籍受寶者，惟文炳無名。伯顔入朝奏曰：「臣等奉天威平宋，宋既已平，懷徠安集之功，董文炳居多。」帝曰：「文炳吾舊臣，忠勤朕所素知。」乃拜資德大夫、中書左丞。

時張世傑奉吉王昰據台州，而閩中亦爲宋守。敕文炳進兵，所過禁士馬無敢履踐田麥，曰：「在倉者吾既食之，在野者汝又踐之，新邑之民何以續命。」是以南人感之，不忍以兵相向。次台州，世傑遁。諸將先俘州民，文炳下令曰：「台人首效順於我，我不暇有，故世傑據之，其民何罪。敢有不縱所俘者，以軍法論。」得免者數萬口。至溫州，溫州未下，令曰：「毋取子女，毋掠民有。」衆曰：「諾。」其守將火城中逃，文炳亟命滅火，追擒其將，數其殘民之罪，斬以徇。逾嶺，閩人扶老來迎，漳、泉、建寧、邵武諸郡皆送款來附。凡得州若干、縣若干、戶口若干。閩人感文炳德最深，廟而祀之。

十四年，帝在上都，適北邊有警，欲親將北伐。正月，急召文炳。四月，文炳至自臨安。比至，帝日問來期。及至，卽召入。文炳拜稽首曰：「今南方已平，臣無所效力，請事北邊。」帝曰：「朕召卿，意不在是也。豎子盜兵，朕自撫定。山以南，國之根本也，盡以託卿。卒有不虞，便宜處置以聞。中書省、樞密院事無大小，咨卿而行，已敕主者，卿其勉之。」文炳避謝，不許。因奏曰：「臣在臨安時，阿里伯奉詔檢括宋諸藏貨寶，追索沒匿甚細，人實苦之。宋人未洽吾德，遽苦之以財，恐非安懷之道。」卽詔罷之。又曰：「昔者泉州蒲壽庚以城降，壽庚素主市舶，謂宜重其事權，使爲我扞海寇，誘諸蠻臣服，因解所佩金虎符佩壽庚矣，惟陛下恕其專擅之罪。」帝大嘉之，更賜金虎符。燕勞畢，卽聽陛辭。文炳求見皇太子，帝許之，復敕太子曰：「董文炳所任甚重，見畢卽遣行。」既見，慰諭懇至。文炳留士選宿衞，卽日就道，凡在上都三日。

至大都，更日至中書、樞密，不署中書案。平章政事阿合馬方恃寵用事，生殺任情，惟畏文炳，奸狀爲之少斂。嘗執筆請曰：「相公官爲左丞，當署省案。」請至再四，不肯署。皇太子聞之，謂宮臣竹忽納曰：「董文炳深慮，非爾曹所知。」後或私問其故，文炳曰：「主上所付託者，在根本之重，非文移之細。且吾少徇則濟姦，不徇則致讒。讒行則身危，而深失付託本意。吾是以預其大政，而略其細務也。」

十五年夏，文炳有疾，奏請解機務，詔曰：「大都暑熾，非病者宜，卿可來此，固當愈。」文炳至上都，奏曰：「臣病不足領機務，西北高寒，筋骸舒暢，當復自愈，請盡力北邊。」帝曰：「卿固忠孝，是不足行也。樞密事重，以卿僉書樞密院事，中書左丞如故。」文炳辭，不許，遂拜。八月天壽節，禮成賜宴，帝命坐文炳上坐，諭宗室大臣曰：「董文炳，功臣也，理當坐是。」每尙食，上食輒輟賜文炳。是夜，文炳疾復作，敕賜御醫日來診視。九月十三日，疾篤，洗沐而坐，召文忠等曰：「吾以先人死王事，恨不爲國死邊，今至此，命也。願董氏世有男能騎馬者，勉力報國，則吾死瞑目矣。」言畢，就枕卒。帝聞，悼痛良久，命文忠護喪葬藁城，令所過有司以禮弔祭，贈金紫光祿大夫、平章政事，謚忠獻。子士元、士選。

士元，一名不花，字長卿，文炳長子也。自襁褓喪母，祖母李氏愛之，謂文炳曰：「俟兒能言，卽令讀書。」數歲，從名儒受學。及長，善騎射。憲宗征蜀，士元年二十三，從叔父文蔚率鄧州一軍西行。師次釣魚山，宋人堅壁拒守。士元請代文蔚攻之，以所部銳卒先登，力戰良久，以它軍不繼而還。憲宗壯之，賜以金帛。

中統初，文蔚入典禁兵，士元以世家子選供奉內班，從車駕巡狩北方，嘗預武定山之役。帝知其忠勤可任以事。會文蔚病卒，無子，命士元襲爲千夫長。出師南征襄、漢，分禁兵戍淮上，士元在軍中修敕武備，號令肅然。

丞相伯顏克江南，宋兵保兩淮未下，士元數與戰，拔淮安堡，以功遷武節將軍。從太師博魯歡攻揚州，駐師灣頭堡。時方大暑，博魯歡病還京師，以行省阿里代領諸軍。揚州守將姜才乘隙來攻。阿里素不習兵，率輕騎數百出堡，（元士）〔士元〕與別將哈剌禿以百騎從之。〔五〕日已暮，宋兵至者萬餘，士元謂左右曰：「大丈夫報國政在今日，勿懼也。」方整陣欲戰，阿里趣令左旋，已乃遁去。士元與哈剌禿以部兵赴敵死戰，鼓譟震地，泥淖馬不能馳，乃棄馬步戰，至四更，敵衆始退。及旦，阿里來視戰地，見士元臥泥中，身被十七槍，甲裳盡赤，肩舁至營而絕，年四十二。哈剌禿亦戰死。

江淮既平，伯顏入朝言於帝曰：「淮海之役，所損者一二將而已。」帝問其人，以士元與哈剌秃對。帝曰：「不花健捷過人，晝戰必能制敵，夜戰而死，甚可惜也。」至大元年，贈鎮國上將軍、僉書樞密院事，諡節愍。後加贈推誠效節功臣、資德大夫、中書左丞、護軍，追封趙郡公，改諡忠愍。

士選字舜卿，文炳次子也。幼從文炳居兵間，晝治武事，夜讀書不輟。文炳總師與宋兵戰金山，〔六〕士選戰甚力，大敗之，追至海而還。及降張瑄等，丞相伯顏臨陣觀之，壯其驍勇，遣使問之，始知爲文炳子。奏功，佩金符，爲管軍總管。戰數有功。宋降，從文炳入宋宮，取宋主降表及收其文書圖籍，靜重識大體，秋毫無所取，軍中稱之。宋平，班師，詔置侍衞親軍諸衞，以士選爲前衞指揮使，號令明正，得士大夫心。未幾，以其職讓其弟士秀。帝嘉其意，命士秀將前衞，而以士選同僉行樞密院事於湖廣，久之召還。

宗王乃顏叛，帝親征，召士選至行在所，與李勞山同將漢人諸軍以禦之。乃顏軍飛矢及乘輿前，士選等出步卒橫擊之，其衆敗走。緩急進退有禮，帝甚善之。桑哥事敗，帝求直士用之，以易其弊，於是召士選論議政事，以中書左丞與平章政事徹理往鎮浙西，聽辟舉僚屬。至部，察病民事，悉以帝意除之，民大悅。有聚斂之臣爲奸利，事發得罪且死，詐言所遣舶商海外未至，請留以待之，士選曰：「海商至則捕錄之，不至則無如之何，不係斯人之存亡也。苟此人幸存，則無以謝天下。」遂竟其罪。浙多湖泊，廣蓄泄以藝水旱，率爲豪民占以種藝，水無所居積，故數有水旱，士選與徹理力開復之。

成宗卽位，僉行樞密院於建康。未幾，拜江西行省左丞。贛州盜劉六十僞立名號，聚衆至萬餘。朝廷遣兵討之，主將觀望退縮不肯戰，守吏又因以擾良民，賊勢益盛。士選請自往，衆欣然託之。卽日就道，不求益兵，但率掾史李霆鎭、元明善二人，持文書以去，衆莫測其所爲。至贛境，捕官吏害民者治之，民相告語曰：「不知有官法如此。」進至興國縣，去賊巢不百里，命擇將校分兵守地待命。察知激亂之人，悉置于法，復誅奸民之爲囊橐者。於是民爭出請自效，不數日遂擒賊魁，散餘衆歸農。軍中獲賊所爲文書，旁近郡縣富人姓名具在。霆鎭、明善請焚之，民心益安。遣使以事平報于朝。中書平章政事不忽木召其使謂之曰：「董公上功簿邪？」使者曰：「某且行，左丞授之言曰：『朝廷若以軍功爲問，但言鎭撫無狀，得免罪幸甚，何功之可言！』」因出其書，但請黜贓吏數人而已，不言破賊事。廷議深歎其知體而不伐。拜江南行御史臺中丞，廉威素著，不嚴而肅，凜然有大臣風。

入僉樞密院事，俄拜御史中丞。前中丞崔彧久任風紀，善斡旋以就事功。旣卒，不忽木以平章軍國重事繼之，方正持大體，天下望之，而已多病，遂以屬之士選。風采明俊，中外竦然。

時丞相完澤用劉深言，出師征八百媳婦國，遠冒煙瘴，及至未戰，士卒死者十已七八。驅民轉粟餉軍，谿谷之間不容舟車，必負擔以達。一夫致粟八斗，率數人佐之，凡數十日乃至。由是民死者亦數十萬，中外騷然。而完澤說帝：「江南之地盡世祖所取，陛下不興此役，則無功可見於後世。」帝入其言，用兵意甚堅，故無敢諫者。士選率同列言之，奏事殿中畢，同列皆起，士選乃獨言：「今劉深出師，以有用之民而取無用之地。就令當取，亦必遣使諭之，諭之不從，然後聚糧選兵，視時而動。豈得輕用一人妄言，而致百萬生靈於死地？」帝色變，士選猶明辨不止，侍從皆爲之戰慄，帝曰：「事已成，卿勿復言。」士選曰：「以言受罪，臣之所當。他日以不言罪臣，臣死何益！」帝麾之起，左右擁之以出。未數月，帝聞師敗績，慨然曰：「董二哥之言驗矣，吾愧之。」因賜上尊以旌直言，始爲罷兵，誅劉深等。世祖嘗呼文炳曰董大哥，故帝以二哥呼士選。久之出爲江浙行省右丞，遷汴梁行省平章政事，又遷陝西。

士選平生以忠義自許，尤號廉介，自門生部曲，無敢持一毫獻者。治家甚嚴，而孝弟尤篤。時言世家有禮法者，必歸之董氏。其禮敬賢士尤至。在江西，以屬掾元明善爲賓友，既又得吳澄而師之，延虞汲於家塾以教其子。諸老儒及西蜀遺士，皆以書院之祿起之，使以所學教授。遷南行臺，又招汲子集與俱，後又得范梈等數人，皆以文學大顯於時。故世稱求賢薦士，亦必以董氏爲首。晚年好讀易，澹然終其身。每一之官，必賣先業田廬爲行貲，故老而益貧，子孫不異布衣之士，仕者往往稱廉吏云。

子守忠，雲南行省參知政事；守懿，侍正府判官；守思，知威州。

張弘範

張弘範字仲疇，柔第九子也。善馬槊，頗能爲歌詩。年二十時，兄順天路總管弘略上計壽陽行都，留弘範攝府事，吏民服其明決。蒙古軍所過肆暴，弘範杖遣之，入其境無敢犯者。

中統初，授御用局總管。三年，改行軍總管，從親王合必赤討李璮於濟南。柔戒之曰：「汝圍城勿避險地。汝無怠心，則兵必致死。主者慮其險，苟有來犯，必赴救，可因以立功，勉之。」弘範營城西，璮出軍突諸將營，獨不向弘範。弘範曰：「我營險地，璮乃示弱於我，必以奇兵來襲，謂我弗悟也。」遂築長壘，內伏甲士，而外爲壕，開東門以待之，夜令士卒浚壕益深廣，璮不知也。明日，果擁飛橋來攻，未及岸，軍陷壕中，得跨壕而上者，突入壘門，遇伏皆死，降兩賊將。柔聞之曰：「眞吾子也。」璮既誅，朝廷懲璮盡專兵民之權，故能爲亂，議罷大藩子弟之在官者，弘範例罷。

至元元年，弘略既入宿衞，帝召見，意其兄弟有可代守順天者，且念弘範有濟南之功，授順天路管民總管，佩金虎符。二年，移守大名。歲大水，漂沒廬舍，租稅無從出，弘範輒免之。朝廷罪其專擅，弘範請入見，進曰：「臣以爲朝廷儲小倉，不若儲之大倉。」帝曰：「何說也？」對曰：「今歲水潦不收，而必責民輸，倉庫雖實，而民死亡殆盡，明年租將安出？曷若活其民，使不致逃亡，則歲有恒收，非陛下大倉庫乎！」帝曰：「知體，其勿問。」

六年，括諸道兵圍宋襄陽，授益都淄萊等路行軍萬戶，復佩金虎符。朝廷以益都兵乃李壇所教練之卒，勇悍難制，故命領之。戍鹿門堡，以斷宋餉道，且絕郢之救兵。弘範建言曰：「國家取襄陽，爲延久之計者，所以重人命而欲其自斃也。曩者，夏貴乘江漲送衣糧入城，我師坐視，無禦之者。而其境南接江陵、歸、峽，商販行旅士卒絡繹不絕，寧有自斃之時乎！宜城萬山以斷其西，栅灌子灘以絕其東，則庶幾速斃之道也。」帥府奏用其言，移弘範兵千人戍萬山。

既城，與將士較射出東門，宋師奄至。將佐皆謂衆寡不敵，宜入城自守。弘範曰：「吾與諸君在此何事，敵至將不戰乎？敢言退者死。」卽擐甲上馬，立遣偏將李庭當其前，他將攻其後，親率二百騎爲長陣，令曰：「聞吾鼓則進，未鼓勿動。」宋軍步騎相間突陣，弘範軍不動，再進再却，弘範曰：「彼氣衰矣。」鼓之，前後奮擊，宋師奔潰。

八年，築一字城逼襄陽。破樊城外郭。九年，攻樊城，流矢中其肘，裹瘡見主帥曰：「襄、樊相爲脣齒，故不可破。若截江道，斷其援兵，水陸夾攻，樊必破矣。樊破則襄陽何所恃。」從之。明日，復出銳卒先登，遂拔之。襄陽既下，偕宋將呂文煥入覲，賜錦衣、白金、寶鞍，將校行賞有差。

十一年，丞相伯顏伐宋，弘範率左部諸軍循漢江，東略郢西，南攻武磯堡，取之。北兵渡江，弘範爲前鋒。宋相賈似道督兵阻蕪湖，殿帥孫虎臣據丁家洲。弘範轉戰而前，諸軍繼之，宋師潰，弘範長驅至建康。十二年五月，帝遣使諭丞相毋輕敵貪進，方暑，其少駐以待。弘範進曰：「聖恩待士卒誠厚，然緩急之宜，非可遙度。今敵已奪氣，正當乘破竹之勢，取之無遺策矣。豈宜迂緩，使敵得爲計耶？」丞相然之，馳驛至闕，面論形勢，得旨進師。

十二年，次瓜洲，分兵立柵，據其要害。揚州都統姜才所統兵勁悍善戰，至是以二萬人出揚子橋。弘範佐都元帥阿朮禦之，與宋兵夾水陣。弘範以十三騎徑度衝之，陣堅不動，弘範引却。一騎躍馬揮刀，直趣弘範，弘範旋轡反迎刺之，應手頓斃馬下，其衆潰亂，追至城門，斬首萬餘級，自相蹂藉溺死者過半。宋將張世傑、孫虎臣等率水軍於焦山決戰，弘範以一軍從旁橫衝之，宋師遂敗。追至圌山之東，奪戰艦八十艘，俘馘千數。上其功，改亳州萬戶，後賜名拔都。

從中書左丞董文炳，由海道會丞相伯顏，進次近郊。宋主上降表，以伯姪爲稱，往返未決。弘範將命入城，數其大臣之罪，皆屈服，竟取稱臣降表來上。十三年，台州叛，討平之，誅其爲首者而已。十四年，師還，授鎮國上將軍、江東道宣慰使。

十五年，宋張世傑立廣王昺于海上，閩、廣響應，俾弘範往平之，授蒙古漢軍都元帥。陛辭奏曰：「漢人無統蒙古軍者，乞以蒙古信臣爲首帥。」帝曰：「汝知而父與察罕之事乎？其破安豐也，汝父欲留兵守之，察罕不從。師既南，安豐復爲宋有，進退幾失據，汝父深悔恨，良由委任不專故也，豈可使汝復有汝父之悔乎。今付汝大事，能以汝父之心爲心，則予汝嘉。」面賜錦衣、玉帶，弘範不受，以劍甲爲請。帝出武庫劍甲，聽其自擇，且諭之曰：「劍，汝之副也，不用令者，以此處之。」將行，薦李恒爲己貳，從之。

至揚州，選將校水陸二萬，分道南征，以弟弘正爲先鋒，戒之曰：「選汝驍勇，非私汝也。軍法重，我不敢以私撓公，勉之。」弘正所向克捷。進攻三江寨，寨據隘乘高，不可近，因連兵向之，寨中持滿以待。弘範下令下馬治朝食，若將持久者。持滿者疑不敢動，而他寨不虞也。忽麾軍連拔數寨，迴擣三江，盡拔之。至漳州，軍其東門，命別將攻南門、西門，乃乘虛破其北門，拔之。攻鮑浦寨，又拔之。由是瀕海郡邑皆望風降附。獲宋丞相文天祥于五坡嶺，使之拜，不屈，弘範義之，待以賓禮，送至京師。獲宋禮部侍郎鄧光薦，命子珪師事之。

十六年正月庚戌，由潮陽港發舶入海，至甲子門，獲宋斥候將劉青、顧凱，乃知廣王所在。辛酉，次崖山。宋軍千餘艘碇海中，建樓櫓其上，隱然堅壁也，弘範引舟師赴之。崖山東西對峙，其北水淺，舟膠，非潮來不可進，乃由山之東轉南入大洋，始得逼其舟，又出奇兵斷其汲路，燒其宮室。世傑有甥在弘範軍中，三使招之，世傑不從。甲戌，李恒自廣州至，授以戰艦二，使守北面。

二月癸未，將戰，或請先用砲。弘範曰：「火起則舟散，不如戰也。」明日，四分其軍，軍其東南北三面，弘範自將一軍相去里餘，下令曰：「宋舟潮至必東遁，急攻之，勿令得去，聞吾樂作乃戰，違令者斬。」先麾北面一軍乘潮而戰，不克，李恒等順潮而退。樂作，宋將以爲且宴，少懈，弘範舟師犯其前，衆繼之。豫構戰樓於舟尾，以布幙障之，命將士負盾而伏，令之曰：「聞金聲起戰，先金而妄動者死。」飛矢集如蝟，伏盾者不動。舟將接，鳴金撤障，弓弩火石交作，頃刻并破七舟，宋師大潰。宋臣抱其主昺赴水死。獲其符璽印章。世傑先遁，李恒追至大洋不及。世傑走交趾，風壞舟，死海陵港。其餘將吏皆降。嶺海悉平，磨崖山之陽，勒石紀功而還。

十月，入朝，賜宴內殿，慰勞甚厚。未幾，瘴癘疾作，帝命尚醫診視，遣近臣臨議用藥，敕衞士監門，止雜人毋擾其病。病甚，沐浴易衣冠，扶掖至中庭，面闕再拜。退坐，命酒作樂，與親故言别。出所賜劍甲，命付嗣子珪曰：「汝父以是立功，汝佩服勿忘也。」語竟，端坐而卒。年四十三。贈銀青榮祿大夫、平章政事，謚武（略）〔烈〕。〔七〕至大四年，加贈推忠效節翊運功臣、太師、開府儀同三司、上柱國、齊國公，改謚忠武。延祐六年，加保大功臣，加封淮陽王，謚獻武。子珪，自有傳。

校勘記

〔一〕〔士元士選〕　道光本與本書原目錄合，從補。

〔二〕或譏（知）〔之〕府　從北監本改。按元文類卷七〇元明善藁城董氏家傳「知」作「之」。

〔三〕擅兵有浙漣兩軍　按李擅據山東，浙江非其勢力所及，「浙」字見於元文類卷七〇元明善藁城董氏家傳、藁城嘉靖縣志卷九王磐董文炳神道碑，疑原已誤。藁城嘉靖縣志卷八王磐董文炳遺愛碑作「漣海兩軍」。道光本從類編改「浙」爲「沂」。

〔四〕十年拜參知政事　藁城嘉靖縣志卷八、九王磐董文炳遺愛碑、神道碑此事皆繫十一年，與本書卷八世祖紀至元十一年三月辛卯條符。「十」當作「十一」，本證已校。按此傳繫年多與史實不符，係沿元明善藁城董氏家傳之誤。

〔五〕（元十）〔十元〕　從北監本改正。

〔六〕與宋兵戰金山　按本書卷八世祖紀至元十二年七月庚午、辛未條、卷一二八阿朮傳、本卷董文炳傳及吳文正集卷三二董士選神道碑，「金山」皆作「焦山」。新編改「金」爲「焦」，疑是。

〔七〕謚武（略）〔烈〕　道光本與道園學古錄卷一四張弘範廟堂碑、牧庵集卷一張弘範贈齊國忠武公制合，從改。

元史卷一百五十七

列傳第四十四

劉秉忠〔秉恕〕〔一〕

劉秉忠字仲晦，初名侃，因從釋氏，又名子聰，拜官後始更今名。其先瑞州人也，世仕遼，爲官族。曾大父仕金，爲邢州節度副使，因家焉，故自大父澤而下，遂爲邢人。庚辰歲，木華黎取邢州，立都元帥府，以其父潤爲都統。事定，改署州錄事，歷鉅鹿、內丘兩縣提領，所至皆有惠愛。

秉忠生而風骨秀異，志氣英爽不羈。八歲入學，日誦數百言。年十三，爲質子於帥府。十七，爲邢臺節度使府令史，以養其親。居常鬱鬱不樂，一日投筆嘆曰：「吾家累世衣冠，乃汨沒爲刀筆吏乎！丈夫不遇於世，當隱居以求志耳。」卽棄去，隱武安山中。久之，天寧虛照禪師遣徒招致爲僧，以其能文詞，使掌書記。後遊雲中，留居南堂寺。

世祖在潛邸，海雲禪師被召，過雲中，聞其博學多材藝，邀與俱行。既入見，應對稱旨，屢承顧問。秉忠於書無所不讀，尤邃於易及邵氏經世書，至於天文、地理、律曆、三式六壬遁甲之屬，無不精通。論天下事如指諸掌。世祖大愛之，海雲南還，秉忠遂留藩邸。後數歲，奔父喪，賜金百兩爲葬具，仍遣使送至邢州。服除，復被召，奉旨還和林。上書數千百言，其略曰：

典章、禮樂、法度、三綱五常之敎，備於堯、舜，三王因之，五霸敗之。漢興以來，至于五代，一千三百餘年，由此道者，漢文、景、光武，唐太宗、玄宗五君，而玄宗不無疵也。然治亂之道，係乎天而由乎人。天生成吉思皇帝，起一旅，降諸國，不數年而取天下。勤勞憂苦，遺大寶於子孫，庶傳萬祀，永保無疆之福。

愚聞之曰「以馬上取天下，不可以馬上治」。昔武王，兄也；周公，弟也。周公思天下善事，夜以繼日，每得一事，坐以待旦，以匡周室，以保周天下八百餘年，周公之力也。君上，兄也；大王，弟也。思周公之故事而行之，在乎今日。千載一時，不可失也。君之所任，在內莫大乎相，相以領百官，化萬民；在外莫大乎將，將以統三軍，安四域。內外相濟，國之急務，必先之也。然天下之大，非一人之可及；萬事之細，非一心之可察。當擇開國功臣之子孫，分爲京府州郡監守，督責舊官，以遵王法；仍差按察官守，治者升，否者黜。天下不勞力而定也。

天下戶過百萬，自忽都那演斷事之後，差徭甚大，加以軍馬調發，使臣煩擾，官吏乞取，民不能當，是以逃竄。宜比舊減半，或三分去一，就見在之民以定差稅，招逃者復業，再行定奪。官無定次，淸潔者無以遷，汚濫者無以降。可比附古例，定百官爵祿儀仗，使家足身貴。有犯於民，設條定罪。威福者君之權，奉命者臣之職。今百官自行威福，進退生殺惟意之從，宜從禁治。

天下之民未聞敎化，見在囚人宜從赦免，明施敎令，使之知畏，則犯者自少也。敎令旣設，則不宜繁，因大朝舊例，增益民間所宜設者十數條足矣。敎令旣施，罪不至死者皆提察然後決，犯死刑者覆奏然後聽斷，不致刑及無辜。

天子以天下爲家，兆民爲子，國不足，取於民，民不足，取於國，相須如魚水。有國家者，置府庫，設倉廩，亦爲助民；民有身者，營產業，闢田野，亦爲資國用也。今宜打算官民所欠債負，若實爲應當差發所借，宜依合罕皇帝聖旨，一本一利，官司歸還。凡陪償無名，虛契所負，及還過元本者，並行赦免。

納糧就遠倉，有一廢十者，宜從近倉以輸爲便。當驛路州城，飲食祗待偏重，宜計所費以準差發。關市津梁正稅十五分取一，宜從舊制。禁橫取，減稅法，以利百姓。

倉庫加耗甚重，宜令權量度均爲一法，使錙銖圭撮尺寸皆平，以存信去詐。珍貝金銀之所出，淘沙鍊石，實不易爲。一旦以纚絲縷，飾皮革，塗木石，粧器仗，取一時之華麗，廢爲塵而無濟，甚可惜也。宜從禁治。除帝胄功臣大官以下章服有制外，無職之人不得僭越。今地廣民微，賦斂繁重，民不聊生，何力耕耨以厚產業？宜差勸農官一員，率天下百姓務農桑，營產業，實國之大益。

古者庠序學校未嘗廢，今郡縣雖有學，並非官置。宜從舊制，修建三學，設教授，開選擇才，以經義爲上，詞賦論策次之，兼科舉之設，已奉合罕皇帝聖旨，因而言之，易行也。開設學校，宜擇開國功臣子孫受教，選達才任用之。

天下莫大於朝省，親民莫近於縣宰。雖朝省有法，縣宰宜擇，縣宰正，民自安矣。關西、河南地廣土沃，以軍馬之所出入，治而未豐。宜設官招撫，不數年民歸土闢，以資軍馬之用，實國之大事。移剌中丞拘權鹽鐵諸產、商賈酒醋貨殖諸事，以定宜課，雖使從實恢辦，不足亦取於民，拖兌不辦，已不爲輕。奥魯合蠻奏請於舊額加倍權之，往往科取民間。科權並行，民無所措手足。宜從舊例辦權，更或減輕，罷繁碎，止科徵，無從獻利之徒削民害國。鰥寡孤獨廢疾者，宜設孤老院，給衣糧以爲養。使臣到州郡，宜設舘，不得於官衙民家安下。

孔子爲百王師，立萬世法，今廟堂雖廢，存者尙多，宜令州郡祭祀，釋奠如舊儀。近代禮樂器具靡散，宜令刷會，徵太常舊人敎引後學，使器備人存，漸以修之，實太平之基，王道之本。今天下廣遠，雖成吉思皇帝威福之致，亦天地神明陰所祐也。宜訪名儒，循舊禮，尊祭上下神祇，和天地之氣，順時序之行，使神享民依，德極於幽明，天下賴一人之慶。

見行遼曆，日月交食頗差，聞司天臺改成新曆，未見施行。宜因新君卽位，頒曆改元。令京府州郡置更漏，使民知時。國滅史存，古之常道，宜撰修金史，令一代君臣事業不墜於後世，甚有勵也。

國家廣大如天，萬中取一，以養天下名士宿儒之無營運產業者，使不致困窮。或有營運產業者，會前聖旨，種養應輸差稅，其餘大小雜泛並行蠲免，使自給養，實國家養才勵人之大也。明君用人，如大匠用材，隨其巨細長短，以施規矩繩墨。孔子曰：「君子不可小知而可大受，小人不可大受而可小知。」蓋君子所存者大，不能盡小人之事，或有一短；小人所拘者狹，不能同君子之量，或有一長。盡其才而用之，成功之道也。

君子不以言廢人，不以人廢言，大開言路，所以成天下、安兆民也。天地之大，日月之明，而或有所蔽。且蔽天之明者，雲霧也；蔽人之明者，私欲佞說也。常人有之，蔽一心也；人君有之，蔽天下也。常選左右諫臣，使諷諭於未形，忖畫於至密也。君子之心，一於理義，懷於忠良；小人之心，一於利欲，懷於讒佞。君子得位，有容於小人；小人得勢，必排於君子。明君在上，不可不辨也。孔子曰「遠佞人」，又曰「惡利口之覆邦家者」，此之謂也。

今言利者衆，非圖以利國害民，實欲殘民而自利也。宜將國中人民必用場冶，付各路課稅所，以定榷辦，其餘言利者並行罷去。古者明王不寶遠物，所寶惟賢，如使賢者在位，能者在職，此皆一人之睿知，賢王之輔成也。古者治世均民產業，自廢井田爲阡陌，後世因之不能復。今窮乏者益損，富盛者增加。宜禁行利之人勿恃官勢，居官在位者勿侵民利，商賈與民和好交易，不生擅奪欺罔之害，眞國家之利也。

笞箠之制，宜會古酌今，均爲一法，使無敢過越。禁私置牢獄，淫民無辜，鞭背之刑宜禁治，以彰愛生之德。立朝省以統百官，分有司以御衆事，以至京府州郡親民之職無不備，紀綱正於上，法度行於下，是故天下不勞而治也。今新君卽位之後，可立朝省，以爲政本。其餘百官，不在員多，惟在得人焉耳。

世祖嘉納焉。又言：「邢州舊萬餘戶，兵興以來不滿數百，凋壞日甚，得良牧守如眞定張耕、洛水劉肅者治之，猶可完復。」朝廷卽以耕爲邢州安撫使，肅爲副使。由是流民復業，升邢爲順德府。

癸丑，從世祖征大理。明年，征雲南。每贊以天地之好生，王者之神武不殺，故克城之日，不妄戮一人。己未，從伐宋，復以雲南所言力贊於上，所至全活不可勝計。

中統元年，世祖卽位，問以治天下之大經、養民之良法，秉忠采祖宗舊典，參以古制之宜於今者，條列以聞。於是下詔建元紀歲，立中書省、宣撫司。朝廷舊臣、山林遺逸之士，咸見錄用，文物粲然一新。

秉忠雖居左右，而猶不改舊服，時人稱之爲聰書記。至元元年，翰林學士承旨王鶚奏言：「秉忠久侍藩邸，積有歲年，參帷幄之密謀，定社稷之大計，忠勤勞績，宜被褒崇。聖明御極，萬物惟新，而秉忠猶仍其野服散號，深所未安，宜正其衣冠，崇以顯秩。」帝覽奏，卽日拜光祿大夫，位太保，參（預）〔領〕中書省事。〔二〕詔以翰林侍讀學士竇默之女妻之，賜第奉先坊，且以少府宮籍監戶給之。秉忠既受命，以天下爲己任，事無巨細，凡有關於國家大體者，知無不言，言無不聽，帝寵任愈隆。燕閑顧問，輒推薦人物可備器使者，凡所甄拔，後悉爲名臣。

初，帝命秉忠相地於桓州東灤水北，建城郭于龍岡，三年而畢，名曰開平。繼升爲上都，而以燕爲中都。四年，又命秉忠築中都城，始建宗廟宮室。八年，奏建國號曰大元，而以中都爲大都。他如頒章服，舉朝儀，給俸祿，定官制，皆自秉忠發之，爲一代成憲。十一年，扈從至上都，其地有南屏山，嘗築精舍居之。秋八月，秉忠無疾端坐而卒，年五十九。帝聞驚悼，謂羣臣曰：「秉忠事朕三十餘年，小心慎密，不避艱險，言無隱情，其陰陽術數之精，占事知來，若合符契，惟朕知之，他人莫得聞也。」出內府錢具棺斂，遣禮部侍郎趙秉溫護其喪還葬大都。十二年，贈太傅，封趙國公，謚文貞。成宗時，贈太師，謚文正。仁宗時，又進封常山王。

秉忠自幼好學，至老不衰，雖位極人臣，而齋居蔬食，終日澹然，不異平昔。自號藏春散人。每以吟詠自適，其詩蕭散閑淡，類其爲人。有文集十卷。無子，以弟秉恕子蘭璋後。

秉恕字長卿。好讀書，年弱冠，受易於劉肅，遂明理學。兄秉忠，事世祖，以薦士自任，嫌於私親，獨不及秉恕。左右以聞，召見，遂同侍潛邸。世祖嘗賜秉忠白金千兩，辭曰：「臣山野鄙人，僥倖遭際，服器悉出尚方，金無所用。」世祖曰：「卿獨無親故遺之邪？」辭不允，乃受而散之，以二百兩與秉恕，秉恕曰：「兄勤勞有年，宜蒙茲賞，秉恕無功，可冒恩乎？」終不受。

中統元年，擢禮部侍郎、邢州安撫副使。二年，賜金符，遷吏部侍郎。三年，升邢為順德府，賜金虎符，爲順德安撫使。至元元年，轉官法行，改嘉議大夫，歷彰德、懷孟、淄萊、順天、太原五路總管。淄萊府有死囚六人，獄已具。秉恕疑之，詳讞得其實，六人賴以不死。他所至，皆有惠政。召除禮部尙書。出爲淮西宣慰使，會省宣慰司，歷湖州、平陽兩路總管。平陽歲荒，民艱食，輒開倉以賑之，全活者衆。年六十，卒于官。

張文謙

張文謙，字仲謙，邢州沙河人。幼聰敏，善記誦，與太保劉秉忠同學。世祖居潛邸，受邢州分地，秉忠薦文謙可用。歲丁未，召見，應對稱旨，命掌王府書記，日見信任。邢州當要衝，初分二千戶爲勳臣食邑，歲遣人監領，皆不知撫治，徵求百出，民弗堪命。或訴於王府，文謙與秉忠言于世祖曰：「今民生困弊，莫邢爲甚。盍擇人往治之，責其成效，使四方取法，則天下均受賜矣。」於是乃選近侍脫兀脫、尙書劉肅、侍郎李簡往。三人至邢，協心爲治，洗滌蠹敝，革去貪暴，流亡復歸，不期月，戶增十倍。由是世祖益重儒士，任之以政，皆自文謙發之。

歲辛亥，憲宗卽位。文謙與秉忠數以時務所當先者言於世祖，悉施行之。世祖征大理，國主高祥拒命，殺信使遁去。世祖怒，將屠其城。文謙與秉忠、姚樞諫曰：「殺使拒命者高祥爾，非民之罪，請宥之。」由是大理之民賴以全活。己未，世祖帥師伐宋，文謙與秉忠言：「王者之師，有征無戰，當一視同仁，不可嗜殺。」世祖曰：「期與卿等守此言。」既入宋境，分命諸將毋妄殺，毋焚人室廬，所獲生口悉縱之。

中統元年，世祖卽位，立中書省，首命王文統為平章政事，文謙為左丞。建立綱紀，講明利病，以安國便民為務。詔令一出，天下有太平之望。而文統素忌克，謨謀之際屢相可否，積不能平，文謙遽求出，詔以本官行大名等路宣撫司事。臨發，語文統曰：「民困日久，況當大旱，不量減稅賦，何以慰來蘇之望？」文統曰：「上新卽位，國家經費止仰稅賦，苟復減損，何以供給？」文謙曰：「百姓足，君孰與不足！俟時和歲豐，取之未晚也。」於是蠲常賦什之四，商酒稅什之二。

二年春，來朝，復留居政府。始立左右部，講行庶務，鉅細畢舉，文謙之力為多。三年，阿合馬領左右部，總司財用，欲專奏請，不關白中書，詔廷臣議之，文謙曰：「分制財用，古有是理，中書不預，無是理也。若中書弗問，天子將親莅之乎？」帝曰：「仲謙言是也。」

至元元年，詔文謙以中書左丞行省西夏中興等路。羌俗素鄙野，事無統紀，文謙得蜀士陷於俘虜者五六人，理而出之，使習吏事，旬月間簿書有品式，子弟亦知讀書，俗為一變。

浚唐來、漢延二渠，溉田十數萬頃，人蒙其利。

三年，還朝。諸勢家言有戶數千，當役屬爲私奴者，議久不決。文謙謂以乙未歲戶帳爲斷，奴之未占籍者，歸之勢家可也，其餘良民無爲奴之理。議遂定，守以爲法。五年，淄州妖人胡王惑衆，事覺，逮捕百餘人。丞相安童以文謙言奏曰：「愚民無知，爲所誑誘，誅其首惡足矣。」詔卽命文謙往決其獄，惟三人坐棄市，餘皆釋之。

七年，拜大司農卿，奏立諸道勸農司，巡行勸課，請開籍田，行祭先農先蠶等禮。復與竇默請立國子學。詔以許衡爲國子祭酒，選貴冑子弟敎育之。時阿合馬議拘民間鐵，官鑄農器，高其價以配民，創立行戶部於東平、大名以造鈔，及諸路轉運司，干政害民，文謙悉於帝前極論罷之。十三年，遷御史中丞。阿合馬慮憲臺發其姦，乃奏罷諸道按察司以撼之，文謙奏復其舊。然自知爲姦臣所忌，力求去。會世祖以大明曆歲久寖差，命許衡等造新曆，乃授文謙昭文館大學士，領太史院，以總其事。十九年，拜樞密副使。歲餘，以疾薨于位，年六十八。〔三〕

文謙蚤從劉秉忠，洞究術數；晚交許衡，尤粹於義理之學。爲人剛明簡重，凡所陳於上前，莫非堯、舜仁義之道。數忤權倖，而是非得喪，一不以經意。家惟藏書數萬卷。尤以引薦人材爲己任，時論益以是多之。累贈推誠同德佐運功臣、太師、開府儀同三司、上柱國，追封魏國公，諡忠宣。

長子晏，仕至御史中丞，贈陝西行省平章政事，封魏國公，諡文靖。

郝經

郝經字伯常，其先潞州人，徙澤州之陵川，家世業儒。祖天挺，元裕嘗從之學。金末，父思溫辟地河南之魯山。河南亂，居民匿窖中，亂兵以火熏灼之，民多死，經母許亦死。經以蜜和寒葅汁，決母齒飲之，卽蘇。時經九歲，人皆異之。金亡，徙順天。家貧，晝則負薪米爲養，暮則讀書。居五年，爲守帥張柔、賈輔所知，延爲上客。二家藏書皆萬卷，經博覽無不通。往來燕、趙間，元裕每語之曰：「子貌類汝祖，才器非常，勉之。」

憲宗二年，世祖以皇弟開邸金蓮川，召經，諮以經國安民之道，條上數十事，大悅，遂留王府。是時，連兵於宋，憲宗入蜀，命世祖總統東師，經從至濮。會有得宋國奏議以獻，其言謹邊防，守衝要，凡七道，遂下諸將議，經曰：「古之一天下者，以德不以力。彼今未有敗亡之釁，我乃空國而出，諸侯窺伺於內，小民凋弊於外。經見其危，未見其利也。王不如修德布惠，敦族簡賢，綏懷遠人，控制諸道，結盟飭備，以待西師，上應天心，下繫人望，順時而動，宋不足圖也。」世祖以經儒生，愕然曰：「汝與張拔都議邪？」經對曰：「經少館張柔家，嘗聞其論議。此則經臆說耳，柔不知也。」進七道議七千餘言。乃以楊惟中爲江淮荆湖南北等路宣撫使，經爲副，將歸德軍，先至江上，宣布恩信，納降附。惟中欲私還汴，經曰：「我與公同受命南征，不聞受命還汴也。」惟中怒，弗聽。經率麾下揚旌而南，惟中懼謝，乃與經俱行。

經聞憲宗在蜀，師久無功，進東師議，其略曰：

經聞圖天下之事於未然則易，救天下之事於已然則難。已然之中復有未然者，使往者不失而來者得遂，是尤難也。國家以一旅之衆，奮起朔漠，斡斗極以圖天下，馬首所向無不摧破。滅金源，幷西夏，蹂荆、襄，克成都，平大理，躪轢諸夷，奄征四海，有天下十八，盡元魏、金源故地而加多，廓然莫與侔大也。惟宋不下，未能混一，連兵構禍踰二十年。何曩時掇取之易，而今日圖惟之難也？

夫取天下，有可以力幷，有可以術圖。幷之以力則不可久，久則頓弊而不振；圖之以術則不可急，急則僥倖而難成。故自漢、唐以來，樹立攻取，或五六年，未有踰十年者，是以其力不弊，而卒能保大定功。晉之取吳，隋之取陳，皆經營比佽十有餘年，〔四〕是以其術得成，而卒能混一。或久或近，要之成功各當其可，不妄爲而已。

國家建極開統垂五十年，而一之以兵，遺黎殘姓，游氣驚魂，虔劉劘盪，殆欲殲盡。

自古用兵未有如是之久且多也，其力安得不弊乎！且括兵率賦，朝下令而夕出師，躬擐甲冑，跋履山川，闔國大舉，以之伐宋而圖混一。以志則銳，以力則強，以土則大，而其術則未盡也。苟於諸國既平之後，息師撫民，致治成化，創法立制，敷布條綱，上下井井，不撓不紊，任老成爲輔相，起英特爲將帥，選賢能爲任使，鳩智計爲機衡，平賦以足用，屯農以足食，內治既舉，外禦亦備。如其不服，姑以文誥，拒而不從，而後伺隙觀釁以正天伐。自東海至于襄、鄧，重兵數道，聯幟接武，以爲正兵。自漢中至于大理，輕兵捷出，批亢抵脅，以爲奇兵。帥臣得人，師出以律，高拱九重之內，而海外有截矣。是而不爲，乃於間歲遽爲大舉，上下震動，兵連禍結，底安于危，是已然而莫可止者也。東師未出，大王仁明，則猶有未然者，可不議乎！

國家用兵，一以國俗爲制，而不師古。不計師之衆寡，地之險易，敵之強弱，必合圍把矟，獵取之若禽獸然。聚如丘山，散如風雨，迅如雷電，捷如鷹鶻，鞭弭所屬，指期約日，萬里不忒，得兵家之詭道，而長於用奇。自澮河之戰，乘勝下燕、雲，遂遺兵而去，似無意於取者。既破回鶻，滅西夏，乃下兵關陝以敗金師，然後知所以深取之，是長於用奇也。既而爲斡腹之舉，由金、房繞出潼關之背以攻汴；爲擣虛之計，自西和徑入石泉、威、茂以取蜀；爲示遠之謀，自臨洮、吐番穿徹西南以平大理。皆用奇也。夫攻其無備，出其不意，而後可以用奇。豈有連百萬之衆，首尾萬餘里，六飛雷動，乘輿親出，竭天下，倒四海，騰擲宇宙，軒豁天地，大極於遐徼之土，細窮於委巷之民，撞其鐘而掩其耳，噬其臍而蔽其目，如是用奇乎？是執千金之璧而投瓦石也。

其初以奇勝也，關隴、江淮之北，平原曠野之多，而吾長於騎，故所向不能禦。兵鋒新銳，民物稠夥，擁而擠之，郡邑自潰，而吾長於攻，故所擊無不破。是以用其奇而驟勝。今限以大山深谷，阨以重險荐阻，迂以危途繚徑，我之乘險以用奇則難，彼之因險以制奇則易。況於客主勢懸，蘊蓄情露，無虜掠以爲資，無俘獲以備役，以有限之〔力，冒無限之〕險，〔五〕雖有奇謀祕略，無所用之。力無所用與無力同，勇無所施與不勇同，計不能行與無計同。泰山壓卵之勢，河海濯爇之舉，擁遏頓滯，盤桓而不得進，所謂强弩之末不能射魯縞者也。

爲今之計，則宜救已然之失，防未然之變而已。西師既構，猝不可解，如兩虎相鬭，猝入于巖阻，見之者辟易不暇，又焉能以理相喻，使之逡巡自退。彼知其危，竭國以幷命，我必其取，無由以自悔，兵連禍結，何時而已。

殿下宜遣人稟命於行在所，大軍壓境，遣使喻宋，示以大信，令降名進幣，割地納質。彼必受命，姑爲之和，偃兵息民，以全吾力，而圖後舉，天地人神之福也。稟命不從，殿下之義盡，而後進吾師，重愼詳審，不爲躁輕飄忽，爲前定之謀，而一之以正大，假西師以爲奇而用吾正。比師南轅，先示恩信，申其文移，喻以禍福，使知殿下仁而不殺，非好攻戰闢土地，不得已而用兵之意。誠意昭著，恩信流行，然後閱實精勇，別爲一軍，爲帳下之卒，舉老成知兵者俾爲將帥，更直宿衞，以備不虞。其餘師衆，各畀侯伯，使吾府大官元臣分師總統，爲戰攻之卒。其新入部曲晝不知兵，雖名爲兵其實役徒者，使沿邊進築，與敵郡邑犬牙相制，爲屯戍之卒。推擇單弱，究竟逃匿，編葺部伍，使聞望重臣爲之撫育，總押近裏故屯，爲鎭守之卒。使掣肘之計不行，妄意之徒屛息，內外備禦無有缺綻，則制節以進。既入其境，敦陳固列，緩爲之行。彼善於守而吾不攻，彼恃城壁以不戰老吾，吾合長圍以不攻困彼，吾用吾之所長，彼不能用其長。選出入便利之地爲久駐之基，示必取之勢。毋焚廬舍，毋傷人民，開其生路，以攜其心，亟肆以疲，多方以誤，以弊其力。

兵勢既振，蘊蓄既見，則以輕兵掠兩淮，杜其樵採而遏其糧路，使血脈斷絕，各守孤城，示不足取。卽進大兵，直抵于江，沿江上下列屯萬竈，號令明肅，部曲嚴整，首尾締構，各具舟楫，聲言徑渡。彼必震疊，自起變故。蓋彼之精銳盡在兩淮，江面闊越，恃其巖阻，兵皆柔脆，用兵以來未嘗一戰，焉能當我百戰之銳。一處崩壞，則望風皆潰，肱髀不續，外內限絕，勇者不能用而怯者不能敵，背者不能返而面者不能禦，水陸相擠，必爲我乘。是兵家所謂避堅攻瑕，避實擊虛者也。

如欲存養兵力，漸次以進，以圖萬全，則先荆後淮，先淮後江。彼之素論，謂「有荆、襄則可以保淮甸，有淮甸則可以保江南」。先是，我嘗有荆、襄，有淮甸，有上流，皆自失之。今當從彼所保以爲吾攻，命一軍出襄、鄧，直渡漢水，造舟爲梁，水陸濟師。以輕兵（綴）〔掇〕襄陽，〔六〕絕其糧路，重兵皆趨漢陽，出其不意，以伺江隙。不然，則重兵臨襄陽，輕兵捷出，穿徹均、房，遠叩歸、峽，以應西師。如交、廣、施、黔選鋒透出，夔門不守，大勢順流，卽并兵大出，摧拉荆、郢，橫潰湘、潭，以成掎角。一軍出壽春，乘其銳氣，并取荆山，駕淮爲梁，以通南北。輕兵抄壽春，而重兵支布於鍾離、合淝之間，掇拾湖濼，奪取關隘，據濡須，塞皖口，南入舒、和，西及於蘄、黃，徜徉恣肆，以覘江口。烏江、采石廣布戍邏，偵江渡之險易，測備禦之疏密，徐爲之謀，而後進師。所謂潰兩淮之腹心，抉長江之襟要也。一軍出維揚，連楚蟠亘，蹈跨長淮，鄰我强對。通、泰、海門，揚子江面，密彼京畿，必皆備禦堅厚，若遽攻擊，則必老師費財。當以重兵臨維揚，合爲長圍，示以必取。而以輕兵出通、泰，直塞海門、瓜步、金山、柴墟河口，游騎上下，吞江吸海，並著威信，遲以月時，以觀其變。是所謂圖緩持久之勢也。三道並出，東西連衡，殿下或處一軍，爲之節制，使我兵力常有餘裕，如是則未來之變或可弭，已然之失一日或可救也。

議者必曰，三道並進，則兵分勢弱，不若併力一向，則莫我當也。曾不知取國之術與爭地之術異，併力一向，爭地之術也；諸道並進，取國之術也。昔之混一者，皆若是矣。晉取吳，則六道進；隋取陳，則九道進；宋之於南唐，則三面皆進。未聞以一旅之衆，而能克國者，或者有之，僥幸之舉也。豈有堂堂大國，師徒百萬，而爲僥幸之舉乎？況彼渡江立國，百有餘年，紀綱修明，風俗完厚，君臣輯睦，內無禍釁，東西南北輪廣萬里，亦未可小。自敗盟以來，無日不討軍實而申警之，彷徨百折，當我强對，未嘗大敗，不可謂弱。豈可蔑視，謂秦無人，直欲一軍倖而取勝乎？秦王問王翦以伐荆，翦曰：「非六十萬不可。」秦王曰：「將軍老矣。」命李信將二十萬往，不克，卒畀翦以兵六十萬而後舉楚。蓋衆有所必用，事勢有不可懸料而倖取者。故王者之舉必萬全，其倖舉者，崛起無賴之人也。

嗚呼！西師之出，已及瓜戍，而猶未卽功。國家全盛之力在於東左，若亦直前振迅，銳而圖功，一舉而下金陵、舉臨安則可也。如兵力耗弊，役成遷延，進退不可，反爲敵人所乘，悔可及乎！固宜重愼詳審，圖之以術。若前所陳，以全吾力，是所謂坐勝也。雖然，猶有可憂者。國家掇取諸國，飄忽淩厲，本以力勝。今乃無故而爲大舉，若又措置失宜，無以挫英雄之氣，服天下之心，則稔惡懷姦之流，得以窺其隙而投其間，國內空虛，易爲搖蕩。臣愚所以諄諄於東師，反覆致論，謂不在於已然而在於未然者，此也。

遂會兵渡江，圍鄂州，聞憲宗崩，召諸將屬議，經復進議曰：

易言：「知進退存亡而不失其正者，其惟聖人乎！」殿下聰明睿知，足以有臨；發强剛毅，足以有斷。進退存亡之正，知之久矣。嚮在沙陀，命經曰：「時未可也。」又曰：「時之一字最當整理。」又曰：「可行之時，爾自知之。」大哉王言，「時乘六龍」之道，知之久矣。自出師以來，進而不退，經有所未解者，故言于眞定，于曹、濮，于唐、鄧。亟言不已，未賜開允。乃今事急，故復進狂言。

國家自平金以來，惟務進取，不遵養時晦，老師費財，卒無成功，三十年矣。蒙哥罕立，政當安靜以圖寧謐，忽無故大舉，進而不退，畀王東師，則不當亦進也而遽進。以爲有命不敢自逸，至于汝南，既聞凶訃，卽當遣使徧告諸帥各以次退，修好于宋，歸定大事，不當復進也而遽進。以有師期，會于江濱，遣使喩宋，息兵安民，振旅而歸，不當復進也而又進。既不宜渡淮，又豈宜渡江？既不宜妄進，又豈宜攻城？若以機不可失，敵不可縱，亦既渡江，不能中止，便當乘虛取鄂，分兵四出，直造臨安，疾雷不及掩耳，則宋亦可圖。如其不可，知難而退，不失爲金兀朮也。師不當進而進，江不當渡而渡，城不當攻而攻，當速退而不退，當速進而不進，役成遷延，盤桓江渚，情見勢屈，舉天下兵力不能取一城，則我竭彼盈，又何俟乎？且諸軍疾疫已十四五，又延引月日，冬春之交，疫必大作，恐欲還不能。

彼既上流無虞，呂文德已幷兵拒守，知我國疵，鬬氣自倍，兩淮之兵盡集白鷺，江西之兵盡集隆興，嶺廣之兵盡集長沙，閩、越沿海巨舶大艦以次而至，伺隙而進，如遏截於江、黃津渡，邀遮于大城關口，塞漢東之石門，限郢、復之湖濼，則我將安歸？無已則突入江、浙，擣其心腹。聞臨安、海門已具龍舟，則已徒往；還抵金山，幷命求出，豈無韓世忠之儔？且鄂與漢陽分據大別，中挾巨浸，號爲活城，肉薄骨幷而拔之，則彼委破壁孤城而去，泝流而上，則入洞庭，保荊、襄，順流而下，則精兵健櫓突過滸、黃，未易遏也，則亦徒費人命，我安所得哉！區區一城，勝之不武，不勝則大損威望，復何俟乎！

雖然，以王本心，不欲渡江，既渡江，不欲攻城，既攻城，不欲幷命，不焚廬舍，不傷人民，不易其衣冠，不毀其墳墓，三百里外不使侵掠。或勸徑趨臨安，曰其民人稠夥，若往，雖不殺戮，亦被踐蹂，吾所不忍。若天與我，不必殺人；若天弗與，殺人何益，而竟不往。諸將歸罪士人，謂不可用，以不殺人故不得城。曰彼守城者祇一士人賈制置，汝十萬衆不能勝，殺人數月不能拔，汝輩之罪也，豈士人之罪乎！益禁殺人。歸然一仁，上通于天，久有歸志，不能遂行耳。然今事急，不可不斷也。

宋人方懼大敵，自救之師雖則畢集，未暇謀我。第吾國內空虛，塔察國王與李行省肱髀相依，在於背脅；西域諸胡窺覘關隴，隔絕旭烈大王；病民諸姦各持兩端，觀望所立，莫不覬覦神器，染指垂涎。一有狡焉，或啓戎心，先人舉事，腹背受敵，大事去矣。且阿里不哥已行赦令，令脫里赤爲斷事官、行尙書省，據燕都，按圖籍，號令諸道，行皇帝事矣。雖大王素有人望，且握重兵，獨不見金世宗、海陵之事乎！若彼果決，稱受遺詔，便正位號，下詔中原，行赦江上，欲歸得乎？

昨奉命與張仲一觀新月城，自西南隅〔抵東北隅〕，〔七〕萬人敵，上可並行大車，排槎弗樓，締構重複，必不可攻，祇有許和而歸耳。斷然班師，亟定大計，銷禍於未然。先命勁兵把截江面，與宋議和，許割淮南、漢上、梓夔兩路，定疆界歲幣。置輜重，以輕騎歸，渡淮乘驛，直造燕都，則從天而下，彼之姦謀僭志，冰釋瓦解。遣一軍逆蒙哥罕靈輿，收皇帝璽。遣使召旭烈、阿里不哥、摩哥及諸王駙馬，會喪和林。差官於汴京、京兆、成都、西涼、東平、西京、北京，撫慰安輯，召眞金太子鎭燕都，示以形勢。則大寶有歸，而社稷安矣。

會宋守帥賈似道亦遣間使請和，迺班師。

明年，世祖卽位，以經爲翰林侍讀學士，佩金虎符，充國信使使宋，告卽位，且定和議，仍敕沿邊諸將毋鈔掠。經入辭，賜蒲萄酒，詔曰：「朕初卽位，庶事草創，卿當遠行，凡可輔朕者，亟以聞。」經奏便宜十六事，皆立政大要，辭多不載。

時經有重名，平章王文統忌之。既行，文統陰屬李璮潛師侵宋，欲假手害經。經至濟南，璮以書止經，經以璮書聞于朝而行。宋敗璮軍于淮安，經至宿州，遣副使劉仁傑、〔八〕參議高翿請入國日期，不報。遺書宰相及淮帥李庭芝，庭芝復書果疑經，而賈似道方以却敵爲功，恐經至謀泄，竟舘經眞州。經乃上表宋主曰：「願附魯連之義，排難解紛，豈知唐儉之徒，款兵誤國。」又數上書宋主及宰執，極陳戰和利害，且請入見及歸國，皆不報。驛吏棘垣鑰戶，晝夜守邏，欲以動經，經不屈。經待下素嚴，又久羈困，下多怨者。經諭曰：「嚮受命不進，我之罪也。一入宋境，死生進退，聽其在彼，我終不能屈身辱命。汝等不幸，宜忍以待之，我觀宋祚將不久矣。」居七年，從者怒鬩，死者數人，經獨與六人處別舘。又九年，丞相伯顏奉詔南伐，帝遣禮部尚書中都海牙及經弟行樞密院都事郝庸入宋，問執行人之罪，宋懼，遣總管段佑以禮送經歸。賈似道之謀既泄，尋亦竄死。經歸道病，帝敕樞密院及尙醫近侍迎勞，所過父老瞻望流涕。明年夏，至闕，錫燕大庭，咨以政事，賞賚有差。秋七月，卒，年五十三，官爲護喪還葬，謚文忠。明年，宋平。

經爲人尙氣節，爲學務有用。及被留，思託言垂後，撰續後漢書、易春秋外傳、太極演、原古錄、通鑑書法、玉衡貞觀等書及文集，凡數百卷。其文豐蔚豪宕，善議論。詩多奇崛。拘宋十六年，從者皆通於學。書佐苟宗道，後官至國子祭酒。經還之歲，汴中民射雁金明池，得繫帛，書詩云：「霜落風高恣所如，歸期回首是春初。上林天子援弓繳，窮海纍臣有帛書。」後題曰：「至元五年九月一日放雁，獲者勿殺，國信大使郝經書于眞州忠勇軍營新館。」其忠誠如此。

二弟彝、庸，皆有名。彝字仲常，隱居以壽終；庸字季常，終潁州守。子采麟，亦賢，起家知林州，仕至山南江北道肅政廉訪使。

校勘記

〔一〕〔秉恕〕 據本書原目錄補。

〔二〕參〔預〕〔領〕中書省事 據元名臣事略卷七太保劉文正公改。按藏春集卷六收張文謙劉秉中行狀、徒單公履劉秉中墓誌等「預」皆作「領」。

〔三〕薨于位年六十八　按元名臣事略卷七左丞張忠宣公作「薨，年六十七」，元文類卷五八李謙張文謙神道碑作「享年六十有七」。新元史改「八」爲「七」，疑是。

〔四〕晉之取吳隋之取陳皆經營比佽十有餘年　陵川集卷三二東師議作「晉之取吳，隋之取陳，宋之取唐，皆經營比佽十有餘年」。按傳下文有「晉取吳，則六道進；隋取陳，則九道進；宋之於南唐，則三面皆進」，此處當有「宋之取南唐」，方得呼應，疑脫。

〔五〕以有限之〔力冒無限之〕險　道光本與陵川集卷三二東師議合，從補。

〔六〕以輕兵(綴)〔掇〕襄陽　據陵川集卷三二東師議改。

〔七〕自西南隅〔抵東北隅〕　道光本與陵川集卷三二班師議合，從補。

〔八〕劉仁傑　按本書卷四、五、八世祖紀中統元年四月丁未、中統三年十月庚申、至元十二年二月庚午條作「劉人傑」。蒙史改「仁」爲「人」，疑是。

元史卷一百五十八

列傳第四十五

姚樞

姚樞字公茂，柳城人，後遷洛陽。少力學，內翰宋九嘉識其有王佐略，楊惟中乃與之偕覲太宗。歲乙未，南伐，詔樞從惟中即軍中求儒、道、釋、醫、卜者。會破棗陽，主將將盡坑之，樞力辨非詔書意，他日何以復命，乃蹙數人逃入篁竹中脫死。拔德安，得名儒趙復，始得程頤、朱熹之書。辛丑，賜金符，爲燕京行臺郎中。時牙魯瓦赤行臺，惟事貨賂，以樞幕長，分及之。樞一切拒絕，因棄官去。攜家來輝州，作家廟，別爲室奉孔子及宋儒周惇頤等象，刊諸經，惠學者，讀書鳴琴，若將終身。時許衡在魏，至輝，就錄程、朱所註書以歸，謂其徒曰：「曩所授受皆非，今始聞進學之序。」既而盡室依樞以居。

世祖在潛邸，遣趙璧召樞至，大喜，待以客禮。詢及治道，乃爲書數千言，首陳二帝三王之道，以治國平天下之大經，彙爲八目，曰：修身，力學，尊賢，親親，畏天，愛民，好善，遠佞。次及救時之弊，爲條三十，曰：「立省部，則庶政出一，綱舉紀張，令不行於朝而變於夕。定辟才行，舉逸遺，愼銓選，汰職員，則不專世爵而人才出。班俸祿，則贓穢塞而公道開。定法律，審刑獄，則收生殺之權于朝，諸侯不得而專，丘山之罪不致苟免，毫髮之過免罹極法，而寃抑有伸。設監司，明黜陟，則善良姦窳可得而舉刺。閣徵斂，則部族不橫於誅求。簡驛傳，則州郡不困於需索。修學校，崇經術，旌節孝，以爲育人才、厚風俗、美教化之基，使士不媮於文華。重農桑，寬賦稅，省徭役，禁游惰，則民力紓，不趨於浮僞，且免習工技者歲加富溢，勤耕織者日就饑寒。肅軍政，使田里不知行營〔往復〕之擾攘。〔一〕周匱乏，恤鰥寡，使顚連無告者有養。布屯田以實邊戍，通漕運以廩京都。倚債負，則賈胡不得以子爲母，破稱貸之家。廣儲蓄，復常平以待凶荒，立平準以權物估，卻利便以塞倖塗，杜告訐以絕訟源。」各疏（弛）〔施〕張之方，〔二〕其下本末兼該，細大不遺。世祖奇其才，動必召問，且使授世子經。

憲宗卽位，詔凡軍民在赤老溫山南者，聽世祖總之。世祖既奉詔，宴羣下，罷酒將出，遣人止樞，問曰：「頃者諸臣皆賀，汝獨默然，何耶？」對曰：「今天下土地之廣，人民之殷，財賦之阜，有加漢地者乎？軍民吾盡有之，天子何爲？異時廷臣間之，必悔而見奪，不若惟持兵權，供億之需取之有司，則勢順理安。」世祖曰：「慮所不及者。」乃以聞，憲宗從之。樞又請置屯田經略司於汴以圖宋，置都運司于衞，轉粟于河。憲宗大封同姓，敕世祖於南京、關中自擇其一。樞曰：「南京河徙無常，土薄水淺，舄鹵生之，不若關中厥田上上，古名天府陸海。」於是世祖願有關中。

壬子夏，從世祖征大理，至曲先腦兒之地。夜宴，樞陳宋太祖遣曹彬取南唐不殺一人，市不易肆事。明日，世祖據鞍呼曰：「汝昨夕言曹彬不殺者，吾能爲之，吾能爲之！」樞馬上賀曰：「聖人之心，仁明如此，生民之幸，有國之福也。」明年，師及大理城，飭樞裂帛爲旗，書止殺之令，分號街陌，由是民得相完保。

丙辰，樞入見。或讒王府得中土心，憲宗遣阿藍答兒大爲鈎考，置局關中，以百四十二條推集經略宣撫官吏，下及征商無遺，曰：「俟終局日，入此罪者惟劉黑馬、史天澤以聞，餘悉誅之。」世祖聞之不樂。樞曰：「帝，君也，兄也；大王爲皇弟，臣也。事難與較，遠將受禍。莫若盡王邸妃主自歸朝廷，爲久居謀，疑將自釋。」及世祖見憲宗，皆泣下，竟不令有所白而止，因罷鈎考局。

世祖卽位，立十道宣撫使，以樞使東平。既至郡，置勸農、檢察二人以監之，推物力以均賦役，罷鐵官。二年，〔三〕拜太子太師。樞曰：「皇太子未立，安可先有太師？」以所受制還中書，事見許衡傳。改大司農。樞奏曰：「在太宗世，詔孔子五十一代孫元措仍襲封衍聖公，卒，其子與族人爭求襲爵，訟之潛藩，帝時曰：『第往力學，俟有成德達才，我則官之。』又曲阜有太常雅樂，憲宗命東平守臣輦其歌工舞郎與樂色俎豆至日月山，帝親臨觀，飭東平守臣，員闕充補，無輟肄習。且陛下閔聖賢之後詩、書不通，與凡庶等，既命洛士楊庸選孔、顏、孟三族諸孫俊秀者敎之，乞眞授庸敎官，以成國家育材待聘風動四方之美。王鏞鍊習故實，宜令提舉禮樂，使不致崩壞。」皆從之。詔赴中書議事，及講定條格，且勉諭曰：「姚樞辭避台司，朕甚嘉焉。省中庶務，須賴一二老成同心圖贊，其與尚書劉肅往盡乃心，其尙無隱。」及修條格成，與丞相史天澤奏之，帝深嘉納。

李璮謀叛，帝問：「卿料何如？」對曰：「使璮乘吾北征之釁，瀕海擣燕，閉關居庸，惶駭人心，爲上策。與宋連和，負固持久，數擾邊，使吾罷於奔救，爲中策。如出兵濟南，待山東諸侯應援，此成擒耳。」帝曰：「今賊將安出？」對曰：「出下策。」初，帝嘗論天下人材，及王文統，樞曰：「此人學術不純，以游說干諸侯，他日必反。」至是，文統果因璮伏誅。

四年，拜中書左丞。奏罷世侯，置牧守。或言中書政事大壞，帝怒，大臣罪且不測者。樞上言：

太祖開創，跨越前古，施治未遑。自後數朝，官盛刑濫，民困財殫。陛下天資仁聖，自昔在潛，聽聖典，訪老成，日講治道。如邢州、河南、陝西，皆不治之甚者，爲置安撫、經略、宣撫三使司。其法，選人以居職，頒俸以養廉，去污濫以清政，勸農桑以富民。不及三年，號稱大治。諸路之民望陛下之拯己，如赤子之求母。先帝陟遐，國難並興，天開聖人，纘承大統，卽用歷代遺制，內立省部，外設監司，自中統至今五六年間，外侮內叛繼繼不絕，然能使官離債負，民安賦役，府庫粗實，倉廩粗完，鈔法粗行，國用粗足，官吏遷轉，政事更新，皆陛下克保祖宗之基、信用先王之法所致。

今創始治道，正宜上答天心，下結民心，睦親族以固本，建儲副以重祚，定大臣以當國，開經筵以格心，修邊備以防虞，蓄糧餉以待歉，立學校以育才，勸農桑以厚生。是可以光先烈，成帝德，遺子孫，流遠譽。以陛下才略，行此有餘。邇者伏聞聰聽日煩，朝廷政令日改月異，如木始栽而復移，屋旣架而復毀。遠近臣民不勝戰懼，惟恐大本一廢，遠業難成，爲陛下之後憂，國家之重害。

帝怒爲釋。

十年，〔四〕拜昭文館大學士，詳定禮儀事。其年，襄陽下，遂議取宋。樞奏如求大將，非右丞相安童、知樞密院伯顏不可。十一年，〔五〕樞言：「陛下降不殺人之詔。伯顏濟江，兵不踰時，西起蜀川，東薄海隅，降城三十，戶踰百萬，自古平南，未有如此之神捷者。今自夏徂秋，一城不降，皆由軍官不思國之大計，不體陛下之深仁，利財剽殺所致。揚州、焦山、淮安，人殊死戰，我雖克勝，所傷亦多。宋之不能爲國審矣，而臨安未肯輕下，好生惡死，人之常情，蓋不敢也，惟懼吾招徠止殺之信不堅耳。宜申止殺之詔，使賞罰必立，恩信必行，聖慮不勞，軍力不費矣。」又請禁宋鞭背、黥面及諸濫刑。十三年，拜翰林學士承旨。十七年，卒，年七十八，謚曰文獻。

樞天質含弘而仁恕，恭斂而儉勤，未嘗疑人欺己。有負其德，亦不留怨。憂患之來，不見言色。有來卽謀，必反復告之。

子煒，仕爲平章政事；從子燧，官至翰林學士承旨，以文章大家知名，卒謚曰文。

許衡

許衡字仲平，懷之河內人也，世爲農。父通，避地河南，以泰和九年九月生衡於新鄭縣。幼有異質，七歲入學，授章句，問其師曰：「讀書何爲？」師曰：「取科第耳！」曰：「如斯而已乎？」師大奇之。每授書，又能問其旨義。久之，師謂其父母曰：「兒穎悟不凡，他日必有大過人者，吾非其師也。」遂辭去，父母强之不能止。如是者凡更三師。稍長，嗜學如饑渴，然遭世亂，且貧無書。嘗從日者家見書疏義，因請寓宿，手抄歸。旣逃難（岨崍）〔徂徠〕山，〔六〕始得易王輔嗣說。時兵亂中，衡夜思晝誦，身體而力踐之，言動必揆諸義而後發。嘗暑中過河陽，渴甚，道有梨，衆爭取啖之，衡獨危坐樹下自若。或問之，曰：「非其有而取之，不可也。」人曰：「世亂，此無主。」曰：「梨無主，吾心獨無主乎？」

轉魯留魏，人見其有德，稍稍從之。居三年，聞亂且定，乃還懷。往來河、洛間，從柳城姚樞得伊洛程氏及新安朱氏書，益大有得。尋居蘇門，與樞及竇默相講習。凡經傳、子史、禮樂、名物、星曆、兵刑、食貨、水利之類，無所不講，而慨然以道爲己任。嘗語人曰：「綱常不可一日而亡於天下，苟在上者無以任之，則在下之任也。」凡喪祭娶嫁，必徵於禮，以倡其鄉人，學者寖盛。家貧躬耕，粟熟則食，粟不熟則食糠覈菜茹，處之泰然，謳誦之聲聞戶外如金石。財有餘，卽以分諸族人及諸生之貧者。人有所遺，一毫弗義弗受也。樞嘗被召入京師，以其雪齋居衡，命守者館之，衡拒不受。庭有果熟爛墮地，童子過之，亦不睨視而去，其家人化之如此。

甲寅，世祖出王秦中，以姚樞爲勸農使，教民畊植。又思所以化秦人，乃召衡爲京兆提學。秦人新脫於兵，欲學無師，聞衡來，人人莫不喜幸來學。郡縣皆建學校，民大化之。世祖南征，乃還懷，學者攀留之不得，從送之臨潼而歸。

中統元年，世祖卽皇帝位，召至京師。時王文統以言利進爲平章政事，衡、樞輩入侍，言治亂休戚，必以義爲本。文統患之。且竇默日於帝前排其學術，疑衡與之爲表裏，乃奏以樞爲太子太師，默爲太子太傅，衡爲太子太保，陽爲尊用之，實不使數侍上也。默以屢攻文統不中，欲因東宮以避禍，與樞拜命，將入謝。衡曰：「此不安於義也，姑勿論。禮，師傅與太子位東西鄉，師傅坐，太子乃坐。公等度能復此乎？不能，則師道自我廢也。」樞以爲然，乃相與懷制立殿下，五辭乃免。改命樞大司農，默翰林侍講學士，衡國子祭酒。未幾，衡亦謝病歸。

至元二年，帝以安童爲右丞相，欲衡輔之，復召至京師，命議事中書省。衡乃上疏曰：

臣性識愚陋，學術荒疏，不意虛名偶塵聖聽。陛下好賢樂善，舍短取長，雖以臣之不才，自甲寅至今十有三年，凡八被詔旨，中懷自念，何以報塞。又日者面奉德音，叮嚀懇至，中書大務，容臣盡言。臣雖昏愚，荷陛下知待如此其厚，敢不罄竭所有，裨益萬分。孟子以「責難於君謂之恭，陳善閉邪謂之敬」；孔子謂「以道事君，不可則止」。臣之所守，大意蓋如此也。伏望陛下寬其不佞，察其至懷，則區區之愚，亦或有小補云。

其一曰：自古立國，皆有規模。循而行之，則治功可期。否則心疑目眩，變易分更，未見其可也。昔子產相衰周之列國，孔明治西蜀之一隅，且有定論，終身由之；而堂堂天下，可無一定之說而妄爲之哉？考之前代，北方之有中夏者，必行漢法乃可長久。故後魏、遼、金歷年最多，他不能者，皆亂亡相繼，史册具載，昭然可考。使國家而居朔漠，則無事論此也。今日之治，非此奚宜？夫陸行宜車，水行宜舟，反之則不能行；幽燕食寒，蜀漢食熱，反之則必有變。以是論之，國家之當行漢法無疑也。然萬世國俗，累朝勳舊，一旦驅之下從臣僕之謀，改就亡國之俗，其勢有甚難者。（切）〔竊〕嘗思之，〔七〕寒之與暑，固爲不同。然寒之變暑也，始於微溫，溫而熱，熱而暑，積百有八十二日而寒始盡。暑之變寒，其勢亦然，是亦積之之驗也。苟能漸之摩之，待以歲月，心堅而確，事易而常，未有不可變者。此在陛下尊信而堅守之，不雜小人，不責近效，不恤流言，則致治之功庶幾可成矣。

二曰：中書之務不勝其煩，然其大要在用人、立法二者而已矣。近而譬之，髮之在首，不以手理而以櫛理；食之在器，不以手取而以匕取。手雖不能，而用櫛與匕，是卽手之爲也。上之用人，何以異此。然人之賢否，未知其詳，固不可得而遽用也。然或已知其孰爲君子，孰爲小人，而復患得患失，莫敢進退，徒曰知人，而實不能用人，亦何益哉！人莫不飲食也，獨膳夫爲能調五味之和；莫不睹日月也，獨星官爲能步虧食之數者，誠以得其法故也。古人有言曰：「爲高必因丘陵，爲下必因川澤，爲政必因先王之道。」今里巷之談，動以古爲詬戲，不知今日口之所食，身之所衣，皆古人遺法而不可違者，豈天下之大，國家之重，而古之成法反可違邪？其亦弗思甚矣！夫治人者法也，守法者人也。人法相維，上安下順，而宰執優游於廊廟之上，不煩不勞，此所謂省也。

夫立法用人，今雖未能遽如古昔，然已仕者當給俸以養其廉，未仕者當寬立條格，俾就敍用，則失職之怨少可舒矣。外設監司以察污濫，內專吏部以定資歷，則非分之求漸可息矣。再任三任，抑高舉下，則人才爵位略可平矣。至於貴家之世襲，品官之任子，版籍之數，續當議之，亦不可緩也。

其三曰：民生有欲，無主乃亂，上天眷命，作之君師，此蓋以至難任之，非予之可安之地而娛之也。是以堯、舜以來，聖帝明王莫不兢兢業業、小心畏愼者，誠知天之所畀至難之任，初不可以易心處之也。知其爲難而以難處，則難或可爲；不知爲難而以易處，則他日之難有不可爲者矣。孔子曰：「爲君難，爲臣不易。」爲臣之道，臣已告之安童矣。至爲君之難，尤陛下所當專意也。臣請言其切而要者。

夫人君不患出言之難，而患踐言之難。知踐言之難，則其出言不容不愼矣。昔劉安世行一不妄語，七年而後成。夫安世一士人也，所交者一家之親、一鄕之衆也，同列之臣不過數十百人而止耳，而言猶若此，況天下之大，兆民之衆，事有萬變，日有萬機，人君以一身一心而酬酢之，欲言之無失，豈易能哉？故有昔之所言而今日忘之者，今之所命而後日自違者，可否異同，紛更變易，紀綱不得布，法度不得立，臣下無所持循，奸人因以爲弊，天下之人疑惑驚眩，且議其無法無信一至於此也。此無他，至難之地不以難處，而以易處故也。苟從大學之道，以修身爲本，凡一言一動，必求其然與其所當然，不牽於愛，不蔽於憎，不因於喜，不激於怒，虚心端意，熟思而審處之，雖有不中者蓋鮮矣。奈何爲人上者多樂舒肆，爲人臣者多事容悦。容悦本爲私也，私心盛則不畏人矣；舒肆本爲欲也，欲心盛則不畏天矣。以不畏天之心，與不畏人之心，感合無間，則其所務者皆快心事耳。快心則口欲言而言，身欲動而動，又安肯兢兢業業，以修身爲本，一言一動，熟思而審處之乎？此人君踐言之難，而又難於天下之人也。

人之情僞有易有險，險者難知，易者易知，此特係夫人之險易者然也。然又有衆寡之分焉。寡則易知，衆則難知，故在上者難於知下，而在下者易於知上，其勢然也。處難知之地，御難知之人，欲其不見欺也難矣。昔包拯剛嚴峭直，號爲明察，然一小吏而能欺之。然拯一京尹耳，其見欺於人，不過誤一事、害一人而已。人君處億兆之上，操予奪進退賞罰生殺之權，不幸見欺，則以非爲是，以是爲非，其害有不可勝旣也。人君惟無喜怒也，有喜怒，則贊其喜以市恩，鼓其怒以張勢。人君惟無愛憎也，有愛憎，則假其愛以濟私，藉其憎以復怨。甚至本無喜也，誑之使喜，本無怒也，激之使怒，本不足愛也，而誑譽之使愛，本無可憎也，而强短之使憎。若是，則進者未必爲君子，退者未必爲小人，予者未必爲有功，奪者未必爲有罪，以至賞之、罰之、生之、殺之，鮮有得其正者。人君不悟其受欺也，而反任之以防天下之欺，欺而至此，尙可防邪？大抵人君以知人爲貴，以用人爲急。用得其人，則無事於防矣。既不出此，則所近者爭進之人耳，好利之人耳，無恥之人耳。彼挾其詐術，千蹊萬徑，以蠱君心，欲防其欺，雖堯、舜不能也。

夫賢者以公爲心，以愛爲心，不爲利回，不爲勢屈，置之周行，則庶事得其正，天下被其澤，其於人國，重固如此也。夫賢者遭時不偶，務自韜晦，世固未易知也。雖或知之，而無所援引，則人君無由知也。人君知之，然召之命之，汎如廝養，賢者有不屑也。雖或接之以貌，待之以禮，然而言不見用，賢者不處也。或用其言也，而復使小人參之，責小利，期近效，有用賢之名，無用賢之實，賢者亦豈肯尸位素餐以取譏於天下哉！此特難進者也，而又有難合者焉。人君處崇高之地，大抵樂聞人過，而不樂於聞己之過，務快己之心，而不務快民之心，賢者必欲匡而正之，扶而安之，如堯、舜之正、堯、舜之安而後已，故其勢恒難合。況夫奸邪佞倖，醜正而惡直，肆爲詆毁，多方以陷之，將見罪戾之不免，又可望其庶事得其正，而天下被其澤邪！自古及今，端人雅士所以重於進而輕於退者，蓋以此耳。大禹聖人，聞善卽拜，益猶戒之以「任賢勿貳，去邪勿疑」，後世人主宜如何也？此任賢之難也。

奸邪之人，其爲心也險，其用術也巧。惟險也，故千態萬狀而人莫能知；惟巧也，故千蹊萬徑而人莫能禦。其諂似恭，其訐似直，其欺似可信，其佞似可近，務以窺人君之喜怒而迎合之，竊其勢以立己之威，濟其欲以結主之愛，愛隆於上，威擅於下，大臣不敢議，近親不敢言，毒被天下而上莫之知，至是而求去之亦已難矣。雖然，此特人主之不悟者也，猶有說焉。如宇文士及之佞，太宗灼見其情而不能斥；李林甫妬賢嫉能，明皇洞見其奸而不能退。邪之惑人，有如此者，可不畏哉！

夫上以誠愛下，則下以忠報上，感應之理然也。然考之往昔，有不可以常情論者。禹抑洪水以救民，啓又能敬承繼禹之道，其澤深矣，然一傳而太康失道，則萬姓仇怨而去者，何邪？漢高帝起布衣，天下影從，滎陽之難，紀信至捐生以赴急，則人心之歸可見矣，及天下已定，而沙中有謀反者，又何邪？竊嘗思之，民之戴君，本於天命，初無不順之心，特由使之失望，使之不平，然後怨怒生焉。禹、啓愛民如赤子，而太康逸豫以滅德，是以失望；漢高以寬仁得天下，及其已定，乃以愛憎行誅賞，是以不平。古今人君，凡有恩澤於民，而民怨且怒者，皆類此也。夫人君有位之初，既出美言而告天下矣，既而實不能副，故怨生焉。等人臣耳，無大相遠，人君特以己之私而厚一人，則其薄者已疾之矣，況於薄有功而厚有罪，人得不怒於心邪？必如古者大學之道，以修身爲本，一言一動，舉可以爲天下之法，一賞一罰，舉可以合天下之公，則億兆之心將不求而自得，又豈有失望不平之累哉！

三代而下稱盛治者，無如漢之文、景，然考之當時，天象數變，山崩地震未易遽數，是將小則有水旱之災，大則有亂亡之應，非徒然而已也。而文、景克承天心，一以養民爲務，今年勸農桑，明年減田租，懇愛如此，宜其民心得而和氣應也。臣竊見前年秋孛出西方，彗出東方，去年冬彗見東方，復見西方。議者謂當除舊布新，以應天變。臣以爲曷若直法文、景之恭儉愛民，爲理明義正而可信也。天之樹君，本爲下民。故孟子謂「民爲重，君爲輕」，書亦曰「天視自我民視，天聽自我民聽」。以是論之，則天之道恒在於下，恒在於不足也。君人者，不求之下而求之高，不求之〔不〕足而求之有餘，〔八〕斯其所以召天變也。其變已生，其象已著，乖戾之幾已萌，猶且因仍故習，抑其下而損其不足，謂之順天，不亦難乎？

此六者，皆難之目也。舉其要，則修德、用賢、愛民三者而已。此謂治本。本立，則紀綱可布，法度可行，治功可必。否則愛惡相攻，善惡交病，生民不免於水火，以是爲治，萬不能也。

其四曰：語古之聖君，必曰堯、舜；語古之賢相，必曰稷、契。蓋堯、舜能知天道而順承之，稷、契又知堯、舜之心而輔贊之，此所以爲法於天下，可傳於後世也。夫天道好生而不私，堯與舜亦好生而不私。若「克明俊德」，至於「黎民於變」，「敬授人時」，至於「庶績咸熙」，此順承天道之實也。稷播百穀以厚民生，契敷五教以善民心，此輔贊堯、舜之實也。臣嘗復熟推衍，思之又思，參之往古聖賢之言無不同，驗之歷代治亂之迹無不合，蓋此道之行，民可使富，兵可使强，人才可使盛，國勢可使重，夙夜念之至熟也。今國家徒知斂財之巧，而不知生財之由；徒知防人之欺，而不欲養人之善；徒患法令之難行，而不患法令無可行之地。誠能優重農民，勿擾勿害，敺游惰之人而歸之南畝，課之種藝，懇喻而督行之，十年之後，倉府之積，當非今日之比矣。自都邑而至州縣，皆設學校，使皇子以下至於庶人之子弟，皆入於學，以明父子君臣之大倫，自洒掃應對以至平天下之要道，十年已後，上知所以御下，下知所以事上，上下和睦，又非今日之比矣。二者之行，萬目斯擧，否則他皆不可期也。是道也，堯、舜之道也。孟子曰：「我非堯、舜之道，不敢以陳於王前。」臣愚區區，竊亦願學也。

其五曰：天下所以定者，民志定，則士安於士，農安於農，工商安於爲工商，則在上之人有可安之理矣。夫民不安於白屋，必求祿仕；仕不安於卑位，必求尊榮。四方萬里，輻輳並進，各懷無厭無耻之心，在上之人可不爲寒心哉！臣聞取天下者尚勇敢，守天下者尚退讓。取也守也，各有其宜，君人者不可不審也。夫審而後發，發無不中，否則觸事而遽〔喜怒〕，喜怒之色見於貌，〔九〕言出於口，人皆知之。徐考其故，知其無可喜者則必悔其喜之失，無可怒者則必悔其怒之失，甚至先喜而後怒，先怒而後喜，號令數變，喜怒不節之故也。是以先王潛心恭默，不易喜怒，其未發也，雖至近莫能知其發也，雖至親莫能移，是以號令簡而無悔，則無不中節矣。夫數變，不可也；數失信，尤不可也。周幽無道，故不恤此，今無此，何苦使人之不信也。

書奏，帝嘉納之。衡自見帝，多奏陳，及退，皆削其草，故其言多祕，世罕得聞，所傳者特此耳。衡多病，帝聽五日一至省，時賜尚方名藥美酒以調養之。四年，乃聽其歸懷。五年，復召還，奏對亦祕。

六年，命與太常卿徐世隆定朝儀，儀成，帝臨觀，甚悅。又詔與太保劉秉忠、左丞張文謙定官制，衡歷考古今分併統屬之序，去其權攝增置冗長側置者，凡省部、院臺、郡縣與夫后妃、儲藩、百司所聯屬統制，定爲圖。七年，奏上之。翌日，使集公卿雜議中書、院臺行移之體，衡曰：「中書佐天子總國政，院臺宜具呈。」時商挺在樞密，高鳴在臺，皆不樂，欲定爲咨稟，因大言以動衡曰：「臺院皆宗親大臣，若一忤，禍不可測。」衡曰：「吾論國制耳，何與於人。」遂以其言質帝前，帝曰：「衡言是也，吾意亦若是。」

未幾，阿合馬爲中書平章政事，領尚書省六部事，因擅權，勢傾朝野，一時大臣多阿之，衡每與之議，必正言不少讓。已而其子又有僉樞密院之命，衡獨執議曰：「國家事權，兵民財三者而已。今其父典民與財，子又典兵，不可。」帝曰：「卿慮其反邪？」衡對曰：「彼雖不反，此反道也。」阿合馬由是銜之，亟薦衡宜在中書，欲因以事中之。俄除左丞，衡屢入辭免，帝命左右掖衡出。衡出及闥，還奏曰：「陛下命臣出，豈出省邪？」帝笑曰：「出殿門耳。」從幸上京，乃論列阿合馬專權罔上、蠹政害民若干事，不報。因謝病請解機務。帝惻然，召其子師可入，諭旨，且命舉自代者。衡奏曰：「用人，天子之大柄也。臣下汎論其賢否則可，若授之以位，則當斷自宸衷，不可使臣下有市恩之漸也。」

帝久欲開太學，會衡請罷益力，乃從其請。八年，以爲集賢大學士，兼國子祭酒，親爲擇蒙古弟子俾教之。衡聞命，喜曰：「此吾事也。國人子大樸未散，視聽專一，若置之善類中涵養數年，將必爲國用。」乃請徵其弟子王梓、劉季偉、韓思永、耶律有尙、呂端善、姚燧、高凝、白棟、蘇郁、姚燉、孫安、劉安中十二人爲伴讀。詔驛召之來京師，分處各齋，以爲齋長。時所選弟子皆幼稚，衡待之如成人，愛之如子，出入進退，其嚴若君臣。其爲教，因覺以明善，因明以開蔽，相其動息以爲張弛。課誦少暇，卽習禮，或習書算。少者則令習拜跪、揖讓、進退、應對，或射，或投壺，負者罰讀書若干遍。久之，諸生人人自得，尊師敬業，下至童子，亦知三綱五常爲生人之道。

十年，權臣屢毀漢法，諸生廩食或不繼，衡請還懷。帝以問翰林學士王磐，磐對曰：「衡教人有法，諸生行可從政，此國之大體，宜勿聽其去。」帝命諸老臣議其去留，竇默爲衡懇請之，乃聽衡還，以贊善王恂攝學事。劉秉忠等奏，乞以衡弟子耶律有尙、蘇郁、白棟爲助教，以守衡規矩，從之。

國家自得中原，用金大明曆，自大定是正後六七十年，氣朔加時漸差。帝以海宇混一，宜協時正日。十三年，詔王恂定新曆。恂以爲曆家知曆數而不知曆理，宜得衡領之，乃以集賢大學士兼國子祭酒，教領太史院事，召至京。衡以爲冬至者曆之本，而求曆本者在驗氣。今所用宋舊儀，自汴還至京師已自乖舛，加之歲久，規環不叶。乃與太史令郭守敬等新製儀象圭表，自丙子之冬日測晷景，得丁丑、戊寅、己卯三年冬至加時，減大明曆十九刻二十分，又增損古歲餘歲差法，上考春秋以來冬至，無不盡合。以月食衡及金木二星距驗冬至日躔，校舊曆退七十六分。以日轉遲疾中平行度驗月離宿度，加舊曆三十刻。以綫代管闚測赤道宿度。以四正定氣立損益限，以定日之盈縮。分二十八限爲三百三十六，以定月之遲疾。以赤道變九道定月行。以遲疾轉定度分定朔，而不用平行度。以日月實合時刻定晦，而不用虛進法。以躔離朓朒定交食。其法視古皆密，而又悉去諸曆積年月日法之傅會者，一本天道自然之數，可以施之永久而無弊。自餘正訛完闕，蓋非一事。十七年，曆成，奏上之，賜名曰授時曆，頒之天下。

六月，以疾請還懷。皇太子爲請於帝，以子師可爲懷孟路總管以養之，且使東宮官來諭衡曰：「公毋以道不行爲憂也，公安則道行有時矣，其善藥自愛。」十八年，衡病革，家人祠，衡曰：「吾一日未死，寧不有事於祖考。」扶而起，奠獻如儀。既撤，家人餕，怡怡如也。已而卒，年七十三。是日，大雷電，風拔木。懷人無貴賤少長，皆哭於門。四方學士聞訃，皆聚哭。有數千里來祭哭墓下者。

衡善教，其言煦煦，雖與童子語，如恐傷之。故所至，無貴賤賢不肖皆樂從之，隨其才昏明大小皆有所得，可以爲世用。所去，人皆哭泣，不忍舍，服念其教如金科玉條，終身不敢忘。或未嘗及門，傳其緒餘，而折節力行爲名世者，往往有之。聽其言，雖武人俗士異端之徒，無不感悟者。丞相安童一見衡，語同列曰：「若輩自謂不相上下，蓋十百與千萬也。」翰林承旨王磐氣概一世，少所與可，獨見衡曰：「先生，神明也。」大德〔二〕〔元〕年，〔一〇〕贈榮祿大夫、司徒，謚文正。至大二年，加正學垂憲佐運功臣、太傅、開府儀同三司，封魏國公。皇慶二年，詔從祀孔子廟廷。延祐初，又詔立書院京兆以祀衡，給田奉祠事，名魯齋書院。魯，衡居魏時所署齋名也。子師可。

竇默 李俊民附

竇默字子聲，初名傑字漢卿，廣平肥鄉人。幼知讀書，毅然有立志。族祖旺，爲郡功曹，令習吏事，不肯就。會國兵伐金，默爲所俘。同時被俘者三十人，皆見殺，惟默得脫歸其鄉。家破，母獨存，驚怖之餘，母子俱得疾，母竟亡，扶病藁葬。而大兵復至，遂南走渡河，依母黨吳氏。醫者王翁妻以女，使業醫。轉客蔡州，遇名醫李浩，授以銅人針法。金主遷蔡，默恐兵且至，又走德安。孝感令謝憲子以伊洛性理之書授之，默自以爲昔未嘗學，而學自此始。適中書楊惟中奉旨招集儒、道、釋之士，默乃北歸，隱於大名，與姚樞、許衡朝暮講習，至忘寢食。繼還肥鄉，以經術教授，由是知名。

世祖在潛邸，遣召之，默變姓名以自晦。使者俾其友人往見，而微服躡其後，默不得已乃拜命。既至，問以治道，默首以三綱五常爲對。世祖曰：「人道之端，孰大於此。失此，則無以立於世矣。」默又言：「帝王之道，在誠意正心，心既正，則朝廷遠近莫敢不一於正。」一日凡三召與語，奏對皆稱旨，自是敬待加禮，不令暫去左右。世祖問今之明治道者，默薦姚樞，卽召用之。俄命皇子眞金從默學，賜以玉帶鉤，諭之曰：「此金內府故物，汝老人，佩服爲宜，且使我子見之如見我也。」久之，請南還，命大名、順德各給田宅，有司歲具衣物以爲常。

世祖卽位，召至上都，問曰：「朕欲求如唐魏徵者，有其人乎？」默對曰：「犯顏諫諍，剛毅不屈，則許衡其人也。深識遠慮，有宰相才，則史天澤其人也。」天澤時宣撫河南，帝卽召拜右丞相，以默爲翰林侍講學士。時初建中書省，平章政事王文統頗見委任，默上書曰：

臣事陛下十有餘年，數承顧問，與聞聖訓，有以見陛下急於求治，未嘗不以利生民安社稷爲心。時先帝在上，姦臣擅權，總天下財賦，操執在手，貢進奇貨，衒耀紛華，以娛悅上心。其扇結朋黨、離間骨肉者，皆此徒也。此徒當路，陛下所以不能盡其初心。救世一念，涵養有年矣。

今天順人應，誕登大寶，天下生民莫不懽忻踴躍，引領盛治。然平治天下，必用正人端士，脣吻小人一時功利之說，必不能定立國家基本，爲子孫久遠之計。其賣利獻勤、乞憐取寵者，使不得行其志，斯可矣。若夫鈎距揣摩，以利害驚動人主之意者，無他，意在擯斥諸賢，獨執政柄耳，此蘇、張之流也，惟陛下察之。伏望別選公明有道之士，授以重任，則天下幸甚。

他日，默與王鶚、姚樞俱在帝前，復面斥文統曰：「此人學術不正，久居相位，必禍天下。」帝曰：「然則誰可相者？」默曰：「以臣觀之，無如許衡。」帝不悅而罷。文統深忌之，乃請以默爲太子太傅，默辭曰：「太子位號未正，臣不敢先受太傅之名。」乃復以爲翰林侍講學士，詳見許衡傳。默俄謝病歸，未幾，文統伏誅，帝追憶其言，謂近臣曰：「曩言王文統不可用者，惟竇漢卿一人。向使更有一二人言之，朕寧不之思耶？」召還，賜第京師，命有司月給廩祿，國有大政輒以訪之。

默與王磐等請分置翰林院，專掌蒙古文字，以翰林學士承旨撒的迷底里主之；其翰林兼國史院，仍舊纂修國史，典制誥，備顧問，以翰林學士承旨兼修起居注和禮霍孫主之。帝可其奏。默又言：「三代所以風俗淳厚、歷數長久者，皆設學養士所致。今宜建學立師，博選貴族子弟敎之，以示風化之本。」帝嘉納之。默嘗與劉秉忠、姚樞、劉肅、商挺侍上前，默言：「君有過舉，臣當直言，都兪吁咈，古之所尚。今則不然，君曰可臣亦以爲可，君曰否臣亦以爲否，非善政也。」明日，復侍帝於幄殿。獵者失一鶻，帝怒，侍臣或從旁大聲謂宜加罪。帝惡其迎合，命杖之，釋獵者不問。旣退，秉忠等賀默曰：「非公誠結主知，安得感悟至此。」

至元十二年，默年八十，公卿皆往賀，帝聞之，拱手曰：「此輩賢者，安得請於上帝，減去數年，留朕左右，共治天下，惜今老矣！」悵然者久之。默旣老，不視事，帝數遣中使以珍玩及諸器物往存問焉。十七年，加昭文舘大學士，卒，年八十五。訃聞，帝深爲嗟悼，厚加賵賜，皇太子亦賻以鈔二千貫，命有司護送歸葬肥鄉。

默爲人樂易，平居未嘗評品人物，與人居，溫然儒者也。至論國家大計，面折廷諍，人謂汲黯無以過之。帝嘗謂侍臣曰：「朕求賢三十年，惟得竇漢卿及李俊民二人。」又曰：「如竇漢卿之心，姚公茂之才，合而爲一，斯可謂全人矣。」後累贈太師，封魏國公，謚文正。子履，集賢大學士。

李俊民字用章，澤州人，得河南程氏傳受之學。金承安中擧進士第一，應奉翰林文字。未幾，棄官不仕，以所學教授鄉里，從之者甚盛，至有不遠千里而來者。金源南遷，隱於嵩山，〔一〕後徙懷州，俄復隱於西山。既而變起倉猝，人服其先知。俊民在河南時，隱士荊先生者，授以邵雍皇極數。時之知數者，無出劉秉忠之右，亦自以爲弗及也。

世祖在潛藩，以安車召之，延訪無虛日。遽乞還山，世祖重違其意，遣中貴人護送之。又嘗令張仲一問以禎祥，及卽位，其言皆驗。而俊民已死，賜謚莊靜先生。

校勘記

〔一〕不知行營〔往復〕之擾攘　原墨釘，道光本與元文類卷六〇姚燧姚樞神道碑合，從補。

〔一〕各疏（弛）〔施〕張之方　據元文類卷六〇姚燧姚樞神道碑改。

〔二〕二年　考異云「案此傳敍事，自世祖卽位以後，書二年、四年者，中統之紀年也」，「有年而無號，史失之」。「二年」上當有「中統」二字。

〔三〕十年　按元文類卷六〇姚燧姚樞神道碑有「至元之元」、「明年」、「五年」、「八年」、「十年」，此「十年」上當書「至元」。考異已校。

〔四〕十一年　按元文類卷六〇姚燧姚樞神道碑繫此事于「十一年」之「明年」，此處「十一」當作「十二」。蒙史已校。

〔五〕（岨崍）〔徂徠〕山　據圭齋集卷九許衡神道碑改。新編已校。

〔六〕（切）〔竊〕嘗思之　據許文正公遺書卷七時務五事疏改。類編已校。

〔七〕不求之〔不〕足而求之有餘　道光本與許文正公遺書卷七時務五事疏合，從補。

〔八〕否則觸事而遽〔喜怒〕喜怒之色見於貌　據許文正公遺書卷七時務五事疏補。類編已校。

〔九〕大德（二）〔元〕年　據許文正公遺書卷首元朝詔誥、考歲略及卷末附錄歐陽玄許衡神道碑改。新編已校。

〔一〇〕金源南遷隱於嵩山　按元名臣事略卷八竇文正公引楊奐李俊民傳作「南遷，隱嵩州鳴皋山」，疑「嵩山」當作「嵩州鳴皋山」。

元史卷一百五十九

列傳第四十六

宋子貞

宋子貞字周臣，潞州長子人也。性敏悟好學，工詞賦。弱冠，領薦書試禮部，與族兄知柔同補太學生，俱有名於時，人以大、小宋稱之。

金末，潞州亂，子貞走趙、魏間。宋將彭義斌守大名，辟爲安撫司計議官。義斌歿，子貞率衆歸東平行臺嚴實。實素聞其名，招置幕府，用爲詳議官，兼提舉學校。先是，實每令人請事于朝，托近侍奏決，不經中書，因與丞相耶律楚材有違言。子貞至，勸實致禮丞相，通慇懃，凡奏請，必先咨稟。丞相喜，自是交懽無間，實因此益委信子貞。

太宗四年，實戍黄陵，金人悉力來攻。與戰不利，敵勢頗張，曹、濮以南皆震。有自敵中逃歸者，言金兵且大至，人情恟懼。子貞請於實，斬揚言者首以令諸城，境內乃安。汴梁既下，饑民北徙，餓殍盈道。子貞多方賑救，全活者萬餘人。金士之流寓者，悉引見周給，且薦用之。拔名儒張特立、劉肅、李昶輩於羈旅，與之同列。四方之士聞風而至，故東平一時人材多於他鎮。

七年，太宗命子貞爲行臺右司郎中。中原略定，事多草創，行臺所統五十餘城，州縣之官或擢自將校，或起由民伍，率昧於從政。甚者，專以掊克聚斂爲能，官吏相與爲貪私以病民。子貞倣前代觀察采訪之制，命官分三道糾察官吏，立爲程式，與爲期會，黜貪墮，獎廉勤，官府始有紀綱，民得蘇息。東平將校，占民爲部曲戶，謂之脚寨，擅其賦役，幾四百所。子貞請罷歸州縣。實初難之，子貞力言乃聽，人以爲便。

實卒，子忠濟襲爵，尤敬子貞。請于朝，授參議東平路事，兼提舉太常禮樂。子貞作新廟學，延前進士康曄、王磐爲教官，招致生徒幾百人，出粟贍之，俾習經藝。每季程試，必親臨之。齊魯儒風，爲之一變。

歲己未，世祖南伐，召子貞至濮，問以方略。對曰：「本朝威武有餘，仁德未洽。所以拒命者，特畏死爾，若投降者不殺，脅從者勿治，則宋之郡邑可傳檄而定也。」世祖善其言。中統元年，授益都路宣撫使。未幾，入覲，拜右三部尙書。時新立省部，典章制度，多子貞裁定。李壇叛，據濟南，詔子貞參議軍前行中書省事。子貞單騎至濟南，覰壇形勢，因說丞相史天澤曰：「璮擁衆東來，坐守孤城，宜增築外城，防其奔突，彼糧盡援絕，不攻自破矣。」議與天澤合，遂擒璮。

子貞還，上書陳便宜十事，大略謂：「官爵，人主之柄，選法宜盡歸吏部。律令，國之紀綱，宜早刊定。監司總統一路，用非其材，不厭人望，乞選公廉有才德者爲之。今州縣官相傳以世，非法賦斂，民窮無告，宜遷轉以革其弊。」又請建國學教冑子，敕州郡提學課試諸生，三年一貢舉。有旨命中書次第施行之。至元二年，始罷州縣官世襲。遣子貞與左丞相耶律鑄行山東，遷調所部官。還，授翰林學士，參議中書省事。奏請班俸祿，定職田，從之。俄拜中書平章政事。復陳時務之切要者十二策。帝頗悔用子貞晚。

未幾，以年老求退，帝曰：「卿氣力未衰，勉爲朕留，措置大事，俟百司差有條理，聽卿自便。」三年十一月，懇辭，乃得請。特敕中書，凡有大事，卽其家訪問。子貞私居，每聞朝廷事不便，必封疏上奏，愛君憂國，不以進退異其心。卒年八十一。始病，家人進醫藥，却之曰：「死生有命，吾年踰八十，何以藥爲。」病危，諸子請遺言，子貞曰：「吾平昔教汝者不少，今尙何言耶！」

子渤，字齊彥，有才名，官至集賢學士。

商挺

商挺字孟卿，曹州濟陰人。其先，本姓殷氏，避宋諱改焉。父衡，僉陝西行省員外郎，以戰死。挺年二十四，汴京破，北走，依冠氏趙天錫，與元好問、楊奐遊。東平嚴實聘爲諸子師。實卒，子忠濟嗣，辟挺爲經歷，出爲曹州判官。未幾，復爲經歷，贊忠濟興學養士。

癸丑，世祖在潛邸，受京兆分地，聞挺名，遣使徵至鹽州。入對稱旨，字而不名。間陪宴語，因曰：「挺來時，李璮城朐山，東平當餽米萬石。東平至朐山，率十石致一石，且車淖于雨必後期，後期罪死。請輸沂州，使璮軍取食，便。」世祖曰：「愛民如此，忍不卿從。」挺佐惟楊惟中宣撫關中，挺爲郎中。兵火之餘，八州十二縣，戶不滿萬，皆驚憂無聊。挺佐惟中，進賢良，黜貪暴，明尊卑，出淹滯，定規程，主簿責，印楮幣，頒俸祿，務農薄稅，通其有無。期月，民乃安。誅一大猾，羣吏咸懼。且請滅關中常賦之半。明年，惟中罷，廉希憲來代，陞挺爲宣撫副使。

丙辰，徵京兆軍需布萬匹、米三千石、帛三千段，械器稱是，輸平涼軍。期迫甚，郡人大恐。挺曰：「他易集也，運米千里，妨我蠶麥。」鄠長王姓者，平涼人也，挺召與謀，對曰：「不煩官運，僕家有積粟，請以代輸。」挺大悅，載價與之，他輸亦如期。復命兼治懷孟，境內大治。丁巳，憲宗命阿藍答兒會計河南、陝右。戊午，罷宣撫司，挺還東平。

憲宗親征蜀，世祖將趨鄂、漢，軍于小濮，召問軍事。挺對曰：「蜀道險遠，萬乘豈宜輕動。」世祖默然久之，曰：「卿言正契吾心。」憲宗崩，世祖北還，道遣張文謙與挺計事。挺曰：「軍中當嚴符信，以防姦詐。」文謙急追及言之。世祖大悟，罵曰：「無一人爲我言此，非商孟卿幾敗大計。」速遣使至軍立約。未幾，阿里不哥之使至軍中，執而斬之。召挺北上至開平，挺與廉希憲密贊大計。

世祖既卽位，挺奏曰：「南師宜還扈乘輿，西師宜軍便地。」從之。以廉希憲及挺宣撫陝、蜀。中統元年夏五月，至京兆。哈剌不花者，征蜀時名將也，渾都海嘗爲之副，時駐六盤山，以兵應阿里不哥。挺謂希憲曰：「爲六盤，有三策：悉銳而東，直擣京兆，上策也；聚兵六盤，觀釁而動，中策也；重裝北歸，以應和林，下策也。」希憲曰：「彼將何從？」挺曰：「必出下策。」已而果然。於是與希憲定議，令八春、汪良臣發兵禦之，事具希憲傳。六盤之兵旣北，而阿藍答兒自和林引兵南來，與哈剌不花、渾都海遇於甘州。哈剌不花以語不合，引其兵北去，阿藍答兒遂與渾都海合軍而南。時諸王合丹率騎兵與八春、汪良臣兵合，乃分爲三道以拒之。旣陣，大風吹沙，良臣令軍士下馬，以短兵突其左，繞出陣後，潰其右而出，八春直擣其前，合丹勒精騎邀其歸路，大戰于甘州東，殺阿藍答兒、渾都海。事聞，帝大悅，曰：

「商孟卿，古之良將也。」改宣撫司爲行中書省，進希憲爲右丞，挺爲僉行省事。

二年，進參知政事。宋將劉整以瀘州降，繫前降宋者數百人來歸，軍吏請誅以戒，挺盡奏而釋之。興元判官費寅有罪懼誅，以借兵完城事訟挺與希憲于朝。帝召挺便殿，問曰：「卿在關中、懷孟，兩著治效，而毀言日至，豈同寅有沮卿者耶？抑位高而志怠耶？比年論王文統者甚衆，卿獨無一言。」挺對曰：「臣素知文統之爲人，嘗與趙璧論之，想陛下猶能記也。臣在秦三年，多過，其或從權以應變者有之。若功成以歸己，事敗分咎於人，臣必不敢，請就戮。」挺既出，帝顧駙馬忽剌出、樞副合答等，數挺前後大計，凡十有七，因嘆曰：「挺有功如是，猶自言有罪，若此，誰復爲朕戮力耶！卿等識之。」四年，賜金符，行四川行樞密院事。

至元元年，入拜參知政事。建議史事，附修遼、金二史，宜令王鶚、李冶、徐世隆、高鳴、胡祗遹、周砥等爲之，甚合帝意。二年，分省河東，俄召還。三年，帝留意經學，挺與姚樞、竇默、王鶚、楊果纂五經要語凡二十八類以進。六年，同僉樞密院事。七年，遷僉書。八年，陞副使。數軍食，定軍官品級，給軍吏俸。〔一〕使四千人屯田，開墾三萬畝，收其穫以餉親軍。汰不勝軍者戶三萬戶，一丁者亦汰去；丁多業寡，業多丁寡，財力相資，合出一軍。

九年，封皇子忙阿剌爲安西王，立王相府，以挺爲王相。十四年，詔王北征，王命挺曰：

「關中事有不便者，可悉更張之。」挺曰：「延安民兵數千，宜使李忽蘭吉練習之，以備不虞。」未幾，禿魯叛，以延安兵應敵，果獲其力。挺進十策於王，曰：睦親鄰，安人心，敬民時，備不虞，厚民生，一事權，清心源，謹自治，固本根，察下情。王爲置酒嘉納。王薨，王妃使挺請命于朝，以子阿難答嗣。帝曰：「年少，祖宗之訓未習，卿姑行王相府事。」

初，運使郭琮、郎中郭叔雲，與王相趙炳搆隙。或告炳不法，妃命囚之六盤獄以死。朝廷疑擅殺之，執琮、叔雲鞫問，伏辜，事具趙炳傳。初無一毫及挺。惟王府女奚徹徹，以預二郭謀，臨刑，望以求生，始有曖昧語連挺及其子瓛。帝怒，召挺，拘炳家，瓛下獄。帝命趙氏子曰：「商孟卿，老書生，可與諸儒讞其罪。」吏部尚書青陽夢炎以議動奏曰：「臣宋儒，不知挺向來之功可補今之過否？」帝不悅曰：「是同類相助之辭也。」符寶郎董文忠奏曰：「夢炎不知挺何如人，臣以曩時推戴之功語之矣。」帝良久曰：「其事果何如？」對曰：「臣目未覩，耳固聞之，殺人之謀，挺不與也。」帝默然。十六年春，有旨：挺不可全以無罪釋之，籍其家。是冬，始釋挺及瓛。二十年，復樞密副使，俄以疾免。二十一年，趙氏子復訟父寃，挺又被繫，百餘日乃釋。二十五年，帝問中丞董文用曰：「商孟卿今年幾何？」對曰：「八十。」帝甚惜其老，而嘆其康强。是歲冬十有二月卒。有詩千餘篇，尤善隸書。延祐初，贈推誠協謀佐運功臣、太師、開府儀同三司、上柱國、魯國公，謚文定。子五人：琥、璘、瑭、瓛、琦。

琥字台符。至元十四年，以姚樞、許衡薦，拜江南行御史臺監察御史。建康戍卒有利湯氏財者，投戈于其家，誣爲反具。琥知其寃，罪誣者而釋之。華亭蟠龍寺僧思月謀叛被擒，其黨縱火來劫，民大擾，琥亟誅其魁。文法吏責琥擅誅，行臺中丞張雄飛曰：「江南殘毀之餘，盜賊屢起，顧尙循常例，安用憲臺爲哉！」吏議遂屈。都昌妖賊杜（辛）〔萬〕一，〔三〕僭號倡亂，行臺檄琥按問。械繫脅從者盈獄，琥悉以詿誤縱遣之。黨與竄伏者猶衆，琥揭牓招徠，不三日雲集。

二十七年，徵拜中臺監察御史。屬地震，琥上書言：「昔漢文帝有此異，而無其應，蓋以躬行德化而弭也。」因條陳漢文時政以進。又言：「爲國之道，在立法、任人二者而已。法不徒立，須人而行，人不濫用，惟賢是擇。」因舉天下名士十餘人。帝從之，皆召用，待以不次。三十年，遷國子司業。卒。有彝齋文集。

瑭字禮符。仕爲右衞屯田千戶。歲餘，謝病侍親，時年纔三十二。後還鄉里，築室曰晦道堂，蓋取七世祖宗弼，宋仁宗時爲太子中舍人，年五十掛冠所築堂名也。

琦字德符。大德八年，成宗召備宿衞。仁宗在東宮，奏授集賢直學士。調大名路治中，不赴。皇慶元年，授集賢侍講學士。延祐四年，陞侍讀官、通奉大夫，賜鈔二萬五千貫。泰定元年，遷祕書卿，病歸，卒。琦善畫山水。嘗使蜀，持平守法，秋毫無私。

趙良弼

趙良弼字輔之，女直人也。本姓朮要甲，音訛爲趙家，因以趙爲氏。父慤，金威勝軍節度使，謚忠閔；慤長子良貴，嵩汝招討使；良貴子讜，許州兵官；慤從子良材，守太原。俱死事。

良弼明敏，多智略，初舉進士，敎授趙州。世祖在潛藩，召見，占對稱旨，會立邢州安撫司，擢良弼爲幕長。邢久不得善吏，且當要衝，使者旁午，民多逃去。良弼區畫有方，事或掣制，則請諸藩邸，再閱歲，凡六往返，所請無不從。脫兀脫以斷事官鎭邢，其屬要結罪廢者，交搆嫌隙，動相沮撓。世祖時征雲南，良弼馳驛白其事，遂黜脫兀脫，罷其屬，邢大治，戶口增倍。世祖在潛藩時，分地在關陝，奏以廉希憲、商挺宣撫陝西，以良弼參議司事。阿藍答兒當國，憚世祖英武，讒于憲宗。遂以阿藍答兒爲陝西省左丞相，劉太平參知政事，鈎校京兆錢穀，煅煉羣獄，死者二十餘人，衆皆股栗。良弼力陳大義，詞氣懇款，二人卒不能誣，故宣撫司一無所坐。

己未七月，世祖南征，召參議元帥事，兼江淮安撫使。親執桴鼓，率先士卒，五戰皆捷；禁焚廬舍、殺降民，所至宣布恩德，民皆按堵。旣渡江，攻鄂州，聞憲宗崩，世祖北還，良弼陳時務十二事，言皆有徵。至衞，遣如京兆察訪秦、蜀人情事宜，不踰月，具得實還報，曰：「宗王穆哥無他心，宜以西南六盤悉委屬之。渾都海屯軍六盤，士馬精強，咸思北歸，恐事有不意。紐鄰總秦、川蒙古諸軍，多得秦、蜀民心，年少驁勇，輕去就，當寵以重職，疾解其兵柄。劉太平、霍魯懷，今行尚書省事，聲言辦集糧餉，陰有據秦、蜀志。百家奴、劉黑馬、汪惟正兄弟，蒙被德惠，俱悉心俟命。」其言皆見采用。

庚申，良弼凡五上言勸進，曰：「今中外皆願大王早進正宸，以安天下，事勢如此，豈容中止，社稷安危，間不容髮。」世祖嘉之。旣卽位，立陝西四川宣撫司，復以廉希憲、商挺爲使、副，良弼爲參議。良弼先行，諜諸斷事官八春曰：「今渾都海日夜思北歸，紐鄰遷延不卽行，當先遣使奉上旨促紐鄰入朝，劉太平速還京兆。」八春從其議。至則紐鄰果移營將入涇，劉太平將趨六盤，聞命乃止。

後渾都海果叛北歸，良弼與汪惟正、劉黑馬二宣撫決議，執渾都海之黨元帥乞台不花、迷立火者誅之。希憲及挺慮有擅殺名，遣使入奏待罪。良弼具密狀授使者，言：「始遣捕二帥時，止令囚以俟報，臣竊以爲張惶不便，宜急誅之，擅殺在臣，實不在宣撫司，若上怒希憲等，願使者卽出此奏。」帝竟不問，使者以奏白政府，咸以良弼爲長者。陞參議陝西省事。

蜀人費寅以私憾誣廉希憲、商挺在京兆有異志者九事，以良弼爲徵。帝召良弼詰問，良弼泣曰：「二臣忠良，保無是心，願剖臣心以明之。」帝意不釋。會平李壇，得王文統交通書，益有疑二臣意，切責良弼，無所不至，至欲斷其舌。良弼誓死不少變，帝意乃解，費寅卒以反誅。

至元七年，以良弼爲經略使，領高麗屯田。良弼言屯田不便，固辭，遂以良弼奉使日本。先是，至元初，數遣使通日本，卒不得要領，於是良弼請行，帝憫其老，不許，良弼固請，乃授祕書監以行。良弼奏：「臣父兄四人，死事于金，乞命翰林臣文其碑，臣雖死絕域，無憾矣。」帝從其請。給兵三千以從，良弼辭，獨與書狀官二十四人俱。

舟至金津島，其國人望見使舟，欲舉刃來攻，良弼捨舟登岸喻旨。金津守延入板屋，以兵環之，滅燭大譟，良弼凝然自若。天明，其國太宰府官，陳兵四山，問使者來狀。良弼數其不恭罪，仍喻以禮意。太宰官愧服，求國書。良弼曰：「必見汝國王，始授之。」越數日，復來求書，且曰：「我國自太宰府以東，上古使臣，未有至者，今大朝遣使至此，而不以國書見授，何以示信！」良弼曰：「隋文帝遣裴清來，王郊迎成禮，唐太宗、高宗時，遣使皆得見王，王何獨不見大朝使臣乎？」復索書不已，詰難往復數四，至以兵脅良弼。良弼終不與，但頗錄本示之。後又聲言，大將軍以兵十萬來求書。良弼曰：「不見汝國王，寧持我首去，書不可得也。」日本知不可屈，遣使介十二人入覲，仍遣人送良弼至對馬島。

十年五月，良弼至自日本，入見，帝詢知其故，曰：「卿可謂不辱君命矣。」後帝將討日本，三問，良弼言：「臣居日本歲餘，覩其民俗，狠勇嗜殺，不知有父子之親、上下之禮。其地多山水，無耕桑之利，得其人不可役，得其地不加富。況舟師渡海，海風無期，禍害莫測。是謂以有用之民力，塡無窮之巨壑也，臣謂勿擊便。」帝從之。

十一年十二月，以良弼同僉書樞密院事。丞相伯顏伐宋，良弼言：「宋重兵在揚州，宜以大軍，先擣錢唐。」後訖如其計。又言：「宋亡，江南士人多廢學，宜設經史科，以育人材，定律令，以戢姦吏。」卒皆用其議。帝嘗從容問曰：「高麗，小國也，匠工弈技，皆勝漢人，至於儒人，皆通經書，學孔、孟。漢人惟務課賦吟詩，將何用焉！」良弼對曰：「此非學者之病，在國家所尙何如耳。尙詩賦，則人必從之，尙經學，則人亦從之。」

良弼屢以疾辭，十九年，得旨居懷孟。良弼別業在溫縣，故有地三千畝，乃析爲二，六與懷州，四與孟州，皆永隸廟學，以贍生徒，自以出身儒素，示不忘本也。或問爲治，良弼曰：「『必有忍，(乃其)〔其乃〕有濟。』〔三〕人性易發而難制者，惟怒爲甚。必克己，然後可以制怒；必順理，然後可以忘怒。能忍所難忍，容所難容，事斯濟矣。」二十三年，卒，年七十。贈推忠翊運功臣、太保、儀同三司，追封韓國公，謚文正。子訓，陝西平章政事。

趙璧

趙璧字寶(七)〔臣〕，〔四〕雲中懷仁人。世祖爲親王，聞其名召見，呼秀才而不名，賜三僮，給薪水，命后親製衣賜之，視其試服不稱，輒爲損益，寵遇無與爲比。命馳驛四方，聘名士王鶚等。又令蒙古生十人，從璧受儒書。敕璧習國語，譯大學衍義，時從馬上聽璧陳說，辭旨明貫，世祖嘉之。

憲宗卽位，召璧問曰：「天下何如而治？」對曰：「請先誅近侍之尤不善者。」憲宗不悅。璧退，世祖曰：「秀才，汝渾身是膽耶！吾亦爲汝握兩手汗也。」一日，斷事官牙老瓦赤持其印，請于帝曰：「此先朝賜臣印也，今陛下登極，將仍用此舊印，抑易以新者耶？」時璧侍旁，質之曰：「用汝與否，取自聖裁，汝乃敢以印爲請耶！」奪其印，置帝前。帝爲默然久之，既而曰：「朕亦不能爲此也。」自是牙老瓦赤不復用。

壬子，爲河南經略使。河南劉萬戶貪淫暴戾，郡中婚嫁，必先賂之，得所請而後行，咸呼之爲翁。其黨董主簿，尤恃勢爲虐，强取民女有色者三十餘人。璧至，按其罪，立斬之，盡還民女。劉大驚，時天大雪，因詣璧相勞苦，且酌酒賀曰：「經略下車，誅鋤强猾，故雪爲瑞應。」璧曰：「如董主簿比者，尚有其人，俟盡誅之，瑞應將大至矣。」劉屏氣不復敢出語，歸臥病而卒，時人以爲懼死。

己未，伐宋，爲江淮荆湖經略使。兵圍鄂州，宋賈似道遣使來，願請行人以和，璧請行。世祖曰：「汝登城，必謹視吾旗，旗動，速歸可也。」璧登城，宋將宋京曰：「北兵若旋師，願割江爲界，且歲奉銀、絹匹兩各二十萬。」璧曰：「大軍至濮州時，誠有是請，猶或見從，今已渡江，是言何益！賈制置今焉在耶？」璧適見世祖旗動，迺曰：「俟他日復議之。」遂還。

憲宗崩，世祖卽位。中統元年，拜燕京宣慰使。時供給蜀軍，府庫已竭，及用兵北邊，璧經畫饋運，相繼不絕。中書省立，授平章政事，議加答剌罕之號，力辭不受。二年，從北征，命還燕，以平章政事兼大都督領諸軍。是年，始製太廟雅樂。樂工党仲和、郭伯達，以知音律在選中，爲造僞鈔者連坐，繫獄。璧曰：「太廟雅樂，大饗用之，聖上所以昭孝報本也，豈可繫及無辜，而廢雅樂之成哉！」奏請原之。三年，李璮反益都，從親王合必赤討之。璮已據濟南，諸軍乏食，璧從濟河得粟及羊豕以饋軍，軍復大振。

至元元年，官制行，加榮祿大夫。帝欲作文檄宋，執筆者數人，不稱旨，乃召璧爲之。文成，帝大喜曰：「惟秀才曲盡我意。」改樞密副使。六年，宋守臣有遣間使約降者，帝命璧詣鹿門山都元帥阿朮營密議。命璧同行漢軍都元帥府事。宋將夏貴，率兵五萬，饋糧三千艘，自武昌泝流，入援襄陽。時漢水暴漲，璧據險設伏待之。貴果中夜潛上，璧策馬出鹿門，行二十餘里，發伏兵，奪其五舟，大呼曰：「南船已敗，我水軍宜速進。」貴懾不敢動。明旦，阿朮至，領諸將渡江西追貴騎兵，璧率水軍萬戶解汝楫等追貴舟師。遂合戰於虎尾洲，貴大敗走，士卒溺死甚衆，奪戰艦五十，擒將士三百餘人。

高麗王禃爲其臣林衍所逐，帝召璧還，改中書左丞，同國王頭輦哥行東京等路中書省事，聚兵平壤。時衍已死，璧與王議曰：「高麗遷居江華島有年矣，外雖卑辭臣貢，內恃其險，故使權臣無所畏忌，擅逐其主。今衍雖死，王實無罪，若朝廷遣兵護歸，使復國于古京，可以安兵息民，策之上者也。」因遣使以聞，帝從之。時同行者分高麗美人，璧得三人，皆還之。

師還，遷中書右丞。冬，祀太廟，有司失黃幔，索得於神庖竈下，已甚污弊。帝聞，大怒曰：「大不敬，當斬！」璧曰：「法止杖斷流遠。」其人得不死。十年，復拜平章政事。十三年，卒，年五十七。大德三年，贈大司徒，謚忠亮。

子二人：仁榮，同知歸德府事；仁恭，集賢直學士。孫二人：崇，郊祀署令；弘，左藏庫提點。

校勘記

〔一〕數軍食定軍官品級給軍吏俸　元名臣事略卷一一引元明善商挺墓碑作「數軍實，差萬戶、千戶等三，給軍吏俸」。疑「數軍食」當作「數軍實」。

〔二〕杜（辛）〔萬〕一　按本書卷一五三賈居貞傳及元典章卷三二禁斷推背圖、滋溪文稿卷一五趙伯成神道碑皆作「杜萬一」，據改。

〔三〕必有忍（乃其）〔其乃〕有濟　據元名臣事略卷一一引李謙趙良弼墓碑改正。「必有忍，其乃有濟」，語出尚書。

〔四〕趙璧字寶（仁）〔臣〕　據西巖集卷一九趙璧神道碑銘改。本書卷一四九劉伯林傳附劉元禮傳、一九九張特立傳有「趙寶臣」，卽趙璧。

元史卷一百六十

列傳第四十七

王磐

王磐字文炳，廣平永年人，世業農，歲得麥萬石，鄉人號萬石王家。父禧，金末入財佐軍興，補進義副尉。國兵破永年，將屠其城，禧復罄家貲以助軍費，衆賴以免。金人遷汴，乃舉家南渡河，居汝之魯山。

磐年方冠，從麻九疇學于郾城，客居貧甚，日作糜一器，畫爲朝暮食。年二十六，擢正大四年經義進士第，授歸德府錄事判官，不赴。自是大肆力於經史百氏，文辭宏放，浩無涯涘。及河南被兵，磐避難，轉入淮、襄間，宋荆湖制置司，素知其名，辟爲議事官。丙申，襄陽兵變，乃北歸，至洛西，會楊惟中被旨招集儒士，得磐，深禮遇之，遂寓河內。東平總管嚴實興學養士，迎磐爲師，受業者常數百人，後多爲名士。

中統元年，卽拜益都等路宣撫副使，居頃之，以疾免。李璮素重磐，以禮延致之，磐亦樂青州風土，乃買田淛河之上，題其居曰鹿菴，有終焉之意。及璮謀不軌，磐覺之，脫身至濟南，得驛馬馳去，入京師，因侍臣以聞。世祖卽日召見，嘉其誠節，撫勞甚厚。璮據濟南，大軍討之，帝命磐參議行（臺）〔省〕事。〔一〕璮平，遂挈妻子至東平。召拜翰林直學士，同修國史。

出爲眞定、順德等路宣慰使。（邢）〔衡〕水縣達魯花赤忙兀䚟，〔二〕貪暴不法，縣民苦之。有趙清者，發其罪，旣具伏矣，適初置監司，其妻懼無以滅口，召家人飲酒至醉，以利啗之，使夜殺清，清逃獲免，乃盡殺其父母妻子。清訴諸官，權要蔽忙兀䚟，不爲理，又欲反其具獄。磐竟奏置諸法，籍其家貲，以半給清。郡有西域大賈，稱貸取息，有不時償者，輒置獄于家，拘繫榜掠。其人且恃勢干官府，直來坐廳事，指麾自若。磐大怒，叱左右捽下，箠之數十。時府治寓城上，卽擠諸城下，幾死，郡人稱快。未幾，蝗起眞定，朝廷遣使者督捕，役夫四萬人，以爲不足，欲牒鄰道助之。磐曰：「四萬人多矣，何煩他郡！」使者怒，責磐狀，期三日盡捕蝗，磐不爲動，親率役夫走田間，設方法督捕之，三日而蝗盡滅，使者驚以爲神。

復入翰林爲學士，入謁宰相，首言：「方今害民之吏，轉運司爲甚，至稅人白骨，宜罷去之，以蘇民力。」由是運司遂罷。阿合馬諷大臣，請合中書、尙書兩省爲一，拜右丞相安童爲三公，陰欲奪其政柄。有詔會議，磐言：「合兩省爲一，而以右丞相總之，實便，不然，則宜仍舊，三公既不預政事，則不宜虛設。」其議遂沮。遷太常少卿，乞致仕，不允。

時宮闕未建，朝儀未立，凡遇稱賀，臣庶雜至帳殿前，執法者患其諠擾，不能禁。磐上疏曰：「按舊制：天子宮門，不應入而入者，謂之闌入。闌入之罪，由第一門至第三門，輕重有差。宜令宣徽院，籍兩省而下百官姓名，各依班序，聽通事舍人傳呼贊引，然後進。其越次者，殿中司糾察定罰，不應入而入者，準闌入罪，庶朝廷之禮，漸可整肅。」於是儀制始定。

曲阜孔子廟，歷代給民百戶，以供洒掃，復其家，至是，尚書省以括戶之故，盡收爲民，磐言：「林廟戶百家，歲賦鈔不過六百貫，僅比一六品官終年俸耳。聖朝疆宇萬里，財賦歲億萬計，豈愛一六品官俸，不以待孔子哉。且於府庫所益無多，其損國體甚大。」時論韙之。帝以天下獄囚滋多，敕諸路自死罪以下，縱遣歸家，期秋八月，悉來京師聽決，囚如期至，帝惻然憐之，盡原其罪。他日，命詞臣作詔，戒喻天下，皆不稱旨意，磐獨以縱囚之意命辭，帝喜曰：「此朕所欲言而不能者，卿乃能爲朕言之。」嘉獎不已，取酒賜之。

再乞致仕，不允。國子祭酒許衡將告歸，帝遣近臣問磐，磐言：「衡素廉介，意其所以求退者，得非生員數少，坐糜廩祿，有所不安耶？宜增益生員，使之施教，則庶幾人材有成，衡之受祿亦可少安矣。」詔從之。

磐移疾家居，帝遣使存問，賜以名藥。磐嘗於會集議事之際，數言：「前代用人，二十從政，七十致仕，所以資其材力，閔其衰老，養其廉耻之心也。今入仕者不限年，而老病者不能退，彼既不自知耻，朝廷亦不以爲非，甚不可也。」至是，以疾，請斷月俸毋給，自秋及春，堅乞致仕。帝遣使慰諭之曰：「卿年雖老，非任劇務，何以辭爲。」仍詔祿之終身，併還所斷月俸。磐不得已，復起。

時方伐宋，凡帷幄謀議，有所未決，即遣使問之，磐所敷陳，每稱上意。帝將用兵日本，問以便宜，磐言：「今方伐宋，當用吾全力，庶可一舉取之。若復分力東夷，恐曠日持久，功卒難成。俟宋滅，徐圖之未晚也。」江南既下，磐上疏，大略言：「禁戢軍士，選擇官吏，賞功罰罪，推廣恩信，所以撫安新附，銷弭寇盜。」其言要切，皆見施行。

朝議汰冗官，權近私以按察司不便，欲併省之。磐奏疏曰：「各路州郡，去京師遙遠，貪官污吏，侵害小民，無所控告，惟賴按察司爲之申理。若指爲冗官，一例罷去，則小民冤死而無所訴矣。若曰京師有御史臺糾察四方之事，是大不然。夫御史臺，糾察朝廷百官、京畿州縣，尚有弗及，況能周徧外路千百城之事乎？若欲併入運司，運司專以營利增課爲職，與管民官常分彼此，豈暇顧細民之寃抑哉？」由是按察司得不罷。

朝廷錄平宋功，遷至宰相執政者二十餘人，因議更定官制，磐奏疏曰：「歷代制度，有官品，有爵號，有職位，官爵所以示榮寵，職位所以委事權。臣下有功有勞，隨其大小，酬以官爵，有才有能，稱其所堪，處以職〔位〕，〔三〕此人君御下之術也。臣以爲有功者，宜加遷散官，或賜五等爵號，如漢、唐封侯之制可也，不宜任以職位。」

日本之役，師行有期，磐入諫曰：「日本小夷，海道險遠，勝之則不武，不勝則損威，臣以爲勿伐便。」帝震怒，謂非所宜言，且曰：「此在吾國法，言者不赦，汝豈有他心而然耶？」磐對曰：「臣赤心爲國，故敢以言，苟有他心，何爲從叛亂之地，冒萬死而來歸乎？今臣年已八十，況無子嗣，他心欲何爲耶？」明日，帝遣侍臣以溫言慰撫，使無憂懼。後閱內府珍玩，有碧玉寶枕，因出賜之。

磐以年老，累乞骸骨。丞相和禮霍孫爲言，詔允其請，進資德大夫，致仕，仍給半俸終身。皇太子聞其去，召入宮，賜食，慰問良久。行之日，公卿百官，皆設宴以餞。明日，皇太子賜宴聖安寺，公卿百官出送麗澤門外，縉紳以爲榮。磐無子，命其壻著作郎李稺賓爲東平判官，以便養。每大臣燕見，帝數問磐起居狀，始終眷顧不衰。

磐資性剛方，閑居不妄言笑，每奏對，必以正，不肯阿意承順，帝嘗以古直稱之，雖權倖側目，弗顧也。阿合馬方得權，致重幣求文于碑，磐拒弗與。所薦宋衜、雷膺、魏初、徐琰、胡祗遹、孟祺、李謙，後皆爲名臣。年至九十二，卒之夕，有大星隕正寢之東。贈端貞雅亮佐治功臣、太傅、開府儀同三司，追封洛國公，謚文忠。

王鶚

王鶚字百一，曹州東明人。曾祖成，祖立，父琛。鶚始生，有大鳥止於庭，鄉先生張瀚曰：「鶚也。是兒其有大名乎！」因名之。幼聰悟，日誦千餘言，長工詞賦。

金正大元年，中進士第一甲第一人出身，授應奉翰林文字。六年，授歸德府判官，行亳州城父令。七年，改同知申州事，行蔡州汝陽令，丁母憂。天興二年，金主遷蔡，詔尚書省移書恒山公武仙進兵，金主覽書，問誰爲之，右丞完顏仲德曰：「前翰林應奉王鶚也。」曰：「朕即位時狀元耶？」召見，惜擢用之晚。起復，授尚書省右司都事，陞左右司郎中。三年，蔡陷，將被殺，萬戶張柔聞其名，救之，輦歸，館于保州。

甲辰冬，世祖在藩邸，訪求遺逸之士，遣使聘鶚。及至，使者數輩迎勞，召對。進講孝經、書、易，及齊家治國之道，古今事物之變，每夜分，乃罷。世祖曰：「我雖未能即行汝言，安知異日不能行之耶！」歲餘，乞還，賜以馬，仍命近侍闊闊、柴禎等五人從之學。〔四〕繼命徙居大都，賜宅一所。嘗因見，請曰：「天兵克蔡，金主自縊，其奉御絳山焚葬汝水之傍，禮爲舊君有服，願往葬祭。」世祖義而許之，至則爲河水所沒，設具牲酒，爲位而哭。

庚申，世祖卽位，建元中統。首授翰林學士承旨，制誥典章，皆所裁定。至元元年，加資善大夫。上奏：「自古帝王得失興廢可考者，以有史在也。我國家以神武定四方，天戈所臨，無不臣服者，皆出太祖皇帝廟謨雄斷所致，若不乘時紀錄，竊恐久而遺亡，宜置局纂就實錄，附修遼、金二史。」又言：「唐太宗始定天下，置弘文館學士十八人，宋太宗承太祖開創之後，設內外學士院，史册爛然，號稱文治。堂堂國朝，豈無英才如唐、宋者乎！」皆從之，始立翰林學士院，鶚遂薦李治、李昶、王磐、徐世隆、高鳴爲學士。復奏立十道提舉學校官。

有言事者，謂宰執非其人，詔儒臣廷議可任宰相者。時阿合馬巧佞，欲乘隙取相位，大臣復助之，衆知其非，莫敢言。鶚奮然擲筆曰：「吾以衰老之年，無以報國，卽欲舉任此人爲相，吾不能插驢尾矣。」振袖而起，奸計爲之中止。五年，乞致仕，詔有司歲給廩祿終其身，有大事則遣使就問之。十年，卒，年八十四，謚文康。

鶚性樂易，爲文章不事雕飾，嘗曰：「學者當以窮理爲先，分章析句，乃經生舉子之業，非爲己之學也。」著論語集義一卷，汝南遺事二卷，詩文四十卷，曰應物集。無子，以壻周鐸子之綱承其祀。之綱，官至翰林侍講學士。

高鳴

高鳴字雄飛，眞定人，少以文學知名。河東元裕上書薦之，不報。諸王旭烈兀將征西域，聞其賢，遣使者三輩召之，鳴乃起，爲王陳西征二十餘策，王數稱善，卽薦爲彰德路總管。

世祖卽位，賜誥命金符，已而召爲翰林學士，兼太常少卿。至元五年，立御史臺，以鳴爲侍御史，風紀條章，多其裁定。尋立四道按察司，選任名士，鳴所薦居多，時論咸稱其知人。天下初定，中書、樞密事多壅滯，言者請置督事官各二人，鳴曰：「官得人，自無滯政，臣職在奉憲，願舉察之，毋爲員外置人也。」

七年，議立三省，鳴上封事曰：「臣聞三省，設自近古，其法由中書出政，移門下，議不合，則有駁正，或封還詔書；議合，則還移中書；中書移尙書，尙書乃下六部、郡國。方今天下大於古，而事益繁，取決一省，猶曰有壅，況三省乎！且多置官者，求免失政也，但使賢俊萃于一堂，連署參決，自免失政，豈必別官異坐，而後無失政乎！故曰：政貴得人，不貴多官。不如一省便。」世祖深然之，議遂罷。川、陝盜起，省臣患之，請專戮其尤者以止盜，朝議將從之，鳴諫曰：「制令天下上死囚，必待論報，所以重用刑、惜民生也。今從其請，是開天下擅殺之路，害仁政甚大。」世祖曰「善」，令速止之。

鳴每以敢言被上知，嘗入內，值大風雪，帝謂御史大夫塔察兒曰：「高學士年老，後有大政，就問可也。」賜太官酒肉慰勞之，其見敬禮如此。九年，遷吏禮部尙書。十一年，病卒，年六十六，有文集五十卷。

李冶

李冶字仁卿，眞定欒城人。登金進士第，調高陵簿，未上，辟知鈞州事。歲壬辰，城潰，冶微服北渡，流落忻、崞間，聚書環堵，人所不堪，冶處之裕如也。

世祖在潛邸，聞其賢，遣使召之，且曰：「素聞仁卿學優才贍，潛德不耀，久欲一見，其勿他辭。」既至，問河南居官者孰賢，對曰：「險夷一節，惟完顏仲德。」又問完顏合答及蒲瓦何如，對曰：「二人將略短少，任之不疑，此金所以亡也。」又問魏徵、曹彬何如，對曰：「徵忠言讜論，知無不言，以唐諍臣觀之，徵爲第一。彬伐江南，未嘗妄殺一人，儗之方叔、召虎可也。漢之韓、彭、衞、霍，在所不論。」又問今之臣有如魏徵者乎，對曰：「今以側媚成風，欲求魏徵之賢，實難其人。」又問今之人材賢否，對曰：「天下未嘗乏材，求則得之，舍則失之，理勢然耳。今儒生有如魏璠、王鶚、李獻卿、蘭光庭、趙復、郝經、王博文輩，皆有用之材，又皆賢王所嘗聘問者，舉而用之，何所不可，但恐用之不盡耳。然四海之廣，豈止此數子哉。王誠能旁求於外，將見集於明廷矣。」

又問天下當何以治之，對曰：「夫治天下，難則難於登天，易則易於反掌。蓋有法度則治，控名責實則治，進君子退小人則治，如是而治天下，豈不易於反掌乎。無法度則亂，有名無實則亂，進小人退君子則亂，如是而治天下，豈不難於登天乎。且爲治之道，不過立法度、正紀綱而已。紀綱者，上下相維持；法度者，賞罰示懲勸。今則大官小吏，下至編氓，皆自縱恣，以私害公，是無法度也。有功者未必得賞，有罪者未必被罰，甚則有功者或反受辱，有罪者或反獲寵，是無法度也。法度廢，紀綱壞，天下不變亂，已爲幸矣。」

又問昨地震何如，對曰：「天裂爲陽不足，地震爲陰有餘。夫地道，陰也，陰太盛，則變常，今之地震，或姦邪在側，或女謁盛行，或讒慝交至，或刑罰失中，或征伐驟舉，五者必有一于此矣。夫天之愛君，如愛其子，故示此以警之耳。苟能辨姦邪，去女謁，屏讒慝，省刑罰，慎征討，上當天心，下協人意，則可轉咎爲休矣。」世祖嘉納之。

治晚家元氏，買田封龍山下，學徒益衆。及世祖卽位，復聘之，欲處以淸要，治以老病，懇求還山。至元二年，再以學士召，就職期月，復以老病辭去，卒于家，年八十八。所著有敬齋文集四十卷，壁書藂削十二卷，泛說四十卷，古今（難）〔黈〕四十卷，〔五〕測圓（鏡海）〔海鏡〕

十二卷，〔六〕谥古衍（疑）〔段〕三十卷。〔七〕

李昶

李昶字士都，東平須城人。父世弼，從外家受孫明復春秋，得其宗旨。金貞祐初，三赴廷試，不第，推恩授彭城簿，志壹鬱不樂，遂復求試。一夕，夢在李彥牓下及第，閱計偕之士，無之，時昶年十六，已能爲程文，乃更其名曰彥。興定二年，父子廷試，昶果以春秋中第二甲第二人，世弼第三甲第三人，父子褒貶各異，時人以比向、歆，而世弼遂不復仕，晚乃授東平教授以卒。

昶穎悟過人，讀書如夙習，無故不出戶外，鄰里罕識其面。初從父入科場，儕輩少之，譏議紛紜，監試者遠其次舍，伺察甚嚴。昶肆筆數千言，比午，已脫藁。釋褐，授徵事郎、孟州溫縣丞。正大改元，超授儒林郎，賜緋魚袋、鄭州河陰簿。三年，召試尚書省掾，再調漕運提舉。

國兵下河南，奉親還鄉里。行臺嚴實，辟授都事，改行軍萬戶府知事。實卒，子忠濟嗣，陞昶爲經歷。居數歲，忠濟怠於政事，貪佞抵隙而進。昶言於忠濟曰：「比年內外裘馬相尙，飮宴無度，庫藏空虛，百姓匱乏，若猶循習故常，恐或生變。惟閤下接納正士，黜遠小入，去浮華，敦樸素，損騎從，省宴游，雖不能救已然之失，尙可以弭未然之禍。」時朝廷裁抑諸侯，法制寖密，忠濟縱侈自若，昶以親老求解，不許。俄以父憂去官，杜門敎授，一時名士，若李謙、馬紹、吳衍輩，皆出其門。

歲己未，世祖伐宋，次濮州，聞昶名，召見，問治國用兵之要。昶上疏：論治國，則以用賢、立法、賞罰、君道、務本、淸源爲對；論用兵，則以伐罪、救民、不嗜殺爲對。世祖嘉納之。明年，世祖卽位，召至開平，訪以國事，昶知無不言，眷遇益隆。

時徵需煩重，行中書省科徵稅賦，雖逋戶不貸，昶移書時相，其略曰：「百姓困於弊政久矣，聖上龍飛，首頒明詔，天下之人，如獲更生，拭目傾耳，以徯太平，半年之間，人漸失望，良以渴仰之心太切，興除之政未孚故也。側聞欲據丁巳戶籍，科徵租稅，比之見戶，或加多十六七，止驗見戶，應輸猶恐不逮，復令包補逃故，必致艱難。苟不以撫字安集爲心，惟事供億，則諸人皆能之，豈聖上擢賢更化之意哉？」於是省府爲蠲逋戶之賦。

中統二年春，內難平，昶上表賀，因進諷諫曰：「患難所以存儆戒，禍亂將以開聖明，伏願日新其德，雖休勿休，戰勝不矜，功成不有，和輯宗親，撫綏將士，增修庶政，選用百官，儉以足用，寬以養民，安不忘危，治不忘亂，恒以北征宵旰之勤，永爲南面逸豫之戒。」世祖稱善久之。世祖嘗燕處，望見昶，輒斂容曰：「李秀才至矣。」其見敬禮如此。會嚴忠濟罷，以其弟忠範代之，忠範表請祀師事之，特授翰林侍講學士，行東平路總管軍民同議官。祀條十二事，剗除宿弊。

至元元年，遷轉之制行，減併路、府、州、縣官員，於是謝事家居。五年，起爲吏禮部尚書，品格條式、選舉禮文之事，多所裁定。凡議大政，宰相延置上座，傾聽其說。六年，姦臣阿合馬議陞制國用使司爲尚書省，祀請老以歸。七年，詔授南京路總管兼府尹，不赴。八年，授山東東西道提刑按察使，務持大體，不事苛細，未幾致仕。二十二年，祀年已八十〔二〕〔三〕，〔八〕復遣使徵之，以老疾辭，賜田千畝。二十六年卒，年八十有七。

祀嘗集春秋諸家之說折中之，曰春秋左氏遺意二十卷；早年讀語、孟，見先儒之失，考訂成編，及得朱氏、張氏解，往往脗合，其書遂不復出。獨取孟子舊說新說矛盾者，參考歸一，附以己見，爲孟子權衡遺說五卷。

劉肅

劉肅字才卿，威州洺水人。金興定二年詞賦進士。嘗爲尚書省令史。時有盜內藏官羅及珠，盜不時得，逮繫貨珠牙儈及藏吏，誣服者十一人。刑部議皆置極刑，肅執之曰：「盜無正贓，殺之寃。」金主怒，有近侍夜見肅，具道其旨，肅曰：「辨析寃獄，我職也，惜一己而戕十一人之命，可乎！」明日，詣省辨愈力。右司郎中張天綱曰：「吾爲汝具奏辨析之。」奏入，金主悟，囚得不死。

調新蔡令。先時，縣賦民以牛多寡爲差，民匿不耕，肅至，命樹畜繁者不加賦，民遂殷富。潁淮民有竄入宋境，籍爲兵而優其糧，間有歸者，頗艱於衣食，時出怨言曰：「不如渡淮。」告者以謀叛論，肅曰：「淮限宋境，一水耳，果欲叛，不難往也，口雖言而心無實，準律當杖八十。」奏可。繼擢戶部主事。

金亡，依東平嚴實，辟行尚書省左司員外郎，又改行軍萬戶府經歷。東平歲賦絲銀，復輸綿十萬兩、色絹萬匹，民不能堪，肅贊實奏罷之。(庚)〔壬〕子，〔九〕世祖居潛邸，以肅爲邢州安撫使，肅興鐵冶，及行楮幣，公私賴焉。

中統元年，擢眞定宣撫使。時中統新鈔行，罷(鈔銀)〔銀鈔〕不用。〔一〇〕眞定以銀鈔交通于外者，凡八千餘貫，公私囂然，莫知所措。肅建三策：一曰仍用舊鈔，二曰新舊兼用，三曰官以新鈔如數易舊鈔。中書從其第三策，遂降鈔五十萬貫。二年，授左三部尚書，官曹典憲，多所議定。未幾，兼商議中書省事。三年，致仕，給半俸。四年，卒，年七十六。

肅性舒緩，有執守。嘗集諸家易說，曰讀易備忘。後累贈推忠贊治功臣、榮祿大夫、上柱國、大司徒、邢國公，謚文獻。

子憲，禮部侍郎；孫，大名路總管。孫賡，翰林學士承旨。

王思廉

王思廉字仲常，眞定獲鹿人。幼師太原元好問，旣冠，張德耀宣撫河東，辟掌書記，復謝歸。至元十年，董文忠薦之，世祖問文忠曰：「汝何由知王思廉賢？」對曰：「鄉人之善者稱之也。」遂召見，授符寶局掌書。十三年，姚樞擧爲昭文館待制，遷奉訓大夫、符寶局直長。十四年，改翰林待制，嘗進讀通鑑，至唐太宗有殺魏徵語，及長孫皇后進諫事，帝命內官引至皇后閤，講衍其說，后曰：「是誠有益於宸衷。爾宜擇善言進講，愼勿以瀆辭煩上聽也。」每侍讀，帝命御史大夫玉速帖木兒、太師月赤察兒、御史中丞撒里蠻、翰林學士承旨撥立察等，咸聽受焉。帝嘗御延春閣，大賚羣臣，俾十人爲列以進，思廉偶在衞士之列，帝責董文忠曰：「思廉儒臣，豈宜列衞士！」

十八年，進中順大夫、典瑞少監。十九年，帝幸白海，時千戶王著，矯殺奸臣阿合馬於大都，辭連樞密副使張易。帝召思廉至行殿，屛左右，問曰：「張易反，若知之乎？」對曰：「未詳也。」帝曰：「反已反已，何未詳也？」思廉徐奏曰：「僭號改元謂之反，亡入他國謂之叛，羣聚山林賊害民物謂之亂，張易之事，臣實不能詳也。」帝曰：「朕自卽位以來，如李璮之不臣，豈以我若漢高帝、趙太祖，遽陟帝位者乎？」思廉曰：「陛下神聖天縱，前代之君不足比也。」帝歎曰：「朕往者，有問於竇默，其應如響，蓋心口不相違，故不思而得，朕今有問汝，能然乎？且張易所爲，張仲謙知之否？」思廉卽對曰：「仲謙不知。」帝曰：「何以明之？」對曰：「二人不相安，臣故知其不知也。」

二十年，陞太監。思廉以儒素進，帝眷注優渥。嘗疾，賜御藥，顧問安否；扈蹕，失所乘馬，給內廐馬五匹；盜竊所賜玉帶，更以玉帶賜之。裕宗居東宮，思廉進曰：「殿下府中，宜建學官，俾左右近侍，嘗親正學，必能裨輔明德。」裕宗然之。裕宗嘗欲買甲第賜思廉，思廉固辭。二十三年，改嘉議大夫、同知大都留守，兼少府監事。藩王乃顏叛，帝親征，思廉問謂留守段貞曰：「藩王反側，地大故也，漢鼂錯削地之策，實爲良圖，盍爲上言之。」貞見帝，遂以聞，帝曰：「汝何能出是言也？」貞以思廉對，帝嘉之。二十九年，遷正議大夫、樞密院判官。

大德元年，成宗卽位，〔二〕遷中奉大夫、翰林學士，仍樞密院判官，以病歸。三年，起爲工部尚書，拜征東行省參知政事。七年，總管大名路。八年，召爲集賢學士。十一年，授正奉大夫、太子賓客。

仁宗卽位，以翰林學士承旨、資善大夫致仕。延祐七年卒，年八十三。贈翰林學士承旨、資德大夫、河南江北等處行中書省右丞、上護軍，追封恒山郡公，謚文恭。

李謙

李謙字受益，鄆之東阿人。祖元，以醫著名。父唐佐，性恬退，不喜仕進。謙幼有成人風，始就學，日記數千言，爲賦有聲，與徐世隆、孟祺、閻復齊名，而謙爲首。爲東平府教授，生徒四集，累官萬戶府經歷，復教授東平。先時，教授無俸，郡斂儒戶銀百兩備束脩，謙辭曰：「家幸非甚貧者，豈可聚貨以自殖乎！」

翰林學士王磐以謙名聞，召爲應奉翰林文字，一時制誥，多出其手。至元十五年，陞待制，扈駕至上都，賜以銀壺、藤枕。十八年，陞直學士，爲太子左諭德，侍裕宗於東宮。陳十事：曰正心，曰睦親，曰崇儉，曰幾諫，曰戢兵，曰親賢，曰尙文，曰定律，曰正名，曰革弊。裕宗崩，世祖又命傅成宗於潛邸，所至以謙自隨。轉侍讀學士。世祖深加器重，嘗賜坐便殿，飮羣臣酒，世祖曰：「聞卿不飮，然能爲朕强飮乎？」因賜蒲萄酒一鍾，曰：「此極醉人，恐汝不勝。」卽令三近侍扶掖使出。二十六年，以足疾辭歸。

三十一年，成宗卽位，驛召至上都。旣見，勞曰：「朕知卿有疾，然京師去家不遠，且多良醫，能愈疾。卿當與謀國政，餘不以勞卿也。」陞學士。元貞初，引疾還家。大德六年，召爲翰林承旨，以年七十一，乞致仕。九年，又召。至大元年，給半俸。仁宗爲皇太子，徵爲太子少傅，謙皆力辭。

仁宗卽位，召十六人，謙居其首。乃力疾見帝于行在，疏言九事，其略曰：「正心術以正百官，崇孝治以先天下，選賢能以居輔相之位，廣視聽以通上下之情，恤貧乏以重邦家之本，課農桑以豐衣食之源，興學校以廣人材之路，頒律令使民不犯，練士卒居安慮危。至於振肅紀綱、糾察內外，臺憲之官尤當選素著淸望、深明治體、不事苛細者爲之。」帝嘉納焉。遷集賢大學士、榮祿大夫，致仕，加賜銀一百五十兩，金織幣及帛各三匹。歸，卒于家，年七十九。

謙文章醇厚有古風，不尙浮巧，學者宗之，號野齋先生。子偘，官至大名路總管。

徐世隆

徐世隆字威卿，陳州西華人。弱冠，登金正大四年進士第，辟爲縣令。其父戒世隆曰：「汝年少，學未至，毋急仕進，更當讀書，多識往事，以益智識，俟三十入官，未晚也。」世隆遂辭官，益篤于學。

歲壬辰，父歿。癸巳，世隆奉母北渡河，嚴實招致東平幕府，俾掌書記。世隆勸實收養寒素，一時名士多歸之。憲宗卽位，以爲拘榷燕京路課稅官，世隆固辭。壬子，世祖在潛邸，召見于日月山，時方圖征雲南，以問世隆，對曰：「孟子有言：『不嗜殺人者能一之。』夫君人者，不嗜殺人，天下可定，況蕞爾之西南夷乎！」世祖曰：「誠如卿言，吾事濟矣。」實時得金太常登歌樂，世祖遣使取之觀，世隆典領以行，既見，世祖欲留之，世隆以母老辭。實子忠濟，以世隆爲東平行臺經歷，於是益贊忠濟興學養士。

中統元年，擢燕京等路宣撫使，世隆以新民善俗爲務。中書省檄諸路養禁衞之羸馬，數以萬計，芻秣與其什器，前期戒備。世隆曰：「國馬牧於北方，往年無飼於南者。上新臨天下，京畿根本地，煩擾之事，必不爲之。馬將不來。」吏白：「此軍需也，其責匆輕。」世隆曰：「責當我坐。」遂弗爲備，馬果不至。淸滄鹽課，前政虧不及額，世隆綜覈之，得增羨若干，賜銀三十鋌。二年，移治順天，歲饑，世隆發廩貸之，全活甚衆。三年，宣撫司罷，世隆還東平，請增宮縣大樂、文武二舞，令舊工教習，以備大祀，制可。除世隆太常卿以掌之，兼提舉本路學校事。四年，世祖問堯、舜、禹、湯爲君之道，世隆取書所載帝王事以對，帝喜曰：「汝爲朕直解進讀，我將聽之。」書成，帝命翰林承旨安藏譯寫以進。

至元元年，遷翰林侍講學士，兼太常卿，朝廷大政諮訪而後行，詔命典册多出其手。世隆奏：「陛下帝中國，當行中國事。事之大者，首惟祭祀，祭必有廟。」因以圖上，乞敕有司以時與建，從之，踰年而廟成。遂迎祖宗神御，奉安太室，而大饗禮成。帝悅，賞賜優渥。

俄兼戶部侍郎，承詔議立三省。遂定內外官制上之。時朝儀未立，世隆奏曰：「今四海一家，萬國會同，朝廷之禮，不可不肅，宜定百官朝會儀。」從之。七年，遷吏部尚書，世隆以銓選無可守之法，爲撰選曹八議。

九年，乞補外，佩虎符，爲東昌路總管。至郡，專務以德率下，不事鞭箠，吏不忍欺，民亦化服，期年而政成，郡人頌之。十四年，起爲山東提刑按察使。時有妖言獄，所司逮捕凡數百人，世隆剖析詿誤者十八九，悉縱遣之。十五年，移淮東。宋將許瓊家童，告瓊匿官庫財，有司繫其妻孥徵之。世隆曰：「瓊所匿者，故宋之物，豈得與今盜官財者同論耶？」同僚不從，世隆獨抗章辯明，行臺是之，釋不問。會征日本，世隆上疏諫止，語頗剴切，當路者不即以聞，已而帝意悟，其事亦寢。十七年，召爲翰林學士，又召爲集賢學士，皆以疾辭。

世隆儀觀魁梧，襟度宏博，慈祥樂易。人忤之，無慍色。喜賓客，樂施與，明習前代典故，尤精律令，善決疑獄。二十二年，安童再入相，奏世隆雖老，尚可用。遣使召之，仍以老病辭，附奏便宜九事。賜田十頃。時年八十，卒。所著有瀛洲集百卷、文集若干卷。

孟祺

孟祺字德卿，宿州符離人。世以財雄鄉里。父仁，業儒，有節行。壬辰，北渡，寓濟州魚臺，州帥石天祿禮之，辟兼詳議府事。

祺幼敏悟，善騎射，早知問學，侍父徙居東平。時嚴實修學校，招生徒，立考試法，祺就試，登上選，辟掌書記。廉希憲、宋子貞皆器遇之，以聞于朝，擢國史院編修官。遷從仕郎、應奉翰林文字，兼太常博士。一時典册，多出其手。至元七年，持節使高麗，還，稱旨，授承事郎、山東東西道勸農副使。

十二年，丞相伯顏將兵伐宋。詔選宿望博學、可贊畫大計者與俱行，遂授祺承直郎、行省諮議。久之，遷郎中，伯顏雅信任之。時軍書塡塞，祺酬應剖決，略無凝滯。師駐建康，伯顏以兵事詣闕，政無大小，祺與執政並裁決之。及戰焦山，宋軍下流。祺曰：「不若乘勢速進，以奪彼氣。」如其言，遂大破之。伯顏聞之，喜曰：「不意書生乃能知兵若是！」諸將利虜掠，爭趨臨安，伯顏問計，祺對曰：「宋人之計，惟有竄閩爾。若以兵迫之，彼必速逃，一旦盜起臨安，三百年之積，焚蕩無遺矣。莫若以計安之，令彼不懼，正如取果，稍待時日耳。」伯顏曰：「汝言正合吾意。」乃草書，遣人至臨安，以安慰之，宋乃不復議遷閩。

先是，宋降表稱姪，稱皇帝，屢拒不納。祺自請爲使，徵降表。至則會宋相于三省。夜三鼓，議未決，祺正色曰：「國勢至此，夫復何待！」遂定議。書成，宋謝太后內批用寶，擕之以出，復起謝太后於內殿，取國璽十二枚出。伯顏將親封之，祺止之曰：「管鑰自有主者，非所宜親，一有不謹，恐異時姦人妄相染污，終不可明。」遂止。江南平，伯顏奏祺前後功多，且言祺可任重。有旨褒陞，授少中大夫、嘉興路總管，佩虎符。祺至，首以興學爲務，創立規制。在官未久，竟以疾解官，歸東平。至元十八年，擢太中大夫、浙東海右道提刑按察使，疾不赴。卒，年五十一。贈宣忠安遠功臣、中奉大夫、參知政事、護軍，魯郡公，謚文襄。子二人：遵，遹。

閻復

閻復字子靖，〔三〕其先平陽和州人。祖衍，仕金，歿王事。父忠，避兵山東之高唐，遂家焉。

復始生，有奇光照室。性簡重，美丰儀。七歲讀書，穎悟絕人，弱冠入東平學，師事名儒康曄。時嚴實領東平行臺，招諸生肄進士業，迎元好問校試其文，預選者四人，復爲首，徐琰、李謙、孟祺次之。

歲己未，始掌書記於行臺，擢御史掾。至元八年，用王磐薦，爲翰林應奉，以才選充會同館副使，兼接伴使。扈駕上京，賦應制詩二篇，寓規諷意，世祖顧和禮霍孫曰：「有才如此，何可不用！」十二年，陞翰林修撰。十四年，出僉河北河南道提刑按察司事，階奉訓大夫。十六年，入爲翰林直學士，以州郡校官多不職，建議定銓選之法。十九年，陞侍講學士，明年，改集賢侍講學士，同領會同館事。

二十三年，陞翰林學士，帝屢召至榻前，面諭詔旨，具草以進，帝稱善。二十八年，尙書省罷，復立中書省，帝勵精圖治，急於擇相，一日，召入便殿，諭之曰：「朕欲命卿執政，何如？」復屢謝不足勝任，帝謂侍臣曰：「書生識義理，存謙讓，是也，勿强。」御史臺改提刑按察司爲肅政廉訪司，首命復爲浙西道肅政廉訪使。先是，姦臣桑哥當國，嘗有旨命翰林撰桑哥輔政碑，桑哥旣敗，詔有司踣其碑，復等亦坐是免官。

三十一年，成宗卽位，以舊臣召入朝，賜重錦、玉環、白金，除集賢學士，階正議大夫。元貞元年，上疏言：「京師宜首建宣聖廟學，定用釋奠雅樂。」從之。又言：「曲阜守塚戶，昨有司併入民籍，宜復之。」其後詔賜孔林洒掃二十八戶、祀田五千畝，皆復之請也。三年，因星變，又上疏言「定律令，頒封贈，增俸給，通調內外官」。且曰：「古者，刑不上大夫，今郡守以徵租受杖，非所以厲廉隅。」江南公田租重，宜減，以貸貧民。」後多采用。大德元年，仍還翰林學士。二年，詔賜楮幣萬貫。四年，帝召至榻前，密諭之曰：「中書庶務繁重，左相難其人，卿爲朕舉所知。」復以哈剌哈孫對，帝大喜，卽遣使召入，相之；復亦拜翰林學士承旨，階正奉大夫。

十一年春，武宗踐祚，復首陳三事：曰「惜名器，明賞罰，擇人材」，言皆剴切。未幾，進階榮祿大夫，遙授平章政事，餘如故，復力辭，不許。上疏乞骸骨，詔從其請，給半俸終養。時仁宗居東宮，賜以重錦，俾公卿祖道都門外。及卽位，遣使召復，復以病辭。皇慶元年三月卒，年七十七，謚文康。有（靖）〔靜〕軒集五十卷。〔一三〕

校勘記

〔一〕參議行（臺）〔省〕事　據元名臣事略卷一二引王磐墓碑改。新元史已校。

〔二〕（邢）〔衡〕水縣　道光本與元名臣事略卷一二引王磐墓碑合，從改。按元無「邢水縣」，衡水縣屬腹裏眞定路深州。

〔三〕處以職〔位〕　原闕一字，從北監本補。

〔四〕柴禎　疑「禎」當作「楨」。見卷五校勘記〔一〕。

〔五〕古今（難）〔黈〕　據元名臣事略卷一三李文忠公改。按此書今存。

〔六〕測圓（鏡海）〔海鏡〕　據元名臣事略卷一三李文忠公改。按此書今存。新編已校。

〔七〕益古衍（疑）〔段〕　據元名臣事略卷一三李文忠公改。按此書今存。新編已校。

〔八〕二十二年昶年已八十（三）〔二〕 從北監本改。按後文有「二十六年卒，年八十有七」，至元二十二年當八十三歲。

〔九〕（庚）〔壬〕子 據元名臣事略卷一〇劉文獻公改。按庚子係元太宗十二年，與此處史實無涉。

〔一〇〕（鈔銀）〔銀鈔〕 據元名臣事略卷一〇引商挺劉肅墓碑改。按下文亦作「銀鈔」。蒙史已校。

〔一一〕大德元年成宗即位 按元成宗即位于至元三十一年，大德元年爲其在位第四年。此處史文有舛誤。

〔一二〕閻復字子靖 清容集卷二七閻復神道碑「子靖」作「子靜」，新元史從改，疑是。

〔一三〕（靖）〔靜〕軒集 據清容集卷二七閻復神道碑改。新元史已校。

元史卷一百六十一

列傳第四十八

楊大淵 文安附

楊大淵，天水人也。與兄大全、弟大楫，皆仕宋。大淵總兵守閬州。歲戊午，憲宗兵至閬州之大獲城，遣宋降臣王仲入招大淵，大淵殺之。憲宗怒，督諸軍力攻，大淵懼，遂以城降。憲宗命誅之，汪田哥諫止，乃免。命以其兵從，招降蓬、廣安諸郡，進攻釣魚山。擢大楫爲管軍總管，從諸王攻禮義城。己未冬，拜大淵侍郎、都行省，悉以閫外之寄委之。世祖中統元年，詔諭大淵曰：「尙厲忠貞之節，共成康乂之功。」大淵拜命踴躍，卽遣兵進攻禮義城，掠其餽運，獲總管黃文才、路鈐高坦之以歸。二年秋，調兵出通川，與宋將鮮恭戰，獲統制白繼源。秦蜀行省以大淵及靑居山征南都元帥欽察麾下將校六十三人有功，言于朝。詔給虎符一、金符五、銀符五十七，令論功定官，以名聞。三年春，世祖命出開、達，與宋兵戰于平田，復戰于巴渠，擒其知軍范燮、統制魏興、路分黃迪、節幹陳子潤等。

先是，大淵建言，謂取吳必先取蜀，取蜀必先據夔，乃遣其姪文安攻宋巴渠。至萬安寨，守將盧埴降。復使文安相夔、達要衝，城蟠龍山。山四面巖阻，可以進攻退守，城未畢，宋夔路提刑鄭子發曰：「蟠龍，夔之咽喉，使敵得據之，則夔難守矣，此必爭之地也。」遂率兵來爭。文安悉力備禦，大淵聞有宋兵，卽遣姪安撫使文仲將兵往援。宋兵宵遁，追敗之。秋七月，詔以大淵麾下將士有功，賜金符十、銀符十九，別給海青符二，俾事亟則馳以聞，其後賞合州之功，復賜白金五十兩。大淵欲於利州大安軍以鹽易軍糧，請于朝，從之。

冬，大淵入覲，拜東川都元帥，俾與征南都元帥欽察同署事。大淵還，復於渠江濱築虎嘯城，以逼宋大良城，不踰時而就。四年，宋賈似道遣楊琳齎空名告身及蠟書、金幣，誘大淵南歸。文安擒之以聞，詔誅琳。五月，世祖以大淵及張大悅復神山功，詔獎諭，仍賜蒙古、漢軍鈔百錠。

至元元年，大淵進花羅、紅邊絹各百五十段。詔曰：「所貢幣帛，已見忠勤，卿守邊陲，宜加優恤。今後以此自給，俟有旨乃進。」既而大淵擅殺其部將王仲，詔戒敕之，令免籍仲家。冬十月，大淵諜知宋總統祁昌由間道運糧入得漢城，〔一〕幷欲還其郡守向良及官吏親屬於內地，乃自率軍掩襲，遇之于椒坪，連戰三日，擒祁昌、向良等，俘獲輜重以數千計。明日，宋都統張思廣引兵來援，復大破之，擒其將盛總管，及祁昌之弟。二年，大淵遣文安，以向良等家人，往招得漢城，未下。四月，大淵以疾卒。八年，追封大淵閬中郡公，謚肅翼。

子文粲，襲爲閬蓬廣安順慶夔府等路都元帥。兄子文安。

文安字泰叔，父大全，仕宋守敍州。壬寅，國兵入蜀，大全戰死，贈武節大夫、眉州防禦使，謚愍忠，官其長子文仲。文安方二歲，母劉氏鞠之，依叔父大淵于閬州。戊午，憲宗以兵攻大獲，大淵以郡降，授侍郎、都行省，文仲亦授安撫使。

中統元年，授文安監軍。攻禮義城，殺傷甚衆，奪其糧船，繞出通川，獲宋將黃文才、高坦之。二年，復出通川，與宋將鮮恭大戰，擒統制白繼源。三年，出開、達，戰屢勝，擒知軍范燮、統制魏興、黃迪、陳子閏等。〔二〕授文安開達忠萬梁山等處招討使。軍於巴渠，萬安寨主盧植降。〔三〕遂築蟠龍城，以據夔、達要路。宋兵來爭，相持半月，文仲以兵來援，宋兵宵遁，文安追擊，大敗之。四年，佩銀符，陞千戶，監軍如故，進築虎嘯城，以困大良。

至元元年，宋都統張喜引兵攻蟠龍，大戰，敗之，喜潛師宵遁，出得漢城，文安遣兵追襲，又敗之，擒裨將陳亮。復築方斗城，爲蟠龍聲援，令裨將高先守之。宋兵攻潼川，行省命文安赴援，敗宋師于射洪之納壩，斬獲甚衆。宋都統祁昌以重兵運糧餉得漢，且遷其官屬於內地，大淵命文安先邀之，昌立柵椒原以守，合兵攻之，連戰三日，獲祁昌，俘得漢守臣向良家屬，以招良，良以城降，以所俘獻闕下。

二年，改授金符，仍前職，還攻宋開、達等州，擒其統制張剛、總管伏林。八月，宋兵由開州運糧餉達，文安率奇兵，間道邀擊之，獲總管方富等。行省上其功，命充夔東路征行元帥，令以前後所俘入見。詔賜黃金、鞍馬有差。還，攻奪宋金州斷虎隘，殺其將梁富，擒路鈐趙貴等。

三年春，與千戶李吉等略開州之大通，與宋將硬弓張大戰，獲統制陳德等。冬，總帥汪惟正遣其將李木波等由間道襲開州，文安遣千戶王福引兵助之。福先登，破其城，宋將龐彥海投崖死，擒副將劉安仁，留兵戍其地。宋諸路兵來救，圍城三匝，築壘城外，文安密遣人入城，諭以堅守。四年春，行省命文安往援，即率兵斷其糧道，宋兵戰甚力，飛矢中文安面，拔矢力戰，大破之，殺其將張德等。二月，文安以創甚，還蟠龍，宋兵遂復開州。文安乃遣總把馬才、楊彪掠達州盧灘峽，與宋兵遇，擒其將蒲德。

五年，文仲卒，詔文安就佩金虎符，充閬州夔東路安撫使軍民元帥，仍相副都元帥府事。閬州累遭兵變，戶口凋耗，文安乃敎以耕桑，鰥寡不能自存，願相配偶者，併爲一戶充役，民始復業。冬，遣千戶馬才、張琪略達州，擒宋將范仲、王德、解明等。六年，遣蔡邦光、李吉、嵇永興，略達州之朱師鄭市，擒總管周德新、裨將王遷。秋，遣總把王顯略達州之泥埧，擒總管張威。冬，遣兵掠大寧之曲水，擒副將王仁。

七年，從嚴僉省攻重慶，大戰于龍坎，敗宋兵。攻鏵鐵寨，擒其將袁宜、何世賢等。捷聞，詔賜白金、寶鈔、幣帛有差。秋，攻達州之聖耳城，擒宋將楊普、時仲，芟其禾而還。又遣元帥蔡邦光略開州，擒宋將陳俊。冬，文粲入見，帝諭之曰：「汝兄弟宣力邊陲，朕所知也。」進文安階爲明威將軍。

八年春，遣蔡邦光攻達州，戰于聖耳城下，擒其將蒲桂。又戰開州之沙平，擒其將王順。時宋以朱禩孫帥蜀，禩孫，閬人也，數遣間諜，動搖人心，文安屢獲其諜，閬州竟無虞。秋八月，文安會東川統軍匣剌攻達州，三戰三捷。尋遣千戶嵇永興攻開州，戰于平燉、曲水，擒總管王道等。軍還，以所俘入見，帝深加獎諭，擢昭勇大將軍、東川路征南招討使，賜金銀、寶鈔、鞍馬、弓矢、幣帛有差。

九年秋，領軍出小寧，措置屯田，遣韓福攻達州九君山，擒宋將張俊。遣元帥蔡邦(兒)〔光〕會蓬州兵，〔四〕邀宋師于永睦，戰勝之。復遣嵇永興、楊彪追襲宋裨將劉威等，破聖耳外城，獲寨主楊桂，縱兵焚掠而還。九月，築金湯城，以積屯田之糧，且以逼宋龍爪城。慮宋兵必來爭，遣韓福出兵通川，以牽制之，與宋兵遇于銼耳山，敗之，俘總管蔡雲龍等。出達州牛門，斷宋兵回路，擒總管李佺、李德。宋兵輸糧達州，遣兵于盧灘峽邀擊之，擒統制孫聰、張順等。

夏，遣元帥李吉略開州，〔五〕戰于瀉油坡，擒其提舉李貴，及石筍寨主雍德。宋兵復由羅頂山輸糧開、達，遣蔡邦光、李吉伏兵遮之，擒裨將吳金等，覆其糧船。閏〔十〕〔六〕月，〔六〕蓬州兵攻拔龍爪城，東川統軍司命文安兼領之。時蓬州兵已去，宋都統趙章復來據之，且出兵迎敵，文安與戰，破之，擒總管王元而還。秋，宋都統閻國寶、監軍張應庚，運糧于達州，文安邀之于瀉油坡，奪其糧，并擒二將。宋開州守將鮮汝忠邀遮歸路，與戰敗之，獲總轄秦興祖、譚友孫。

十一年春三月，文安率軍屯小寧，得俘者言，鮮汝忠等將取蟠龍之麥，卽遣千戶王新德、楊彪等散掠宋境，文安自戍蟠龍以備之。李吉略由山，戰于城下，擒其將葉勝。遣蔡邦光、楊彪掠竹山寨，與趙統制戰，擒其將鄭桂、莊俊。秋，與蒙古漢軍萬戶怯必烈等，攻宋夔東，拔高陽、夔、巫等寨，擒守將嚴貴、竇世忠、趙興，因跨江爲橋，以斷宋兵往來之路，宋兵來爭，戰却之。還攻牛頭城，以火箭焚其官舍民居。十一月，遣蔡邦光略九君山，擒其將孫德、柳榮、趙威。

時宋以鮮汝忠、趙章易鎭開、達二州，而汝忠家屬尙留開。文安曰：「達未易攻，若先拔開州，俘其家屬，以招汝忠，則達可不煩兵而下矣。」乃遣蔡邦光率千戶呼延順等，往攻開州，而盛兵駐蟠龍，以爲聲援。十二年正月，諸軍夜銜枚，薄開州城下，遣死士先登，斬關以入，及城中人知，則千戶景疇已立旗幟于城之絕頂矣。宋軍潰散，擒趙章，而守將韓明父子猶率所部兵巷戰，力屈，亦就擒。文安遷汝忠家屬于蟠龍，遣元帥王師能持檄往達州招之曰：「降則家屬得全，不降則闔城塗炭，汝宜早爲計。」汝忠遂遣趙榮來約降，王師能以兵入據其城。汝忠率所部將士，詣文安軍門降，悉還其妻孥財物。趙章子桂楫，守師姑城，遣兵招之，亦降。獨洋州龍爪城守將謝益固守，併力攻之，擒統制王慶，益棄城走。於是遣元帥李吉、嵇永興，千戶王新德等，將兵以鮮汝忠往招由山等處八城，皆望風迎降，凱還。遣經歷陳德勝以鮮汝忠、趙桂楫等十餘人獻捷京師。帝悅，加授文安驃騎衞上將軍，兼宣撫使，賜鈔一千錠；文粲加授鎮國上將軍。

文安尋遣其兄子應之，往招都勝、茂竹、廣福三城，自將大軍，以爲聲援，皆降之。秋七月，兵至樂勝城，宋將蒲濟川降。進攻梁山，宋將袁世安堅守。文安焚其外城，梁山軍恃忠勝軍爲固，力攻拔之，殺守將王智，擒部轄景福，圍梁山四十日，世安隨方備禦，竟不降。文安乃移兵攻萬州之牛頭城，殺守將何威，遷其民，進圍萬州，守將上官夔戰守甚力。文安乃遣監軍楊應之、鎮撫彭福壽，會東川行院兵，出小江口以牽制援兵，果與之遇，戰敗之，擒總管李皐、花茂實等。萬州固守不下，文安乃解圍去。攻石城堡，諭降守將譚汝和；攻雞冠城，諭降守將杜賦；又招石馬、鐵平、小城、三聖、油木、牟家、下隘等城。冬，進白帝城，夔帥張起巖堅守不出，文安以師老，乃還。宋都統弋德復據開州，文安乃築城神仙山以逼之，令元帥蔡邦光、萬戶紀天英屯守。

十三年，進階金吾衞上將軍，賜玉帶一。夏，朝廷遣安西王相李德輝經畫東川課程，宋梁山守將袁世安遣使約降。文安以白德輝，德輝大喜，卽遣文安將兵，奉王旨往招之，世安遂降。秋七月，進軍攻萬州。遣經歷徐政諭守臣上官夔降，夔不從，圍之數匝，踰月，攻拔外城。夔守張起巖來救，遣鎮撫彭福壽迎擊，破之，盡殺其舟師，俘其將宋明。萬州奪氣，文安復傳王旨，諭夔使降，夔終不屈。文安盡鋭攻城，潛遣勇士梯城宵登，斬關而入，夔巷戰而死。萬州旣定，遣使招鐵檠、三寶兩城守將楊宜、黎拱辰降，分兵略施州，擒統制薛忠，會大雪，遣蔡邦光夜攻，殺守帥何艮，奪其城。

十四年夏，進兵攻咸淳府，時宋以六郡鎮撫使馬堃爲守，文安與堃同里閈，諭之使降，堃不從，乃列栅攻城。冬十二月，潛遣勇士躡雲梯宵登，斬關納外兵，堃悉力巷戰，達州安撫使鮮汝忠與宋兵力戰死，比曉，宋兵大敗，堃力屈就擒。十五年，進兵攻紹慶，守將鮮龍迎敵。二月，潛遣勇士，夜以梯衝攻破其北門，鮮龍大驚，收散卒力戰，兵敗就擒。

蜀境已定，獨夔堅守不下。朝廷命荆湖都元帥達海，由巫峽進兵取夔州，而西川劉僉院，挾夔守將親屬往招之。文安乃遣元帥王師能，將舟師與俱，張起巖竟以城降。夏，入覲，文安以所得城邑繪圖以獻，帝勞之曰：「汝攻城略地之功，何若是多也！」擢四川南道宣慰使，解白貂裘以賜之。

十七年，遣辯士王介諭降散毛諸洞蠻，以散毛兩子入覲，因進言曰：「元帥蔡邦光，昔征散毛蠻而死，可念也。」帝曰：「散毛既降而殺之，其何以懷遠！」乃擢蔡邦光之子，陞爲管軍總管，佩虎符，賜散毛兩子金銀符各一，并賜其酋長以金虎符。遙授文安參知政事，行四川南道宣慰使。十九年春，入覲，擢龍虎衞上將軍、中書左丞，行江西省事，到官踰月，以疾卒。

子艮之，襲佩虎符、昭勇大將軍、管軍萬戶，歷湖南宣慰副使，岳州路總管，卒。

劉整

劉整字武仲，先世京兆樊川人，徙鄧州穰城。整沉毅有智謀，善騎射。金亂，入宋，隸荆湖制置使孟珙麾下。珙攻金信陽，整爲前鋒，夜縱驍勇十二人，渡塹登城，襲擒其守，還報。珙大驚，以爲唐李存孝率十八騎拔洛陽，今整所將更寡，而取信陽，乃書其旗曰賽存孝。累遷潼川十五軍州安撫使，知瀘州軍州事。

整以北方人，扞西邊有功，南方諸將皆出其下，呂文德忌之，所畫策輒擯沮，有功輒掩而不白，以俞興與整有隙，使之制置四川以圖整。興以軍事召整，不行，遂誣搆之，整遣使訴臨安，又不得達。及向士璧、曹世雄二將見殺，整益危不自保，乃謀款附。

中統二年夏，整籍瀘州十五郡、戶三十萬入附。世祖嘉其來，授夔府行省，兼安撫使，賜金虎符，仍賜金銀符以給其將校之有功者。俞興攻瀘州，整出寶器分士卒，激使戰，戰數十合，敗之。復遣使以宋所賜金字牙符及佩印入獻，請益屯兵、厚儲積爲圖宋計。

三年，入朝，授行中書省於成都、潼川兩路，賜銀萬兩，分給軍士之失業者，仍兼都元帥，立寨諸山，以扼宋兵。同列嫉整功，將謀陷之，整懼，請分帥潼川。七月，改潼川都元帥，宣課茶鹽以餉軍。四年五月，宋安撫高達、溫和，進逼成都，整馳援之。宋兵聞賽存孝至，遁去，將擣潼川，又與整遇于錦江而敗。至元三年六月，遷昭武大將軍、南京路宣撫使。

四年十一月，入朝，進言：「宋主弱臣悖，立國一隅，今天啓混一之機。臣願效犬馬勞，先攻襄陽，撤其扞蔽。」廷議沮之。整又曰：「自古帝王，非四海一家，不爲正統。聖朝有天下十七八，何置一隅不問，而自棄正統邪！」世祖曰：「朕意決矣。」五年七月，遷鎭國上將軍、都元帥。九月，偕都元帥阿朮督諸軍，圍襄陽，城鹿門堡及白河口，爲攻取計，率兵五萬，鈔略沿江諸郡，皆嬰城避其鋭，俘人民八萬。六年六月，擒都統唐永堅。七年三月，築實心臺于漢水中流，上置弩砲，下爲石囤五，以扼敵船。且與阿朮計曰：「我精兵突騎，所當者破，惟水戰不如宋耳。奪彼所長，造戰艦，習水軍，則事濟矣。」乘驛以聞，制可。既還，造船五千艘，日練水軍，雖雨不能出，亦畫地爲船而習之，得練卒七萬。八月，復築外圍，以遏敵援。

八年五月，宋帥范文虎遣都統張順、張貴，駕輪船，饋襄陽衣甲，邀擊，斬順，獨貴得入城。九月，陞參知河南行中書省事。九年〔三〕〔正〕月，加諸翼漢軍都元帥。〔七〕襄陽帥呂文煥登城觀敵，整躍馬前曰：「君昧於天命，害及生靈，豈仁者之事！而又齷齪不能戰，取羞於勇者，請與君決勝負。」文煥不答，伏弩中整。三月，破樊城外郭，斬首二千級，擒裨將十六人。九月，諜知文煥將遣張貴出城求援，乃分部戰艦，縛草如牛狀，傍漢水，綿亘參錯，衆莫測所用，九月，貴果夜出，乘輪船，順流下走，軍士覘知之，傍岸爇草牛如晝，整與阿朮麾戰艦，轉戰五十里，擒貴于櫃門關，餘衆盡殺之。

十一月，詔統水軍四萬戶。宋荆湖制置李庭芝以金印牙符，授整漢軍都元帥、盧龍軍節度使，封燕郡王，爲書，使永寧僧持送整所，期以間整。永寧令得之，驛以聞于朝，敕張易、姚樞雜問，適整至自軍，言宋怒臣畫策攻襄陽，故設此以殺臣，臣實不知。詔令整復書謂：「整受命以來，惟知督厲戎兵，舉垂亡孤城耳。宋若果以生靈爲念，當重遣信使，請命朝廷，顧爲此小數，何益於事！」

時圍襄陽已五年，整計樊、襄脣齒也，宜先攻樊城。樊城人以柵蔽城，斬木列置江中，貫以鐵索。整言於丞相伯顏，令善水者斷木沉索，督戰艦趨城下，以回回砲擊之，而焚其柵。十年正月，遂破樊城，屠之。遣唐永堅入襄陽，諭呂文煥，乃以城降。上功，賜整田宅、金幣、良馬。

整入朝，奏曰：「襄陽破，則臨安搖矣。若將所練水軍，乘勝長驅，長江必皆非宋所有。」遂改行淮西樞密院事，駐正陽，夾淮而城，南逼江，斷其東西衝。十一年，陞驃騎衞上將軍、行中書左丞，宋夏貴悉水軍來攻，破之于大人洲。十二年正月，詔整別將兵出淮南，整銳欲渡江，首將止之，不果行。丞相伯顏入鄂，捷至，整失聲曰：「首帥止我，顧使我成功後人，善作者不必善成，果然！」其夕，憤惋而卒，年六十三。贈龍虎衞上將軍、中書右丞，謚武敏。

子垣，嘗從父戰敗昝萬壽于通泉；埏，管軍萬戶；均，榷茶提舉；垓，都元帥。孫九人，克仁，知房州。

校勘記

〔一〕宋總統祁昌　按本卷楊大淵傳附楊文安傳作「宋都統祁昌」，「都統」係宋軍官職，疑「總」當作「都」。

〔二〕陳子閏　北監本作「陳子潤」。按本卷楊大淵傳「閏」亦作「潤」。

〔三〕盧植　北監本作「盧埴」。按本卷楊大淵傳「植」亦作「埴」。

〔四〕蔡邦(皃)〔光〕　從道光本改。

〔五〕夏遣元帥李吉略開州　按前文敍至元九年九月事，後文又有十一年春三月事，此「夏」當指至元十年夏。「夏」疑上脫「十年」。

〔六〕閏(十)〔六〕月　按前文有至元九年，後文有十一年。至元九年至十一年，惟十年有閏六月，「十」誤，今改。參看前條校勘記。

〔七〕九年(三)〔正〕月加諸翼漢軍都元帥　下文復有「三月」與此處重。本書卷七世祖紀至元九年正月辛巳條有「命劉整總漢軍」，據改。